研究性教学改革探索与实践

——扬州大学信息工程学院教改经验汇编

陈才扣　卢雪松　主编

东南大学出版社
SOUTHEAST UNIVERSITY PRESS
·南京·

内 容 提 要

本书是扬州大学信息工程学院计算机公共课和软件工程专业近年来大力推广研究性教学改革的经验总结和成果汇编。计算机公共课和软件工程专业是扬州大学研究性教学改革的试点课程与专业。书中汇编了计算机公共课和软件工程专业教师开展研究性教学的部分教学案例，收录了教师关于研究性教学改革的部分论文。

图书在版编目(CIP)数据

研究性教学改革探索与实践：扬州大学信息工程学院教改经验汇编/陈才扣，卢雪松主编.—南京：东南大学出版社，2018.11

ISBN 978-7-5641-8103-1

Ⅰ.①研… Ⅱ.①陈… ②卢… Ⅲ.①高等学校-教学改革-经验-扬州 Ⅳ.①G642.0

中国版本图书馆 CIP 数据核字(2018)第 256288 号

研究性教学改革探索与实践——扬州大学信息工程学院教改经验汇编

主　　编　陈才扣　卢雪松
出版发行　东南大学出版社
出 版 人　江建中
责任编辑　张　煦
社　　址　南京市四牌楼 2 号　(邮编:210096)

经　　销　全国各地新华书店
印　　刷　虎彩印艺股份有限公司
开　　本　700 mm×1000 mm　1/16
印　　张　15.50
字　　数　278 千
版　　次　2018 年 11 月第 1 版
印　　次　2018 年 11 月第 1 次印刷
书　　号　ISBN　978-7-5641-8103-1
定　　价　49.00 元

(本社图书若有印装质量问题，请直接与营销部联系。电话(传真)：025-83791830)

序 言

研究性教学是一种既具有历史性，又具有时代性特征的教学理论。早在20世纪初，美国教育家约翰・杜威(John Dewey)就强调人的经验的主观性，他把教学过程看作是使学生在活动中增长"经验"的过程，是"从做中学、从经验中学"的过程。在教学过程中将体验到的模糊、疑难、矛盾和某种混乱的情境，转化为清晰、连贯、确定、和谐的情境，把学生引向问题的确定、解决和应用。1916年，杜威在《民主主义与教育》一书中概括出了科学探究的五个步骤，并以此为基础创立了"问题教学法"。"问题教学法"又称"五步教学法"，是以学生为中心的教学法，目的在于刺激学生的思考能力。问题教学法的教学过程可分为五步：(1)情境。给学生设置一种情境，学生在情境中发现疑难，产生兴趣。(2)问题。从疑难中提出问题，引起思考。(3)假设。学生应获取资料和进行必要的观察，提出解决问题的假设。(4)解决。推断何种假设能解决问题，提出解决问题的方法。(5)应用。学生通过做来验证自己的想法。

对研究性教学具有实际推动作用的是美国芝加哥大学教授施瓦布(Klaus Schwab)。他在1961年哈佛大学举行的纪念演讲会上做了题为《作为探究的科学教学》(Teaching of Science as Inquiry)的报告，提出了与发现法相似，但更具有操作性的教学方法——研究性教学。由于研究性教学在解决教什么、学什么方面更加具体实用，加之美国著名教育心理学家加涅对研究性教学从理论上进行了论证，进而受到人们的高度重视并逐步在世界各国产生了深远的影响。

研究性教学在培养学生的自主学习能力、团队协作能力、创新能力等方面具有独特的优势，完全契合了我国全面提高学生核心素养的教育目标，近年来在全国高校掀起了一股研究性教学改革的热潮。然而在首次开展研究性教学活动时，许多老师都遇到了以下三个问题。

一、研究性教学有哪些特点？

要开展研究性教学，就必须首先弄清它与传统的教学方式究竟有何区别，或者说研究性教学具有哪些特点。一般而言，研究性教学具有以下几个特点：

1. 开放性　研究课题的选择不拘泥于课本，接近学生的日常生活和社会生活实际。教学形式不局限于课堂90分钟，而是让学生走出书本和课堂，走向社会，利用图书馆、网络、调查访问等手段，最大限度地收集资料，把课内与课外、学校与社会有机地联系起来。

2. 探究性　研究课题的结论是未知的、非预定的，结论的获取也不是由教师传授的或从书本上直接得到，而是学生以类似科学研究的方法，查资料，做实验，通过假设、求证，最终解决问题来得出自己的结论。

3. 问题性　在研究性教学中，研究性教学的内容是以问题的形式呈现的。学生在解决问题的过程中会涉及多种知识，这些知识的选择、积累和运用完全以问题为中心，呈现横向的、相互交叉的状态。

4. 自主性　研究性教学鼓励学生的自主选择和主动探究，将学生的需要、动机和兴趣置于中心地位，为其个性发挥创造空间。学生自主选择学习目标、内容、方式及指导教师，自己决定活动结果呈现的形式。而教师只是一个指导者、帮助者。

5. 综合性　研究性教学可能涉及多学科的知识，并要求对这些知识加以综合运用，因而可以有效地解决学科课程人为割裂整体知识的问题，同时还可以发现诸多学科知识以外的新信息；研究性教学更注重综合能力（主要是指自主学习能力、研究能力、动手能力、交往能力、创造能力等）的培养。

6. 过程性　研究性教学强调从“做中学”，力图通过学生“做”的主动探究过程来培养他们的创新精神、动手能力和解决实际问题的能力。一个人的能力只能在实践过程中发展起来。也许学生们最终得出的结论没有多大价值，是幼稚的、不成熟的，甚至完全不正确。但这都不重要，重要的是学生在这个过程中增强了研究意识、问题意识，学会了如何学习、如何去解决问题。

二、如何组织研究性教学？

研究性教学活动的开展没有既定的模式，教师可以根据学生的特点，结合选定的内容，自由选择或设计教学活动的形式。常见的组织形式有如下几种：

1. 小组合作探究　小组合作学习有利于培养学生发现问题、提出问题的能力，启发学生养成合作学习的习惯；有利于激发学生学习的兴趣，调动学习积极性，培养学生的竞争意识和合作精神；有利于学生的主动性和创造性的发挥，使教学过程不仅成为认识过程，而且成为交往的过程和发展的过程。

2. 个人独立探究　独立探究法是学生根据教师提供的问题，一个人独立地探索（即教师只提供问题而没有进行方法上的指导），自行地解决问题的一种方法。在独立探索过程中，所学知识得到应用，分析问题能力和解决问题能力也得到培养。探索本身蕴涵着要用新的办法和新的途径等科学的探究因素，有利于创新精神的培养。探索是学生通过努力自行解决问题获取新知识，可以培养学生坚忍不拔的意志、顽强奋斗的精神。

3. 主题辩论赛　主题辩论赛的组织需要教导教师拟定辩论的题目，让学生们自主组成正方和反方，进行辩论。这种形式充分体现了研究性教学的学生主体性和学生自主探究的特点。通常辩论主题没有对错，学生要通过各种渠道去获取论据，采用各种方法去论证自己的观点。

4. 主题讨论会　主题讨论会与主题辩论赛比较相似，只是这里不存在正方和反方，而是自由讨论，所以学生们的思维空间和自由发挥的空间就更大了。由于讨论的开放性比较大，学生的思维将会相对发散，当学生的发言严重偏离课题时，教师应该及时做出正确的引导。

5. 外出考察报告　外出考察可以是学生根据老师提出的考察任务自行组织，也可以由老师带队。考察对象可以是产品的某个属性、某一现象或者某个社会问题。这种形式可以培养学生的观察能力、信息搜集能力、信息辨识能力和信息加工能力。

三、研究性教学的效果如何评价?

在开展研究性教学的过程中，如何客观有效地评价教学效果是教师们普遍关注的一个问题。研究性教学的评价肯定与传统教学方式的评价存在较大的差异，不能简单地用一次考试或一个评语来解决问题。在进行研究性教学评价时，应注意以下几个方面：

1. 评价的多元性　评价的多元性主要体现在评价主体、评价内容、评价方法和评价形式的多元化等几个方面。评价的主体有教师、学生、学生小组、家长和社会；评价的内容包括学习态度、行为表现、情感和研究成果等；评价的方法应做到质性评价和量化评价相结合，定性评价和定量评价相结合；评价的形式可将形成性评价、诊断性评价和总结性评价结合起来。

2. 评价的全程性　研究性教学评价贯穿整个教学过程。不仅要重视对最后的研究报告和成果显示进行评价，而且要特别重视对问题的提出、设想、研究过程实施、研究成果的形成、研究成果的表达和交流等各个阶段的全程评价。

3. 评价的激励性　教师在对学生进行评价时，应该尽可能地给予学生肯定性和激励性的评价，及时发现、肯定、记录学生的闪光点、创新点和发展点。学生则可以体会到参加研究性教学之后自己的进步和成绩，有利于增强学生的自信心，培养学生发现问题、提出问题、研究问题和解决问题的自觉性。

4. 评价的差异性　所谓的差异性评价，是指在评价学生时，我们要注意到学生本身的学习基础、各个年龄段的学生不同的身心特点，而不能再以整齐划一的标准去评价处在不同发展阶段的不同个体，要充分注意到学生个体的差异性。

5. 评价内容的多元性　研究性教学评价的内容具体体现在学生在研究性教学过程中所体现出来的行为表现。可以从学习的态度和责任感、合作精神、所获得的积极体验、运用的方法和技能、创新精神和实践能力、研究成果的质量及个人对该成果的贡献等方面来进行评价。以加德纳的多元智能理论为指导进行研究性教学的评价，是目前比较流行的一种实践探索。

扬州大学信息工程学院对研究性教学高度重视，早在2006年学院就出台了鼓励教师开展研究性教学的政策，每年对开展研究性教学卓有成效的教师进行表彰，以期推动全院的研究性教学改革。2014年，扬州大学启动了全校性的研究性教学改革试点，信息工程学院的计算机公共课和软件工程专业双双进入了学校的改革试点课程与专业。经过十多年的探索和近四年的深化，这两个团队在开展研究性教学方面积累了丰富的经验，取得了丰硕的成果。这部著作就是广大一线教师若干年来开展研究性教学的一个思想与工作的总结。

研究性教学改革是高校全面提高教育教学质量的一条重要途径，是提高学生核心竞争力的一种有效手段。研究性教学改革依然是一个长期而艰巨的探索之路。

路漫漫其修远兮，吾将上下而求索。

陈才扣

2018年7月

目　录

上篇　研究性教学案例

"登录界面的设计"研究性教学案例 …… 003
"小朋友分糖果"研究性教学案例 …… 012
"模块化程序设计"研究性教学案例 …… 022
在 VFP 命令按钮设计中应用研究性教学 …… 030
"表单控件应用"研究性教学案例 …… 039
"击鼓传花"游戏研究性教学案例 …… 049
"FOR 循环"研究性教学案例 …… 054
"人机对战——石头、剪刀、布"研究性教学案例 …… 059
"通讯录管理系统的设计"研究性教学案例 …… 067
"常用系统函数"研究性教学案例 …… 072
"摇号程序的设计"研究性教学案例 …… 079
"基于一维数组的经典算法"研究性教学案例 …… 088
"Java 程序设计－方法"研究性教学案例 …… 095
"建立需求模型－用例图"研究性教学案例 …… 102
"软件生命周期的基本任务"研究性教学案例 …… 109
"回溯算法"解八皇后及黑白棋问题研究性教学案例 …… 117
"继承时名字覆盖问题解决方法"研究性教学案例 …… 126
"软件测试用例设计中的白盒测试"研究性教学案例 …… 132
"动态规划"研究性教学案例 …… 137
"LED 显示器接口"研究性教学案例 …… 145

下篇　研究性教学教改论文

基于多元智能理论的研究性学习评价 …… 151
计算机基础教学中研究性学习的实施及评价 …… 165
基于网络平台的研究性学习模式研究 …… 171
基于混合教学模式的程序设计课程教学初探 …… 177
基于项目驱动的面向对象程序设计研究性教学实践 …… 182
计算机公共课研究性教学中教师角色的思考 …… 188
注重计算思维的程序设计课程研究性教学探讨 …… 193
C 语言程序设计研究性教学的实施 …… 199
启发式教学在 VFP 查询学习中的应用 …… 203
在 VFP 表单设计中应用研究性教学 …… 206
研究性教学在 VFP 数据库设计中的应用 …… 209
Visual FoxPro 语言的研究型教学模式实践 …… 212
大学计算机基础课研究性教学初探 …… 215
微课在探究性教学模式中的应用 …… 219
以计算思维为导向的混合式学习模式的研究与实践 …… 223
微课在程序设计课程中的应用研究 …… 228
基于微课的 TPA 阶梯式教学模式研究 …… 232

上篇

研究性教学案例

"登录界面的设计"研究性教学案例

【授课教师】 卢雪松

【课程名称】 VFP语言及程序设计

【授课单元】 登录界面的设计

【实施专业】 行政1401、烹饪1401-03

【课程设计理念】

本单元的研究性教学采用任务驱动法，通过"登录界面的设计"这个任务，引导学生将本课程所学到的知识进行有机整合，尽力做到融会贯通。在教学过程中，通过情境的设置，不断地引导、启发学生进行思考和讨论，发现问题，解决问题。

【教学目标】

1. 培养学生的综合应用能力。本项目涉及本课程的数据库、结构化程序设计和面向对象程序设计三大核心内容，能帮助学生将整个课程的知识体系整合起来。

2. 培养学生的逻辑思维能力。程序设计需要学生具备较强的逻辑思维能力；程序设计过程中，解决各种可能存在或将要出现的问题，有助于发散思维能力的训练。

3. 培养学生的自主学习能力。自主学习是学生学习过程中的一个重要环节，也是学生终生学习的一种重要能力。在教学过程中，注重激发学生的自主学习的动机，培养学生自主学习的积极性。

4. 培养学生的信息安全意识。在当今数据大爆炸的时代，信息安全已成为当今社会的一大问题。通过信息安全意识的教育、培训和宣传，帮助学生将信息安全意识融入日常的学习、生活和工作之中。

【教学内容】

"VFP语言及程序设计"第12章"数据库应用系统开发"

【教学课时】

2课时

【教学方法】

本单元采用任务驱动教学法，为学生提供体验实践的情境和感悟问题的情境，围绕任务展开教学，以任务的完成结果检验和总结学习的过程。

授课形式采用边讲授、边演示、边讨论的研究性教学方法。

【教学设计的关键点】

1. 情境设计

一个好的情境设置应该具有针对性，情境创设要紧紧围绕教学目标，根据教学任务和教学内容来创设，有所选择和取舍，切忌为情境创设而创设。情境的创设应具备趣味性，可选取学生身边的、感兴趣的、符合认知水平的事例、场景，让学生产生认同感。情境的创设应具备连贯性，用一个情境贯穿整个课堂教学的全过程，也可以用一个总的情境线索贯穿始终，以大情境为线索串起各环节情境。

2. 互动问题的提出

互动的问题应该具有一定的开放性，问题要有现实意义，与学生的生活和学习有直接关系。互动的问题应该具有一定的启发性和可发展空间，以期能给学生一个自由思考、展现自己的思维空间。互动的问题应该具有一定的关注度，以便调动学生的兴趣。

【课堂实录】

一、预备知识复习

1. 数据库表的创建

(1) 使用CREATE或CREATE TABLE命令创建表结构；

(2) 使用APPEND、INSERT命令插入新记录。

2. 面向对象程序设计的步骤

(1) 在表单上创建对象；

(2) 设置对象的有关属性；

(3) 选取对象的有关事件，并编写相应的事件代码。

二、创设情境

情境 1：在日常的生活、学习和工作中，大家经常使用到账号登录界面，如QQ、校网络平台账号、邮箱、网银等，通过这些登录界面，用户被授权可以使用相应的软件或平台(图 1)。今天，我们就来学习，如何设计这些登录界面。

图 1

互动提问 1：这样的登录界面用到了哪些技术？

问题解答：这里用到了数据库技术和面向对象的程序设计。先建立用户信息数据库，再采用面向对象技术创设表单，设计登录界面。

互动提问 2：这些登录界面有什么共同特点？

问题解答：它们都有一个用户名(账号)和一个登录密码，而且密码是以 * 或●显示，目的是不让身边的人或其他用户看见密码，以防止密码泄露。

三、登录界面的设计

登录界面的设计步骤：

1. 打开表单设计器。

2. 在表单上创建标签对象 Label1，并设置其 Caption 属性为“账号”；在其右侧创建文本框对象 Text1。创建标签对象 Label2，并设置其 Caption 属性为“密码”；在其右侧创建文本框对象 Text2。

互动提问 3：用户在输入密码时，为防止周边的人看见用户密码，通常显示一串 * 号。如何实现？

演示：如不经过特殊处理，用户输入的密码暴露无遗。

讲授：要实现用户密码用一串 * 号显示，可设置文本框控件的 PasswordChar

属性。

3. 继续登录界面的设计，为文本框对象 Text2 设置其 PasswordChar 属性为“*”。

互动提问 4：登录的账号和口令哪来的？

问题解答：账号和口令的设置有两种情况，一种是预先分配的，如学校的电子邮箱、网络学习平台的账号和密码都是学校信息中心预设好的；另一种是用户自己注册的。

互动提问 5：账号和密码存放在哪儿（涉及本课程第一大模块的数据库）？

讲授：复习、回顾数据库表的内容。

演示：创建数据库，保存用户的账号和密码。

4. 在命令窗口中，执行 CREATE ZC.DBF 命令打开表设计器。创建两个字段（图 2）：

字段名：zh，类型：字符型，宽度：10；

字段名：mm，类型：字符型，宽度：20。

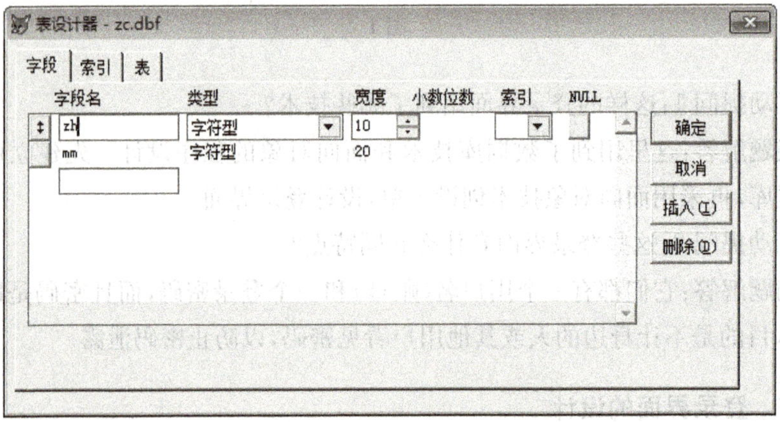

图 2

5. 右击表单，点击“数据环境”，打开“数据环境设计器”。在数据环境设计器中添加 ZC.DBF 文件。将来在运行表单时，系统将自动打开 ZC.DBF 文件。

6. 在表单上创建命令按钮对象 Command1，并设置其 Caption 属性为“登录”；为其编写 Click 事件代码如下：

```
if allt(thisform.text2.value) = allt(zc.mm)
    thisform.release
    use in zc
    do form xsda
```

```
else
    messagebox('密码不正确! ')
    thisform.text2.value = ''
endif
```

7. 演示:运行所设计的登录界面。(图3)

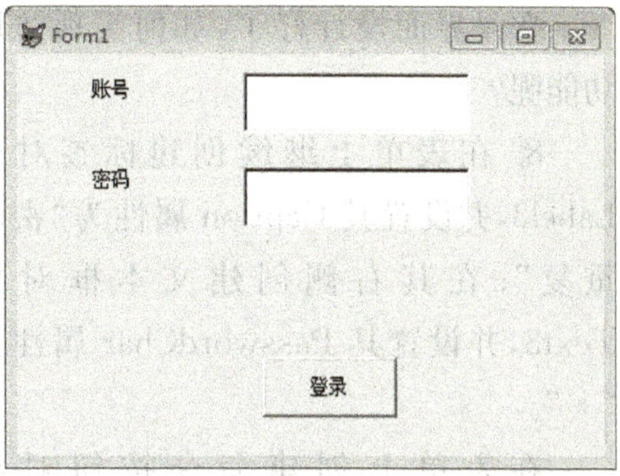

图 3

讨论

讨论问题 1:可不可以破解用户密码?

演示:让计算机还原显示用户的密码,而不是一串 * 号。

讨论:许多应用软件在用户登录时,询问要不要让计算机记住密码,应该怎么办?让计算机记住密码,有什么好处,有什么害处?

讨论的结果,应该主要有两个观点:一种观点是用户下次操作简单省事,可以不用输入密码直接进入;另一种观点是不安全,密码容易泄露。

演示:密码的解密。

讨论问题 2:如何设计用户密码?什么是弱强度密码?怎样设计才能既好记又不会忘?

讨论:学生提出各种密码设计的技巧和原则。

讲授:总结密码设计的技巧与原则。

密码组成规则

(1) 密码长度一般在 6~12 个字符之间为宜。

(2) 尽量使用大写字母、小写字母、数字和特殊字符相结合的方式。

密码设置技巧

(1) 不要为所有的账号设置同一个密码。

(2) 杜绝使用简单密码,如 123456、abcdef、qwerty、出生年月和电话号码等。

(3) 避免使用有规律的字母或数字组合。

(4) 将 QQ、E-mail 等使用频度很高的普通网络账号密码与网银、支付宝等财务类账号密码按不同的规律设置。

登录界面设计好了,如何实现注册功能呢?

8. 在表单上继续创建标签对象 Label3,并设置其 Caption 属性为“密码重复”;在其右侧创建文本框对象 Text3,并设置其 PasswordChar 属性为“*”。

在表单上创建命令按钮对象 Command2,并设置其 Caption 属性为“注册”;为其编写 Click 事件代码如下:

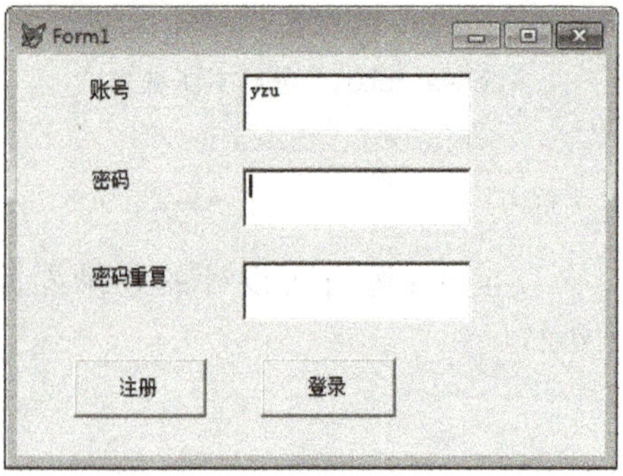

图 4

```
if allt(thisform.text3.value)<>allt(thisform.text2.value)
  messagebox('密码不一致,请重新输入!')
else
    c = allt(thisform.text1.value)
    insert into zc (zh, mm) values (c,allt(thisform.text2.value))
    thisform.label3.visible = .f.
    thisform.text3.visible = .f.
    thisform.command1.visible = .f.
endif
thisform.text1.value = ''
thisform.text2.value = ''
thisform.text3.value = ''
```

为文本框 Text1 设置 LostFocus 事件编写事件代码如下:

```
c = allt(thisform.text1.value)
locate for zh = c
if eof()
   thisform.label3.visible = .t.
   thisform.text3.visible = .t.
   thisform.command1.visible = .t.
endif
```

其运行结果如图 4 所示。

四、思维拓展

创设情境 2:用户密码流失事件。

2011 年 12 月，国内知名的程序员网站 CSDN 泄露了 600 万的用户数据，其中包含了用户名、邮箱以及明文的密码。多玩游戏网也泄露 800 万用户数据，紧接着 51CTO、CNZZ、eNet、UUU9、YY 语音、百合网、开心网、人人网、美空网、珍爱网等众多网站也爆出数据泄露危机(图 5)!

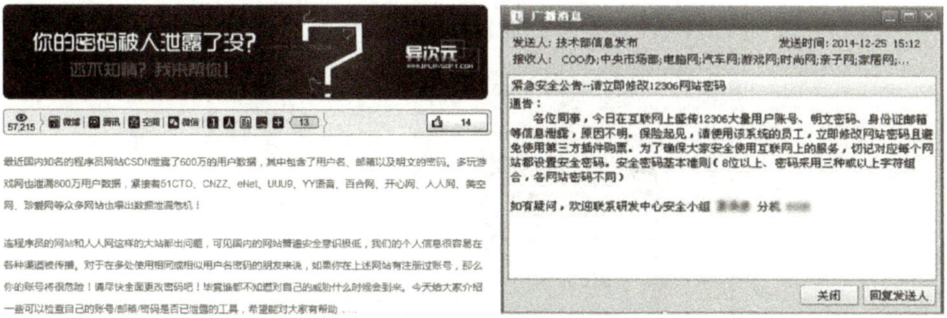

图 5

火车订票网站 12306 也发生了用户信息泄露事件(图 6)。

讨论：系统软件该如何保护用户的密码?

讲授：用户密码(实际上应该叫口令)，必须进行加密后保存，不能保存明码。

复习加密、解密算法，这些内容在程序设计基础上已经介绍过。

演示：编程实现。

讨论：你所了解的各种加密算法。

【课堂总结】

本单元学习了"登录界面"的程序设计，通过该案例我们了解了程序设计的基本思想，掌握了程序设计的基本步骤和技巧，为今后开发简单的应用系统打下了基础。

通过"登录界面"的设计，我们将本课程的核心内容串接在了一起，是本课程知识的一个综合应用，也是对前期所学内容的一个复习回顾。我们通过创建数据库表，将用户的账号和密码信息保存在数据库表中。面向对象的程序设计是目前进行软件开发的主流，在面向对象程序设计时，主要的工作是创建对象，设置对象的有关属性，编写相应的事件代码。而在编写事件代码时则要用到面向过程的程序设计思想和方法。

密码技术是信息安全的一个最普遍、最常用的技术，大家平时在使用密码时应注意密码的设置原则和技巧，并注意密码不能泄露。

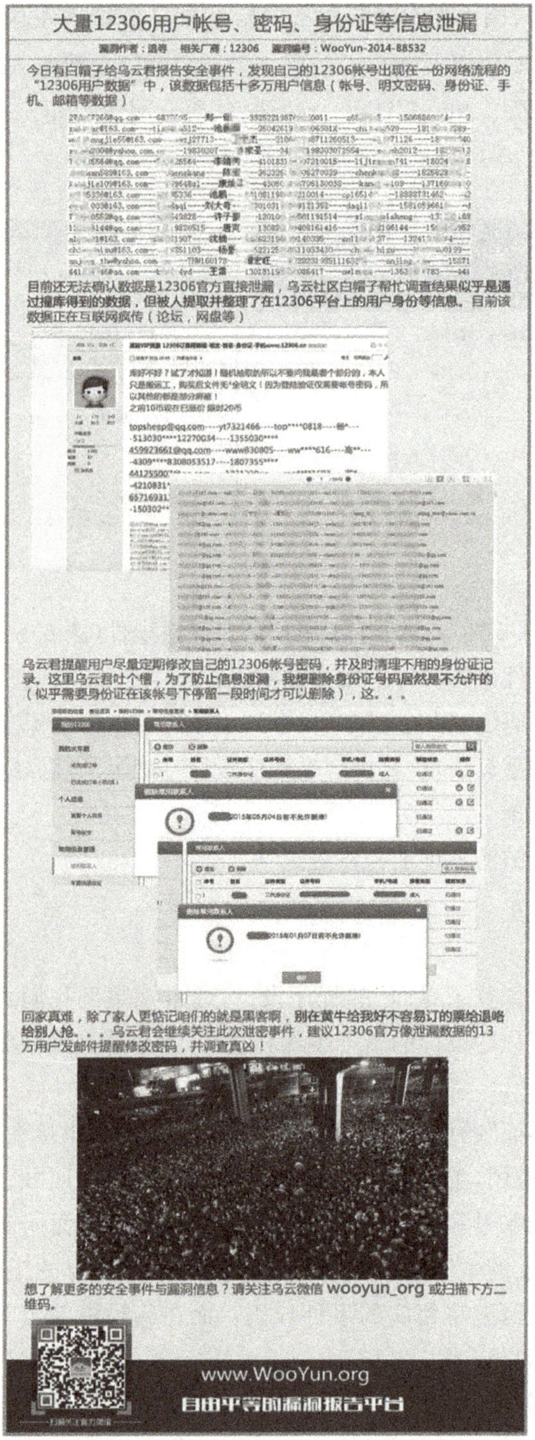

大量12306用户帐号、密码、身份证等信息泄漏

漏洞作者：路寻　相关厂商：12306　漏洞编号：WooYun-2014-88532

今日有白帽子给乌云君报告安全事件，发现自己的12306帐号出现在一份网络流程的"12306用户数据"中，该数据包括十多万用户信息（帐号、明文密码、身份证、手机、邮箱等数据）

目前还无法确认数据是12306官方直接泄漏，乌云社区白帽子帮忙调查结果似乎是通过撞库得到的数据，但被人提取并整理了在12306平台上的用户身份等信息。目前该数据正在互联网疯传（论坛，网盘等）

乌云君提醒用户尽量定期修改自己的12306帐号密码，并及时清理不用的身份证记录。这里乌云君吐个槽，为了防止信息泄漏，我想删除身份证号码居然是不允许的（似乎需要身份证在该帐号下停留一段时间才可以删除），这。。。

回家真难，除了家人更惦记咱们的就是黑客啊，别在黄牛给我好不容易订的票给退咯给别人抢。。。乌云君会继续关注此次泄密事件，建议12306官方像泄漏数据的13万用户发邮件提醒修改密码，并调查真凶！

想了解更多的安全事件与漏洞信息？请关注乌云微信 wooyun_org 或扫描下方二维码。

www.WooYun.org

自由平等的漏洞报告平台

图 6

【课后任务】

1. 阅读网络平台关于信息安全方面的资料。
2. 观看网络平台关于程序设计的微视频。
3. 设计一个用户登录界面,并加以完善。

【教学效果评估】

本单元的研究性教学已开展过多轮,也做过观摩课。课后召开了学生座谈会、教师研讨会,对本单元的教学效果进行评估。

学生们普遍反映,任务驱动的教学方法让他们有一种真实感,知道要做什么、学什么,目标明确,心里踏实。互动环节的问题正是自己平时疑惑、想要了解的问题,所以特别引人关注,注意力也特别集中。通过本单元的学习,对程序设计这个原本模糊、神秘、惧怕的概念有了清晰的认识,感觉豁然开朗。

教师同行也都认为,研究性教学活动能够真正地激发学生的学习兴趣,打破了过去沉闷的课堂气氛,学生主动学习的意识增强了,课堂的教学效率和教学质量有了根本保障。整个教学过程由简入繁、由易入难,一波三折,引人入胜。但是开展研究性教学,需要教师和学生都投入大量的精力,全面铺开有一定的困难。

督导评价整个课堂气氛活跃,学生注意力高度集中,互动参与积极。课堂信息丰富,内容盈实,学生切实学到了许多知识,课堂教学效率高。教学用例来源于生活,贴近生活,并与社会关注的问题紧密联系,对培养学生的信息素养有较大的帮助。互动问题的设置自然巧妙,而且层层递进,环环相扣,颇具匠心。

【改革提高的设想】

研究性教学特别注重师生的互动,但实际教学中参与互动的往往是少部分同学,还有不少同学置身事外。如何调动学生的兴趣和激情,让更多的学生积极参与互动,值得我们进行深入的思考和研究。

"VFP 语言及程序设计"课程信息量大,要讲授的知识点多,过多地互动会影响整个课堂的效率。如何把握这个度,使互动恰到好处,也是教学中(包括备课前)应该考虑的问题。

“小朋友分糖果”研究性教学案例

【授课教师】 楚红
【课程名称】 Visual Basic 语言及程序设计
【授课单元】 第六章数组(第 1 讲)
【实施专业】 资环 1601

【课程设计理念】

本单元的研究性教学采用任务驱动的方法，通过“小朋友分糖果”这个问题任务，引导学生在不断出现的问题情境中学习本课程的知识并灵活运用，尽力做到融会贯通。在教学过程中，通过实际问题的各个环节所出现的问题情境，不断地引导、启发学生进行思考和讨论，从而发现问题，解决问题。

【教学目标】

1. 培养学生正确运用数组这种数据结构来描述现实事物，解决实际问题的能力。

2. 引领学生主动地获取知识，应用知识，解决问题；培养学生对未知领域进行探索的创新能力。

3. 锻炼学生的自主学习能力。在研究性教学过程中，学生增强了自主学习意识，养成了自主学习习惯，提高了自主学习能力，也为日后终生学习夯实了基础。

【教学内容】

“Visual Basic 语言及程序设计” 第 6 章“数组”

【教学课时】

2 课时

【教学方法】

基于问题解决的教学，采用启发式、探究式等教学策略。

授课形式采用边讲授、边演示、边讨论的研究性教学方法。

【教学设计关键点】

问题解决是贯穿本节课的教学主线，因此问题的设计是本课时教学设计的关键。本案例所设计的五个问题是按照知识体系本身内在的逻辑关系予以编排，让学生在课堂学习的时候遵循问题解决的思路，学习数组这种数据结构的相关知识。

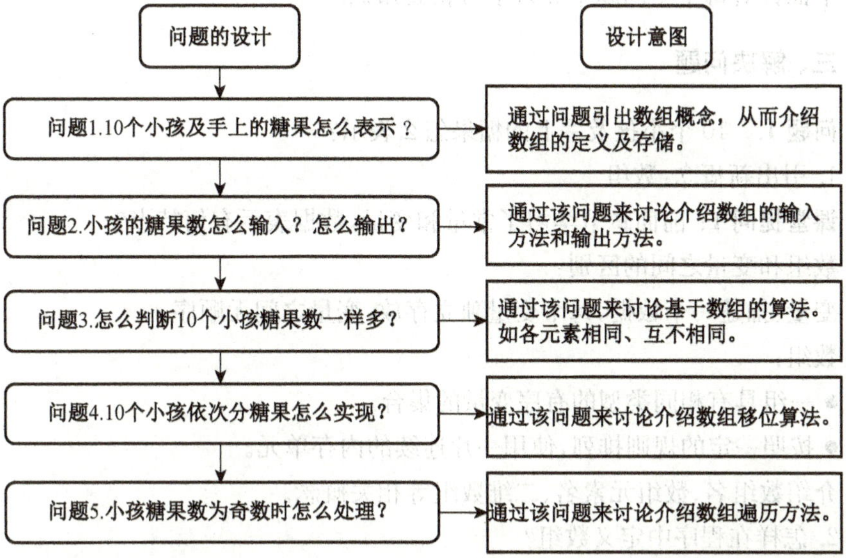

【课堂实录】

一、问题提出

十个孩子围成一圈，每人手上有数目不等的糖果。

从第一个孩子开始，将手上的糖果分一半给下一个，同时下一个孩子将手上的糖果分一半给再下一个。

所谓同时，意思是一手接前一个给自己的糖果，一手把自己的一半分给下一个。

当孩子手上的糖果数为奇数时，老师会再给一块。如此循环直到每人手上的糖果数目相等为止。

问:①需经过几次?②届时每人有几块糖果?

二、问题分析

针对以上问题,我们可以将之分解为以下五个小问题来解决。

问题 1.10 个小孩及手上的糖果怎么表示?

问题 2.10 个小孩的糖果数怎么输入?怎么输出?

问题 3.怎么判断 10 个小孩糖果数一样多?

问题 4.10 个小孩依次分糖果怎么实现?

问题 5.10 个小孩中糖果数为奇数时怎么处理?

下面针对每个小问题来深入学习相关知识。

三、解决问题

问题 1. 10 个小孩及手上的糖果怎么表示?

1. 引出新概念:数组

课堂提问 1: 前面章节学习了常量和变量,数据表示有何特点?

数组和变量之间的区别:

变量:描述一个数据,每个变量独立存放,变量之间无顺序。

数组:

- 一组具有相同类型的有序变量的集合。
- 按照一定的规则排列,使用一片连续的内存单元。

介绍数组名、数组元素名、二维数组等相关概念。

2. 怎样在程序中定义数组?

数组分类:

- 固定大小数组
- 动态数组(本节课只讨论固定大小数组)

在使用一个数组之前必须对数组进行定义,确定其名称、类型及其规模。声明固定大小数组应包含的信息:

- 数组名
- 数组的维数
- 数组的大小(体积)
- 数组的类型

数组说明语句:

关键字 <数组名> ([<维界定义>]) [As <数据类型>]

a. 关键字:Public | Private | Dim |Static

解释各关键字的作用和区别。

b. <维界定义>

[<下界 1> To] 上界 1 [,[<下界 2> To] 上界 2]……

c. [As <数据类型>] :用来说明数组元素的类型

课堂提问 2: 数组在内存中是怎么存储的呢?

数组的存储:

- 一维数组的存储方式:按下标线性顺序存放
- 二维数组的存储方式:按"列序"存放
- 三维数组的存储方式:先页后列最后行

有了以上概念,问题 1 迎刃而解,我们可以将 10 个小孩用含有 10 个元素的一维数组表示。

```
Dim child(1 To 10)  As Integer  '表示 10 个小孩
```

问题 2. 10 个小孩的糖果数怎么输入?怎么输出?

课堂提问 3: 程序代码中如何为变量提供值?

解答:可以通过赋值语句、交互函数的方式。

1. 数组数据的输入。

a. 用赋值语句给单个数组元素赋值

```
a(1) = 12
a(2) = 2
```

b. 通过循环逐一给数组元素赋值

```
Dim a(1 To 10) As Integer
For i = 1 To 10
  a(i) = Rnd * 90 + 10
Next i
```

c. 利用 Array 函数把一个数据集赋值给一个 Variant 类型的变量,再将该 Variant 类型的变量创建成一个一维数组。

```
<变体型变量名> = Array(\[数据列表\])
Option Base 1
Dim child  As Variant
child = Array(12,2,8,22,16,4,10,6,14,20)
```

2. 数组元素的输出可以使用 For 循环和 Print 语句来实现。

a. 一维数组的输出

```
Option Base 1
Dim child   As Variant, i As Integer
child = Array(12,2,8,22,16,4,10,6,14,20)
For i = Lbound(child) To Ubound(child)
   Print child(i);
Next i
```

b. 二维数组的输出

```
Option Base 1
Private Sub form_click()
Dim a(5) As Integer ,b(5,5) As Integer
Dim i As Integer, j As Integer
For i = 1 to 5
    a(i) = Inputbox("x = ", ,1) : Print a(i);
Next i
Print
For i = 1 to 5
  For j = 1 to 5
    b(i,j) = i + j : Print b(i,j);
  Next j
  Print
Next i
End Sub
```

问题 3. 怎么判断 10 个小孩糖果数一样多?

这是基于数组的算法,可以取每个元素跟其后的所有元素比较,如有一个不相等,则表示不一样多。

```
check_sum = 0
For i = 1 To 9
   For j = i + 1 To 10
     check_sum = check_sum + Abs (child(i) - child(j))
   Next j
Next i
```

课堂提问 4：以上判断糖果数相等的代码能不能再简化？

我们可以改用如下代码实现，下面这段代码使得双重循环变成单循环，循环次数大量减少了，同时亦实现了判断糖果数相等的功能。

```
check_sum = 0
For i = 2 To 10
    If child(i) - child(1)<>0 Then check_sum = 1
Next i
```

课堂提问 5：如果要求判断 10 个都不一样多，怎么写代码？

解答：

```
check_sum = 1
For i = 1 To 9
  For j = i + 1 To 10
   check_sum = check_sum * (child(i) - child(j))
  Next j
Next i
```

课堂提问 6：如果需要产生 10 个互不相同的整数，代码该怎么实现？

解答：

```
Dim a(1 To 10) As Integer, n As Integer
Dim i As Integer, j As Integer
a(1) = Rnd * 90 + 10
For i = 2 To 10
 Do                '循环产生两位数，直到产生的数字与以前的数字不相同
  n = Rnd * 90 + 10
  For j = 1 To i - 1
     If a(j) = n Then Exit For
  Next j
  If j > i - 1 Then
    a(i) = n
    Exit Do
  End If
Loop
Next i
End Sub
```

问题 4. 10 个小孩依次分糖果怎么实现？

回顾题目本身：从第一个的孩子开始，将手上的糖果分一半给下一个，同时下一个孩子将手上的糖果分一半给再下一个。

所谓同时，意思是一手接前一个给自己的糖果，一手把自己的一半分给下一个。

算法提示：

- 当前数组元素的一半加前一数组元素的一半；
- 注意元素移位操作时，元素移动的顺序，如图 1 所示；
- 利用循环结构实现。

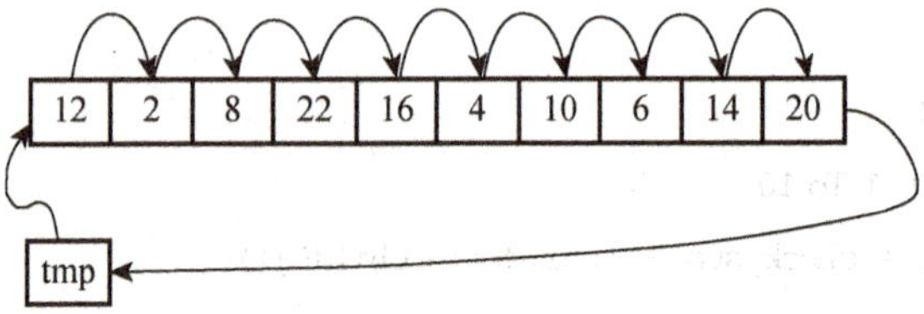

图 1 数组元素循环右移示意图

小朋友依次传递糖果的代码如下：

```
tmp = child(10) \ 2
For i = 10 To 2 Step - 1
   child(i) = child(i) \ 2 + child(i - 1) \ 2
Next i
child(1) = child(1) \ 2 + tmp
```

课堂提问 7： 以上代码是否能实现？为什么？

解答：不能，没有体现所谓“同时”这一要求。

正确代码如下：

```
For i = 1 To 10 Step 1
   child(i) = child(i) \ 2
Next i
tmp = child(10)
For i = 10 To 2 Step - 1
   child(i) = child(i) + child(i + 1)
Next i
child(1) = child(1) + tmp
```

这是典型的数组移位算法。在很多数组处理(如插入、删除操作)中都需要运用到。

问题 5. 10 个小孩中糖果数为奇数时怎么处理?

回顾题目:当孩子手上的糖果数为奇数时,老师会再给一块。如此循环直到每人手上的糖果数目相等为止。

算法提示:

- 判断数组元素是否为奇数,如果是则加 1,表示得到 1 颗糖果;
- 利用循环遍历数组元素。

```
For i = 1 To 10
    If (child(i) Mod 2 = 1) Then child(i) = child(i) + 1
Next i
```

四、问题总结

"小朋友分糖果"解题算法流程如图 2 所示。

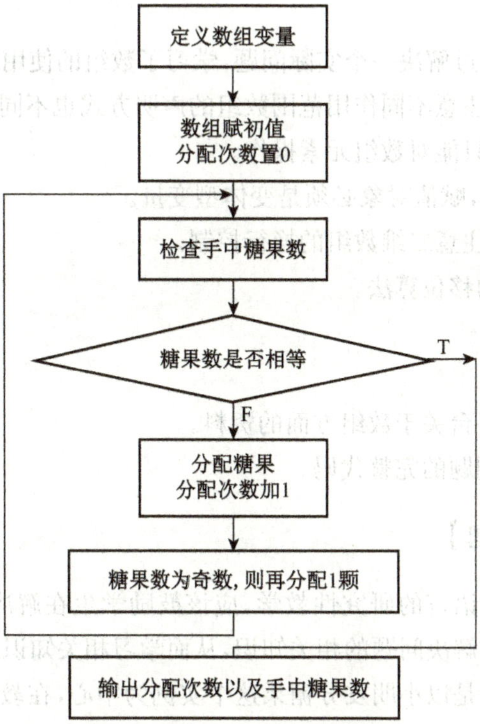

图 2 "小朋友分糖果"算法流程

整个程序的具体编码实现，请同学们课后完成。

五、问题引申

10个孩子围成一圈，每人手上有数目不等的糖果。从指定为第一个的孩子开始，依次将手上的糖果分一半给下一个。所谓依次意思是接到前一个给自己的糖果后，将手上全部糖果的一半分给下一个（当某个孩子的糖果为奇数时，他就先吃掉一块然后再分）。如此循环直到除第一个孩子外每人手上的糖果数目相等为止。

① 届时每人有几块糖果？

② 共吃掉了几块糖果？

糖果数：(12,2,8,22,16,4,10,6,14,20)

根据前一问题的解题思路，我们看看这个题目如何解答，它们之间的相同点是什么？不同点是什么？请大家踊跃发表意见。

学生讨论。

请大家参照今天所学内容，编程实现。

【课堂总结】

本节课我们通过解决一个实际问题，学习了数组的使用方法。

1. 数组定义，注意不同作用范围数组的声明方式也不同。
2. 数组赋值，只能对数组元素操作。
3. Array函数，赋值对象必须是变体型变量。
4. 数组输出，注意二维数组的换行控制。
5. 基于数组的移位算法。

【课后任务】

1. 阅读网络平台关于数组方面的资料。
2. 编写课内例题的完整代码。

【改革提高的设想】

基于程序设计语言的研究性教学，应该鼓励学生在解决实际问题的过程中去发现问题和寻找解决问题的相关知识，从而学习相关知识并灵活运用。

本单元的教学是以小朋友分糖果这个实例为中心，在教学过程中，主要强调以下几个方面：

1. 从实际问题出发，讲授数组的基本理论，再回到实际问题中去，从而开拓学生思路，激发他们的探索精神。

2. 循序渐进地提出研究性问题，使得学生在不知不觉中了解了数组这种新的数据结构的定义、输入、输出、基于数组的算法等重点内容。

3. 在原有内容的基础上设计了更深的问题，便于学生课后讨论与提高。

4. 希望学生了解如何通过解决一个具体问题，如何去学习、掌握和应用新知识。

“模块化程序设计”研究性教学案例

【授课教师】 徐晶
【课程名称】 C及C++语言与程序设计
【授课单元】 模块化程序设计
【实施专业】 数学14

【课程设计理念】

本单元的研究性教学采用任务驱动教学法，以教师为主导、学生为主体，教、学双方都围绕任务展开，在求知欲的驱动下，学生采用自主探究和协作学习方式，根据对任务的理解，运用共有知识和已有经验提出解决方案、完成特定任务。教学中不再强调任务完成的成功与否，而是强调学生在设计过程中的收获。让每位学生通过对具体问题分析、讨论、解决，不断训练和提高计算思维能力。

【教学内容】

“C/C++语言与程序设计”第7章“函数进阶和结构化编程”

【教学课时】

3课时

【教学方法】

本单元采用任务驱动教学法，为学生提供问题情境，围绕任务展开教学，把完成任务的过程作为考查学生学习效果的一个重要方面。

授课采用分析、引导、课堂讨论及课后协作学习等多种形式进行。

【教学设计的关键点】

案例任务的选取是研究性教学中的关键。选取的案例所反应的知识点要丰富，具有针对性、启发性和扩展性，应由简单到复杂。在分析的过程中，让学生从不同角度认识问题，用不同方式描述算法，用不同方法实现问题求解，从而强化计算思维能力。用程序设计语言描述、解决问题，正是将人的日常思维转换到计算机思维的过程。

把"一元多项式运算器"设计作为课堂教学案例，将"矩阵运算器""分数运算器""基本运算测试器"等任务下达各小组。授课前已将教学任务发布在教学平台上，各协作学习小组已预讨论。

采用自顶向下分析问题的方法，将"大"问题分解成若干个"子"问题，针对"子"问题再细化成可以直接解决的问题。经过问题分析，设计好层次结构图后，进入模块化设计，将模块组织成良好的层次系统，顶层模块调用下层模块，下层模块调用更下层模块，从而完成程序的一个个子功能。C语言中模块是通过函数来实现的，一个模块对应一个函数。模块化设计后，每个模块可以独立编码，编程采用顺序、分支和循环3种基本控制结构实现。

【课堂实录】

一、预备知识复习

1. 函数的使用

2. 数组的应用

(1) 数组的声明；

(2) 数组名作参数的地址传递；

(3) 数组的查找、删除、插入、排序。

二、自顶向下分析

问题1：一元多项式是我们中学学习过的数学知识，对一元多项式常进行的运算有哪些？每一种运算的解题方法中应注意哪些？

学生：……

结论1：我们可以对两个一元多项式进行加、减、乘、除。加(减)法运算时，幂次相同的，系数相加(减)。乘法运算时，将乘式的每一项与被乘式的各项相乘，系数相乘幂次相加。

结论2：一元多项式的除法运算有一定的难度，需要补全所有项式且按幂次降序排列，然后用被除式第一项除以除式第一项得到商式的第一项，将被除式减去商式第一项乘以乘式的结果，得到的多项式作为新的被除式，依照该法继续运算，直至余数为0或余式的幂次低于除式的幂次。

问题2：为了解决一元多项式的运算，我们需要4个模块分别进行加、减、乘、除。作为一个软件系统而言，全面吗？还需要哪些模块？

学生：……

小结：我们还应增加输入、输出模块以及退出模块。

框图：图1给出了“一元多项式运算器”的系统结构图。

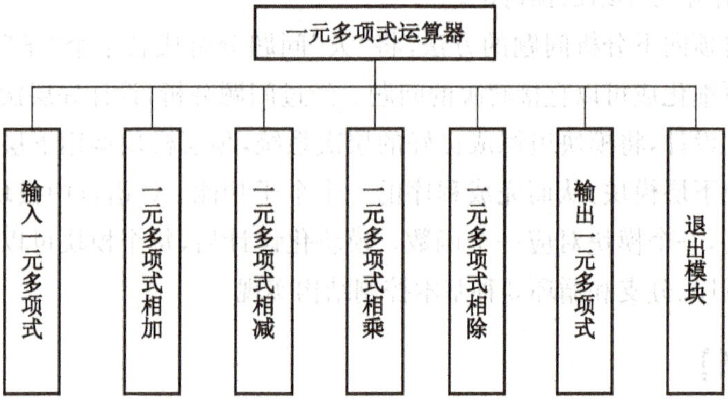

图1 “一元多项式运算器”结构图

问题3：进一步研究结构图发现，每个模块的实现都不是轻而易举的。比如第一个输入模块，如何输入一元多项式数据？以何种数据结构存储？因为采用不同的存储结构，数据处理的方式和效率也不尽相同。

讨论：……

结论1：一元多项式的关键点在其系数和幂次，因而只要存储每一项的系数和幂次即可。

结论2：根据已学知识，可以考虑使用一维数组、二维数组存储多项式的相关数据。如果使用一维数组存放多项式，比如：偶数项元素存系数、奇数项元素存幂次，可行但不方便操作。采用二维数组是目前首选方案，比如：第一行存放系数、第二行存放幂次。

结论3：部分学生提出用结构数组、链表实现，这两种方案都有其处理上的优势，非常好！说明大家已经提前预习，也查看了不少资料。但由于还未学到这两部分知识，本次课先采用大家都熟悉的二维数组解决问题，待学完相关知识后，再请同学用结构、链表两种方式解决，并且比较几种方式的优劣。

演示：多项式 $f(x)=3x^6-2x^5+6x^3-x^2+8x+10$ 采用二维数组存储，如图2所示。

			3	−2	6	−1	8	10			
6	5	3	2	1	0						

图 2　二维数组存储 $f(x)$ 示意图

问题 4：加（减）法模块中两项相加（减）时，只有幂次相同才能将系数相加（减）。用户输入的一元多项式可能是稀疏的，可能是无序的，两个多项式的项数并非相同。我们还需要增加哪些模块才能解决这些问题呢？

讨论：……

结论 1：在加（减）法运算中，可以把多项式按降幂排序，再补全所有缺项，直至两个多项式的项数一样。这样就需要增加排序模块、插入模块、删除模块。

演示：多项式 $g(x)=2x^5-x^2-2$ 采用二维数组存储，如图 3 所示。求 $f(x)+g(x)$？

2	−1	−2									
5	2	0									

图 3　二维数组存储 $g(x)$ 示意图

将 $f(x)$ 与 $g(x)$ 补全所有缺项后，如图 4 所示。

3	−2	0	6	−1	8	10					
6	5	4	3	2	1	0					

0	2	0	0	−1	0	−2					
6	5	4	3	2	1	0					

图 4　$f(x)$ 与 $g(x)$ 全项示意图

结论 2：在加（减）法运算中，如果只将多项式按降幂排序，不进行补项操作，那么在加（减）法运算时，需要逐项比较幂次是否相等，可能出现加（减）后系数为 0 的情况。因而，系统也需要增加排序模块、删除模块。

结论 3：在加（减）法运算中，将加（减）式中的各项（乘以 −1）连在被（加）减式的后面，然后按幂次降序排列，再合并同类项。这种方法则要用排序、合并、删除模块。

问题 5：大家根据一元多项式的乘法运算规则，乘式的每一项与被乘式的各项都应相乘，得到结果多项式会出现什么情况？需采取哪些措施呢？

讨论：……

小结:乘法运算后会多出若干项,而且会有幂次相同的项。需要合并同类项。合并同类项时,可以先按幂次降序排列,再将连续相同幂次的项系数相加,最后把系数为 0 的项删除。这个问题的解决可以借用前面的排序模块和删除模块,另外增加一个合并模块。

问题 6:一元多项式的除运算,问题较为复杂,留作课后思考、讨论。

框图:"一元多项式运算器"的层次结构如图 5 所示。

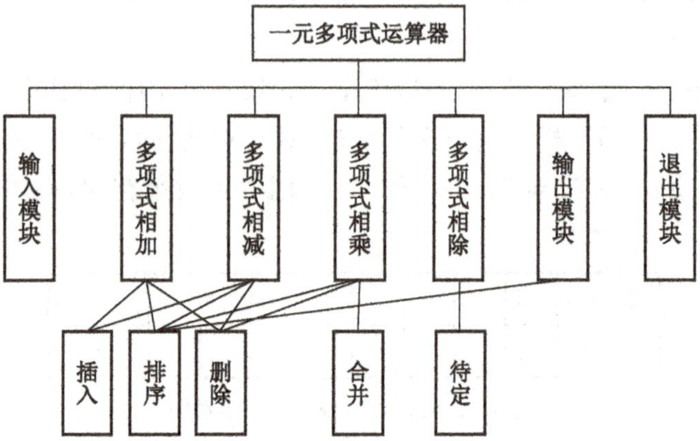

图 5 "一元多项式运算器"层次结构图

三、模块化设计

通过自顶向下的分析,我们已将大问题分解成若干个子问题,针对每个子问题设计对应的函数来完成,具体原则:

- 一个函数只完成一个指定的功能;
- 函数间只通过参数进行调用;
- 一个函数只有一个入口和一个出口;
- 慎用全局变量。

问题 7:在一元多项式的加、减、乘、除四个模块中,它们的共性是根据两个一元多项式计算出结果。函数原型中需要哪些参数?各起什么作用?

学生:……

小结:不仅需要两个二维数组作为参数,用来存放参加运算的两个一元多项式,还需要两个 int 参数存放二维数组的列数,即每个一元多项式的项数。四个函数原型声明如下:

```
void AddPolyn(int Apolyn[2][N],int nA,int Bpolyn[2][N],int nB);          /*加*/
```

```
void SubtractPolyn(int Apolyn[2][N],int nA,int Bpolyn[2][N],int nB);    /*减*/
void MultiPolyn(int Apolyn[2][N],int nA,int Bpolyn[2][N],int nB);       /*乘*/
void DivPolyn(int Apolyn[2][N],int nA,int Bpolyn[2][N],int nB);         /*除*/
```

其中，数组 Apolyn、Bpolyn 存放一元多项式的系数及幂次，变量 nA、nB 分别存放两个一元多项式的项数。

问题 8：为完成一元多项式的加、减、乘、除，需要排序、插入、删除、合并模块的辅助。而这四个模块都是根据一元多项式，对其进行按幂次降序排列、补全系数为 0 的项式、删除系数为 0 的项式、合并幂次相同的项式。四个函数原型需要什么样的参数？需要返回值吗？

讨论：……

结论 1：排序函数比较简单，源多项式和目标多项式的项数保持不变。可进行如下声明：

```
void SortPolyn (int Apolyn[2][N],int nA);
```

其中，数组 Apolyn 存放一元多项式的系数及幂次，变量 nA 存放一元多项式的项数。

结论 2：插入函数的功能是补全所有缺项。为方便加(减)运算，采用问题 4 的"结论 1"做法，项数应以两个一元多项式中的最大幂次加 1 为准。返回处理后的多项式的项数。函数原型声明如下：

```
int InsertPolyn (int Apolyn[2][N],int nA, int nMax);
```

其中，数组 Apolyn 存放一元多项式的系数及幂次，变量 nA 存放源一元多项式的项数，变量 nMax 存放目标多项式的项数。

结论 3：无论是删除多项式中系数为 0 的项，还是合并同类项，处理后的多项式的项数已不能保证与源多项式的项数相同，应将当前多项式的项数返回。函数原型声明如下：

```
int DeletePolyn (int Apolyn[2][N],int nA);           /*删除*/
int MergePolyn (int Apolyn[2][2*N],int nA);          /*合并同类项*/
```

问题 9：输入、输出函数的原型应是什么？为什么？

讨论：……

结论 1：输入函数的作用是从键盘输入一个一元多项式的系数及幂次，直至输入的系数及幂次均是 0 为止。输入函数应返回多项式的项数。输出函数则根据多项式的项数、各项的系数及幂次在屏幕上显示该多项式。

```
int InputPolyn(int Apolyn[2][N]);                    /*输入*/
void OutputPolyn (int Apolyn[2][N],int nA);          /*输出*/
```

结论 2:输入函数中也可提示用户输入多项式的项数,然后根据项数,从键盘输入每项的系数及幂次。此法仍需函数返回多项式的项数。

问题 10:我们已逐个讨论了实现核心功能的函数,为了使 main 主控函数的功能单一,系统完善,界面友好,还需要再设计些什么函数呢?

讨论:……

小结:比如欢迎界面、菜单选择、退出等函数。

```
void Welcome();                    /*欢迎界面*/
void FunChoice();                  /*菜单选择*/
void ExitSystem();                 /*退出*/
```

【课堂总结】

通过本案例分析设计,我们理解了程序设计的思想,掌握了程序设计的基本步骤,为今后开发简单的应用系统打下了基础。

一元多项式的运算是非常熟悉的数学问题,对这个问题的剖析,正是将学生从日常思维转向计算思维的过程。同时该任务的解决,又将本课程的核心内容串接在了一起,是对前期所学内容的复习和再应用。函数的使用和数组的应用是本课程重点、难点之一。本案例中通过定义若干函数实现相关功能,函数之间的调用以地址传递为主要方式,一元多项式的存储则采用二维数组这一构造类型,把数组的输入、输出、插入、删除及排序等操作都融合在案例中。

【课后任务】

1. 将课堂案例中的“一元多项式相除”模块进一步分析、分解。

2. 将课堂案例“一元多项式运算器”进行编码实现。

3. 各协作小组对“矩阵运算器”“分数运算器”“基本运算测试器”等作自顶向下分析,逐步求精细化,模块化设计。

【教学效果评估】

本单元以学生熟知的中学数学问题为切入点,引导学生通过分析、讨论、查阅资料等多种学习方法,综合应用已学的程序设计知识,解决实际问题,其学习内容和方式引发了学生的兴趣。使用耳熟能详的案例教学让他们有真实感,心中不“虚”。同时，学生深刻体会到计算机解决问题既要充分发挥人的聪明才智，又要有细致认真、一丝不苟的态度，强调思维的缜密。

这样的教学活动确实打破了过去沉闷的课堂气氛，激发了学生的学习兴趣，提高了学生的计算思维能力。但是开展研究性教学，需要师生投入大量的精力，特别是学生，在一个学期同时开设多门课程，每门课程都以研究性方式展开，学生的学习时间与精力远远不够。由于数学专业班级人数较多，完成各种学习、讨论、交流的重任最后仍然是落在几个“精英”身上，整体学生的学习效果不尽如人意。

【改革与提高的设想】

建立科学的研究性教学考评机制，评价应注重学生的学习过程，从多方面考察学生的表现，将学生参与研究性教学的表现计入总分，但是如何量化是一个亟待解决的问题。

研究性教学活动如果采用小班化教学，所有学生都能被教师关注，没有学生能“滥竽充数”，给每个学生更多的交流表达机会。

开展好研究性教学，另一关键在教师，在教师角色的转变。当然，教师角色转变不可能一蹴而就，这是一个循序渐进、不断修正自身的过程。既要教师主动更新观念，与时俱进地学习教育理论，提高教学理论水平和实践能力，学习本专业领域的新知识、进行教学科学研究，提高业务和科研能力；也要学校对教师有计划、有组织地进行培训和提高，进而促进研究性教学效果的提升，达到培养创新人才的教育目标。

在 VFP 命令按钮设计中应用研究性教学

【授课教师】 宋春来
【课程名称】 VFP 语言及程序设计
【授课单元】 具有命令按钮的表单设计
【实施专业】 植保 1501、植保 1502

【课程设计理念】

VFP 语言及程序设计是扬州大学非计算机专业学生学习的一门重要课程，也是江苏省高等学校计算机等级考试的考试内容之一。其中表单设计是学习的重点和难点，也是等级考试必考的内容。一个应用程序系统不仅要有完备的功能，而且要有一个友好的用户界面。VFP 中的表单类似于 Windows 中的各种标准窗口或对话框，是应用程序和用户交互的主要界面。本次课设计了一个带有 5 个命令按钮的表单，单击按钮可以移动表单上的记录，分别完成“第一条”“上一条”“下一条”“末一条”以及“退出”的功能。更进一步，我们用图片按钮代替文本按钮，对表单进行美化。

【教学目标】

1. 熟练掌握表单设计的一般过程；
2. 掌握代码设计的方法；
3. 熟练应用属性窗口、代码窗口、表单设计器窗口进行表单设计；
4. 会利用布局工具栏对表单进行美化；
5. 提高学生发现问题、解决问题的能力，使他们能够将所学的知识融会贯通，触类旁通。

【教学内容】

“VFP 语言及程序设计”第 9 章“控件”之 9.2“命令按钮”

【教学课时】

2 课时

【教学方法】

本单元通过教师讲授、学生讨论、小组合作学习和上机实践等多种教学手段来保证任务的顺利完成，通过面向对象的程序设计方法逐步呈现出最终的实验结果。

【教学设计的关键点】

研究性教学成功的一个关键是问题的设计。设计出好的问题，既可以引起学生的共鸣，产生研究的兴趣，又可以提高学生解决问题和动手实践的能力。

本次课设计了 4 个问题：

(1) 利用“快速表单”建立的表单，只显示第一条记录的内容，如何查看其他记录，需要设置哪种控件？

(2) 设计“上一条”按钮时，当碰到“已到文件头”这样的错误信息时，如何解决？同理，“下一条”按钮如何设计？

(3) 当记录移动到某些特定的记录上时，如何将对应的按钮设置为不可用？即不能响应用户引发的事件；

(4) 如何美化表单，将文字按钮改为图片按钮？

【课堂实录】

【引导语】： 在 VFP 中，创建表单的方法有 4 种：(1)用表单向导创建表单；(2)执行“表单”菜单中的“快速表单”命令，创建一个简单表单；(3) 用程序创建表单；(4)用表单设计器创建或修改表单。利用表单向导，可以很方便地创建基于一张表或者基于一对多关系的两张表的表单，但是表单上的按钮功能固定。利用快速表单建立起来的表单又没有命令按钮来完成记录的移动操作。利用程序创建表单超出大纲范围。因此，在实际设计中，我们主要基于表单设计器来添加控件，完成表单的设计。本次课，主要介绍命令按钮的使用。命令按钮(CommandButton)通常用来启动一个事件以完成某种功能，如关闭表单、移动记录指针、打印报表等操作。实现该功能的代码放置在 Click 事件中，用户通过单击命令按钮执行之。

【演示】： 新建一个空白表单，在表单设计状态下，利用“表单”菜单中的“快速表单”子菜单基于 kc 表建立一个表单，如图 1 所示。

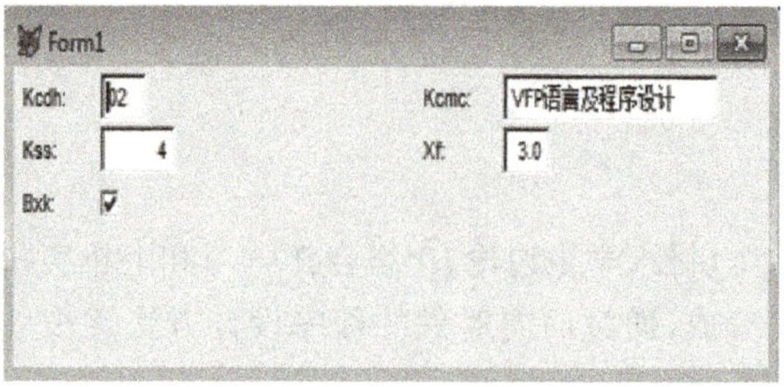

图 1

利用属性窗口完成按钮属性的设置，比如 caption 属性、fontsize 属性、fontname 属性等。利用“布局”工具栏完成界面上控件的布局。如图 2 所示。

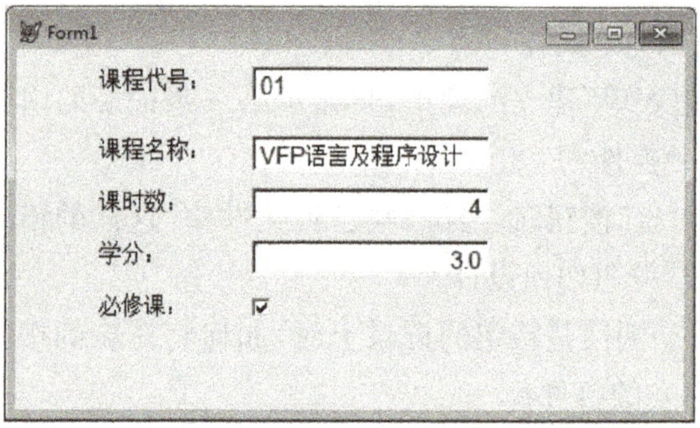

图 2

问题 1：利用“快速表单”建立的表单，只显示第一条记录的内容，如何查看其他的记录，需要设置哪些命令按钮？

【学生发言】：……

【小结】：设置 5 个按钮，分别完成“第一条”“上一条”“下一条”“末一条”以及“退出”的功能。其中“第一条”命令按钮的功能是无论当前记录在哪条记录上，都可以使记录指针移动到第一条记录上。“上一条”命令按钮的功能是记录指针从当前记录移动到上一条记录上。“下一条”命令按钮的功能是记录指针从当前记录移动到下一条记录上。“末一条”命令按钮的功能是无论当前记录在哪条记录上，都可以使记录指针移动到最后一条记录上。“退出”按钮的功能是关闭表单。

【演示】：在表单上添加 5 个按钮，利用属性窗口完成按钮属性的设置，比如 caption 属性、fontsize 属性、fontname 属性等。利用布局工具栏对按钮进行布局，并编写“第一条”“上一条”和“退出”三个命令按钮的 click 事件代码。如图 3 所示。

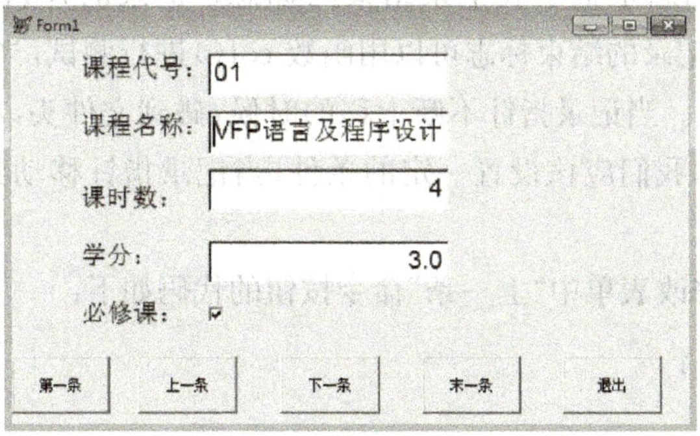

图 3

“第一条”按钮的 click 事件代码如下：

```
go top
thisform.refresh
```

“上一条”按钮的 click 事件代码如下：

```
skip  -1
thisform.refresh
```

“退出”按钮的 click 事件代码如下：

```
thisform.release
```

【学生研讨】： 学生分组进行研讨，根据“第一条”和“上一条”命令按钮的代码，写出“下一条”和“末一条”按钮的 click 事件代码。

“下一条”按钮的 click 事件代码如下：

```
skip
thisform.refresh
```

“末一条”按钮的 click 事件代码如下：

```
go bottom
thisform.refresh
```

问题 2：单击“上一条”按钮时，记录指针往上移动一条，为什么会出现“已到文件头”这样的信息，如何解决？

【学生发言】： ……

【小结】： 表文件被打开后，系统中会自动生成三个控制标志：记录的开始标志、记录的指针标志和记录的结束标志。记录的开始标志位于第一条记录之前，记录的结束标志是整个表记录结束的标志。记录的开始标志可以用函数bof()进行测试，记录的结束标志可以用函数 eof()进行测试，当前记录号可以用recno()进行测试。当记录指针不断上移的时候，碰到文件头，如果再上移，代码就会出错。所以，我们应该设置一定的条件，当记录指针移动到第一条记录时，将不再上移。

【演示】： 修改表单中"上一条"命令按钮的代码如下：

```
if recno()<>1
  skip  -1
endif
thisform.refresh
```

【学生研讨】： 学生分组进行研讨。当记录指针不断下移时，碰到文件尾，如果再下移，代码就会出错。所以，也应该设置一定的条件，当记录指针移动到最后一条记录时，将不再下移。测试最后一条记录的记录号，可以用 reccount()函数。

"下一条"按钮的 click 事件代码如下：

```
if recno()<>reccount()
  skip
endif
thisform.refresh
```

问题 3：当记录移动到某些特定的记录上时，如何将对应的按钮设置为不可用？比如，当我们将记录指针移动到第一条记录时，应该设置哪些按钮当前不可用？当我们将记录指针移动到最后一条记录时，应该设置哪些按钮当前不可用？满足什么条件恢复按钮可用？

【学生发言】： ……

【小结】： 当记录指针逐渐上移，移动到第一条记录时，我们应该将"上一条"和"第一条"两个命令按钮设为不可用，即不能响应用户的单击操作。当记录指针逐渐下移，移动到最后一条记录时，我们应该将"下一条"和"末一条"两个命令按钮设为不可用。VFP 提供了 enabled 属性，当该属性值设置为"假"(.F.)时，命令按钮变为灰色，禁止响应用户的操作。

【演示】： 修改表单中"第一条"命令按钮的代码如下：

```
go top
```

```
thisform.command1.enabled = .f.
thisform.command2.enabled = .f.
thisform.command3.enabled = .t.
thisform.command4.enabled = .t.
thisform.refresh
```

修改表单中“上一条”命令按钮的代码如下：

```
if recno()<>1
  skip -1
endif
if recno() = 1
  thisform.command1.enabled = .f.
  thisform.command2.enabled = .f.
else
  thisform.command3.enabled = .t.
  thisform.command4.enabled = .t.
endif
thisform.refresh
```

【学生研讨】：学生分组进行研讨，根据“第一条”和“上一条”命令按钮的代码，改写“下一条”和“末一条”按钮的 click 事件代码如下：

“下一条”按钮的 click 事件代码如下：

```
if recno()<>reccount()
    skip
endif
If  recno() = reccount()
    thisform.command3.enabled = .f.
    thisform.command4.enabled = .f.
else
    thisform.command1.enabled = .t.
    thisform.command2.enabled = .t.
  endif
thisform.refresh
```

“末一条”按钮的 click 事件代码如下：

```
go bottom
```

```
thisform.command1.enabled = .t.
thisform.command2.enabled = .t.
thisform.command3.enabled = .f.
thisform.command4.enabled = .f.
thisform.refresh
```

问题 4:如何美化表单,将文本按钮改为图片按钮?将文本按钮改为图片按钮,可以使表单外观更加美观,提高表单的可观赏性。

【学生发言】: ……

【小结】: 要将文本按钮改为图片按钮,可以设置按钮的 picture 属性,指定在命令按钮中显示的图片。但如果仅有图片,没有对应的文字信息,我们很难知道按钮能够执行的操作,所以还需要进行 tooltiptext 属性的设置,该属性指定当鼠标指向该控件时显示的提示文本。要实现该功能,还需要将表单的 showtips 属性设置为真。这对于带有图标而无文字说明的按钮等控件来说,十分必要。

【演示】: 选择"第一条"命令按钮,将该控件的 picture 属性设置为系统文件夹中的 wztop.bmp,并设置该按钮的 tooltiptext 属性为"第一条",设置表单的 showtips 属性为".T."。

【学生研讨】: 学生分组进行操作,找到系统文件夹中的 wztop.bmp、wzback.bmp、wznext.bmp、wzend.bmp、wzclose.bmp 这五个文件,分别设置"第一条""上一条""下一条""末一条"和"退出"按钮的 picture 属性,设置 tooltiptext 属性和 showtips 属性,完成表单的设计。如图 4 所示。

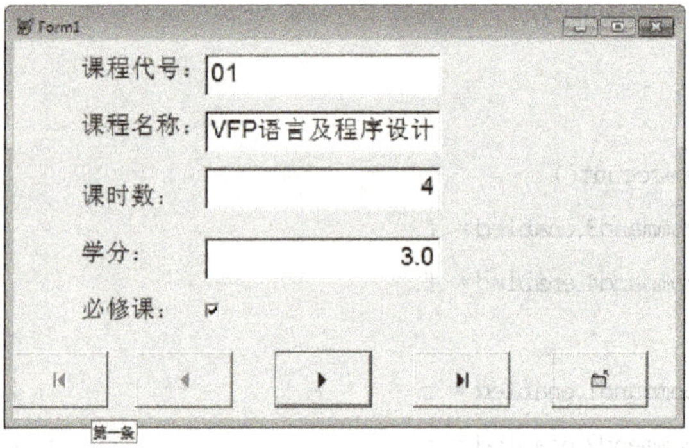

图 4

【课堂总结】

本单元学习了"命令按钮"控件的使用。通过这个例子,使同学们掌握了表单设计的一般过程，熟悉了代码窗口、属性窗口、布局工具栏、表单控件工具栏的基本操作，会进行简单代码的设计，为今后进行 VFP 应用系统的设计打下了坚实的基础。

【课后任务】

1. 命令按钮组(Command Group)用来创建一组命令按钮。当表单上有多个按钮时，使用命令按钮组将使代码更加简洁，界面更加美观。命令按钮组虽与命令按钮有许多相似之处，但它们却是两种不同的控件。命令按钮组是容器型控件，命令按钮是非容器型控件。阅读教材中关于命令按钮组控件的资料，必要时上网进行资料的收集。

2. 修改表单，设计一个带有 5 个命令按钮的命令按钮组，完成记录指针的移动，并加以完善。

3. 掌握容器型控件的设置方法。

【教学效果评估】

1. 研究性教学以小组为单位进行，既锻炼了个人能力，同时又增加了团队合作能力。遇到问题时，小组成员可以一起讨论，寻找解决办法。通过研究性教学的实施，学生合作交流和解决问题的能力大大提高了，他们能运用所学的知识发现、提出并解决实际问题，并能和同学交流思路。师生之间、学生之间能建立多边的、丰富的、多样的信息联系和信息反馈，学生愿意互相交往，懂得尊重别人、取长补短，在动手实践中、自主探索中充分发挥智力潜能。

2. 研究性教学改变了以往教师满堂灌的教学方法，使学生能有效地参与到课堂讨论中，在整个教学过程中，学生始终要思考、要讨论，充分调动了学生的学习积极性，使他们意识到自己才是学习的主人。在学习中，学生大胆实践、掌握学法，勇于发表自己的见解、充分动口、动手、动脑，主动收集、交流、加工和处理学习信息，各负其责、个人能力得到了很大的提高。

3. 教师是研究性教学的总设计师和引导师，设计出好的研究型教学方案，对教师自身能力也是一个锻炼提高的过程。在设计研究性教学方案时，从案例选择、问题提出、课堂掌控、教学效果评价等多方面都需要教师的精心设计，这对教师也是一个挑战。好的研究性教学案例，可以使学生高效率、高质量地掌握所学知识，无论是在知识面的拓展上，还是在知识点的深入理解上，都能达到很好的教学效果。

【教学成果展示】

设计完毕,各小组提交自己的设计成果。小组之间进行互评,评选出优秀作品。每个小组推荐一人总结设计心得。

【改革提高的设想】

研究性教学是提高学生学习积极性,自主学习能力的较好方法。在今后实施研究性教学时,要注意以下几个问题:(1)避免研究性教学过程的简单化,研究内容的学术化;(2)建立科学的评价体系,使真正参与研究性教学的同学能够获得满意的评价,而偷懒消极的学生不能过关。研究性教学不是"精英"教学,是面向全体学生的一种教学方法,每个同学都应该积极地参与其中;(3)要注意学生研究性思维的培养,能够从研究性学习过程中总结经验,为以后的学习打下基础。

“表单控件应用”研究性教学案例

【授课教师】 孟纯煜
【课程名称】 VFP 语言及程序设计
【授课单元】 表单控件应用
【实施专业】 哲学 1601、小教 1602

【课程设计理念】

本单元的研究性教学采用任务驱动法，通过“表单控件应用”这个任务，设计一张显示学生基本信息的表单，引导学生将本课程所学到的知识进行有机整合，尽力做到融会贯通。在教学过程中，通过情境的设置，不断地引导、启发学生进行思考和讨论，发现问题，解决问题。

【教学目标】

1. 让学生掌握用表单和控件进行面向对象的程序设计。主要是标签、文本框、命令按钮等控件的属性及相关事件代码的设置。

2. 培养学生的逻辑思维能力。程序设计需要学生具备较强的逻辑思维能力；程序设计过程中，解决各种可能存在或将要出现的问题，有助于发散思维能力的训练。

3. 培养学生的自主学习能力。自主学习是学生学习过程中的一个重要环节，也是学生终生学习的一种重要能力。在教学过程中，注重激发学生的自主学习的动机，培养学生自主学习的积极性。

【教学内容】

“VFP 语言及程序设计”第 9 章“控件”

【教学课时】

2 课时

【教学方法】

本单元采用任务驱动教学法，为学生提供体验实践的情境和感悟问题的情境，围绕任务展开教学，以任务的完成结果检验和总结学习的过程。

授课形式采用边讲授、边演示、边讨论的研究性教学方法，引导学生解决问题，完成教学目标的同时也促进了学生思维能力的提高。其中，教师起穿针引线的作用，突出学生的主体地位。

【教学设计的关键点】

1. 情境设计

一个好的情境设置应该具有针对性，情境创设要紧紧围绕教学目标，根据教学任务和教学内容来创设，有所选择和取舍，切忌为情境创设而创设。情境的创设应具备趣味性，可选取学生身边的、感兴趣的、符合认知水平的事例、场景，让学生产生认同感。情境的创设应具备连贯性，用一个情境贯穿整个课堂教学的全过程，也可以用一个总的情境线索贯穿始终，以大情境为线索串起各环节情境。

2. 互动问题的提出

互动的问题应该具有一定的开放性，问题要有现实意义，与学生的生活和学习有直接关系。互动的问题应该具有一定的启发性和可发展空间，以期能给学生一个自由思考、展现自己的思维空间。互动的问题应该具有一定的关注度，以便激发学生的兴趣，引导学生自主发现问题、解决问题，水到渠成地完成了教学任务，也拓展了学生的思维。

【课堂实录】

一、预备知识复习

1. 回顾表单、控件、属性、事件等概念

2. 面向对象程序设计的步骤

(1) 在表单上创建对象；

(2) 设置对象的有关属性；

(3) 选取对象的有关事件，并编写相应的事件代码。

二、创设情境

情境：一个应用程序系统不仅要具有完备的功能，还要具有一个友好的用户界面。表单类似于 Windows 中的各种标准窗口或对话框，是应用程序和用户交互的主要界面。因此，表单设计是应用程序设计中的一项重要工作。本次课就介绍设计一张显示学生基本信息的表单，如图 1 所示。

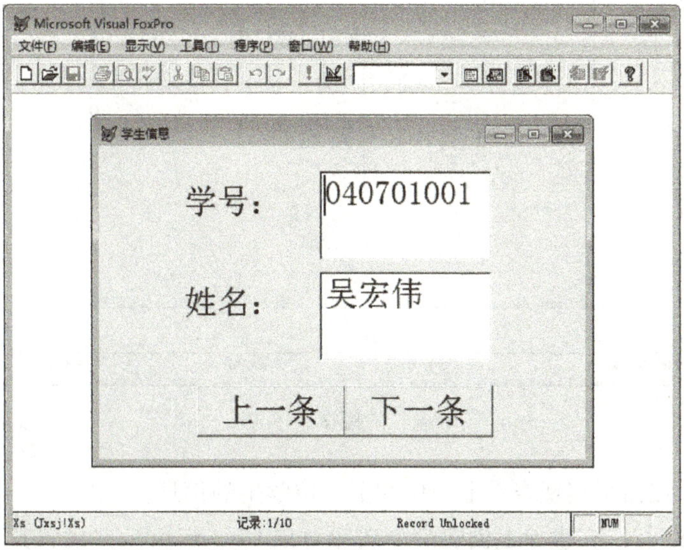

图 1

互动提问 1：这样的界面用到了哪些技术？

问题解答：这里用到了数据库技术和面向对象的程序设计。先建立学生信息数据库，再采用面向对象技术创设表单，设计显示学生信息的界面。

三、表单控件应用界面的设计

设计步骤：

1. 打开表单设计器。

2. 先在数据环境中加入 XS 表，在表单上创建标签对象 Label1，并设置其 Caption 属性为"学号："；在其右侧创建文本框对象 Text1，并设置其 Controlsource 属性为"xs.xh"。创建标签对象 Label2，并设置其 Caption 属性为"姓名："；在其右侧创建文本框对象 Text2，并设置其 Controlsource 属性为"xs.xm"，并设置这四个对象的 Fontsize 属性为"20"，运行之后看效果如图 2 所示。

互动提问 2：现在只是显示了一位学生的信息，如果想看到学生表里每一位学生的信息怎么做？

讲授：要想看到学生表的每一位学生的信息，可在表单上添加命令按钮，通

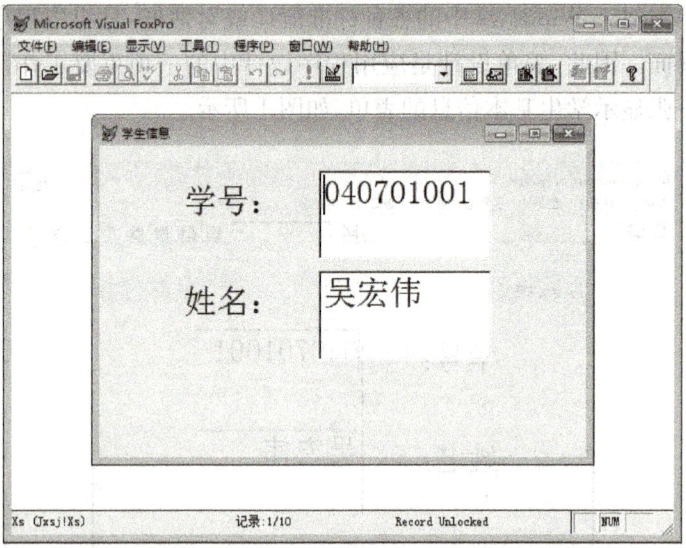

图 2

过点击命令按钮来实现查看上一位和下一位学生的信息。

3. 继续设计，在表单上创建命令按钮对象 Command1，并设置其 Caption 属性为“上一条”，继续创建命令按钮对象 Command2，并设置其 Caption 属性为“下一条”，同时设置他们的 Fontsize 属性为“20”，运行之后看效果如图 3 所示。

互动提问 3：此时我点击命令按钮，为何学生信息没有发生变化？

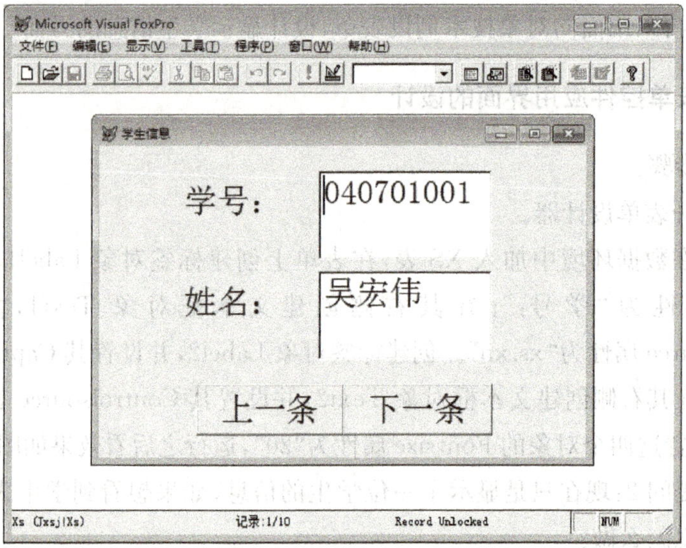

图 3

讲授：刚刚只是设置了命令按钮的 Caption 属性值为"上一条"和"下一条"，如想实现此功能，还需为命令按钮设置相关的事件代码。

互动提问 4：代码怎么编写？

讲授："上一条"按钮的代码就是让学生表的记录指针上移一条，即Skip－1，"下一条"按钮的代码就是让学生表的记录指针下移一条，即 Skip。

互动提问 5：代码存在哪个事件中呢？

讲授：代码都是放在事件里，事件是由系统自动引发或用户的某个动作引发，我们希望单击鼠标左键，就执行代码，而当我们单击鼠标左键就会引发该按钮的 Click 事件，所以把代码写在 Click 事件里即可。

演示：在 Command1 的 Click 事件和 Command2 的 Click 事件中分别设代码如图 4 所示。

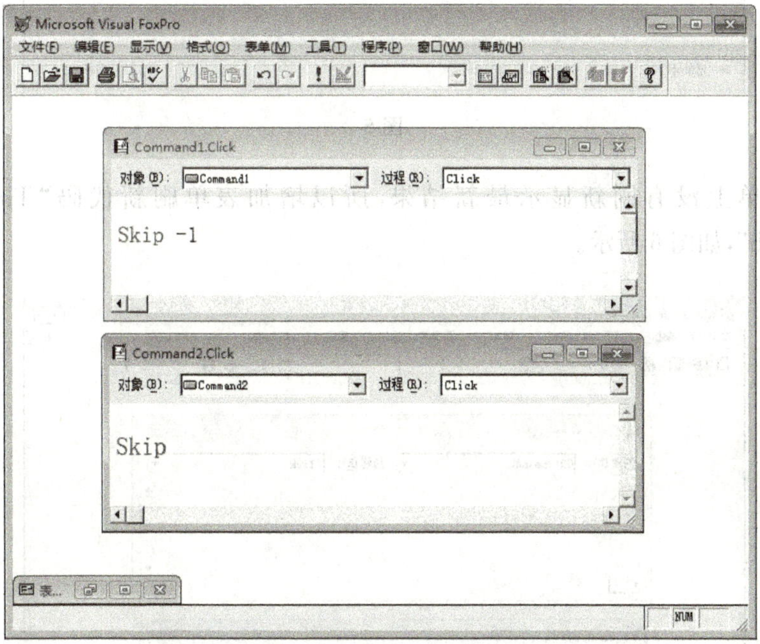

图 4

4. 关闭代码窗口，运行表单，点击"下一条"按钮看效果如图 5 所示，发现界面内容并没有变化。

互动提问 6：难道没有执行 Click 事件代码？

讲授：注意观察状态栏提示，显示记录号 2，说明点击"下一条"按钮，确实执行了其 Click 事件代码"Skip"，学生表里的记录指针指向下一条的 2 号记录了，

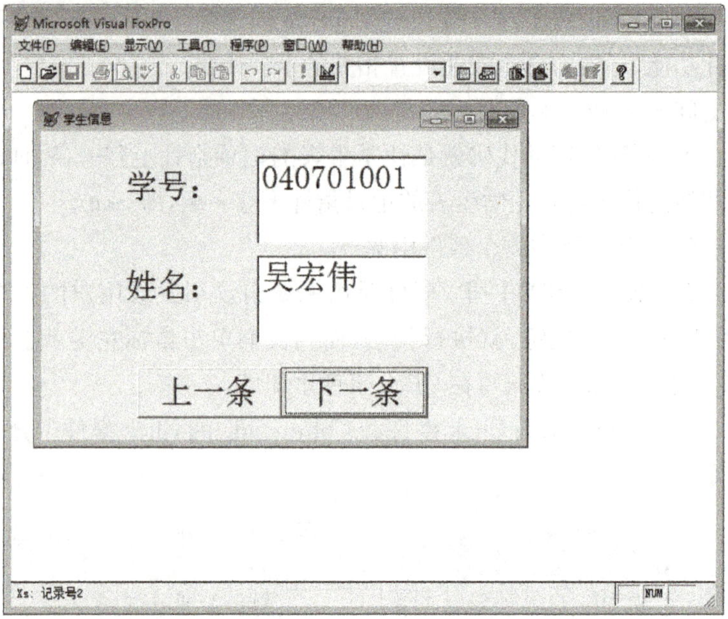

图 5

只是表单上没有刷新显示最新结果，所以增加表单刷新代码“Thisform. Rrefresh”，如图 6 所示。

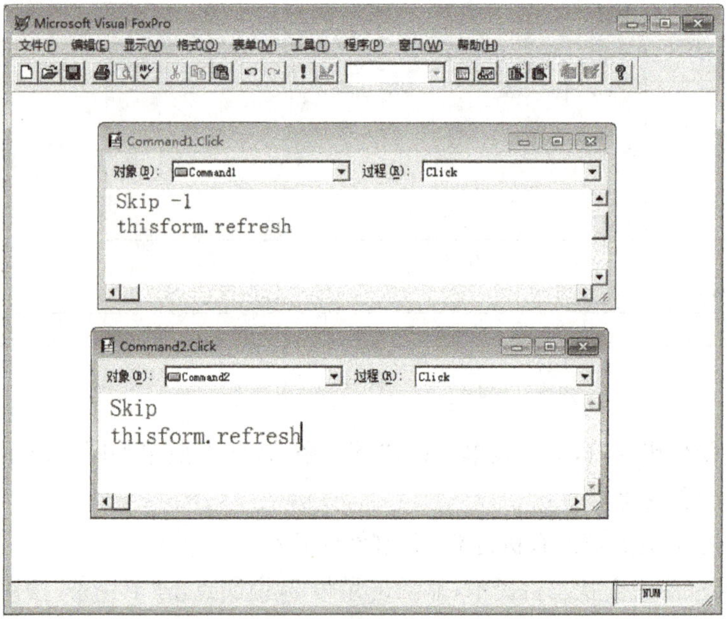

图 6

5. 关闭代码窗口，运行表单，点击"下一条"按钮看效果如图 7 所示。

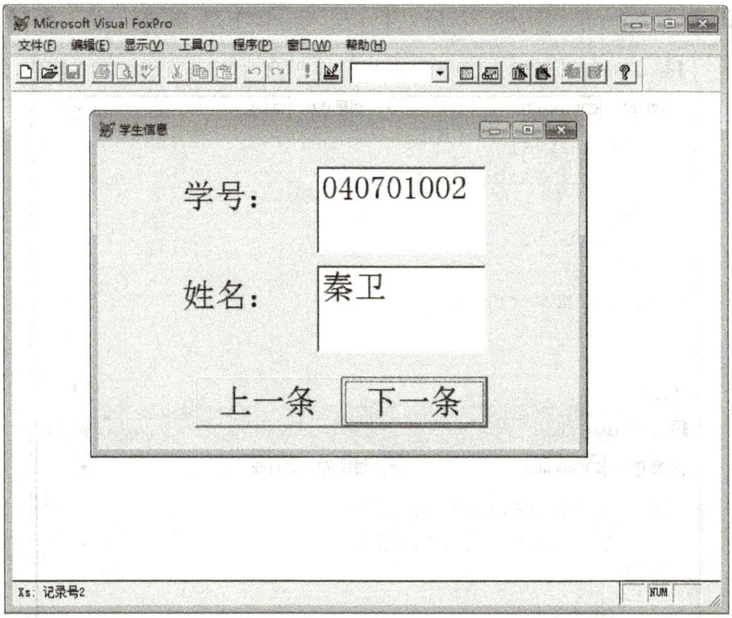

图 7

同样，点击"上一条"按钮也能实现功能。

6. 演示运行所设计的界面，当已显示第一条记录时，还继续点击"上一条"按钮，会提示出错信息"已到文件头"，同样，当已显示最后一条记录时，还继续点击"下一条"按钮，也会提示出错信息"已到文件尾"。

讨论

讨论问题 1：可不可以当已显示第一条记录时，把"上一条"按钮废止，变成灰色，干脆不让用户点击，同样当已显示最后一条记录时，把"下一条"按钮废止，变成灰色，也干脆不让用户点击？

演示：改动"上一条"和"下一条"按钮的 Click 事件代码如图 8 所示。

当已显示第一条记录时，"上一条"按钮废止，变成灰色，同样当已显示最后一条记录时，"下一条"按钮废止，变成灰色，用户不好点击。

讨论问题 2：两个按钮一旦废止之后，无法自动启动，怎么解决？

讲授：当记录指针移离第一条记录之后，就应该启用"上一条"按钮，也就是只要点击过"下一条"按钮，指针就离开第一条记录了，这时应该执行启用"上一

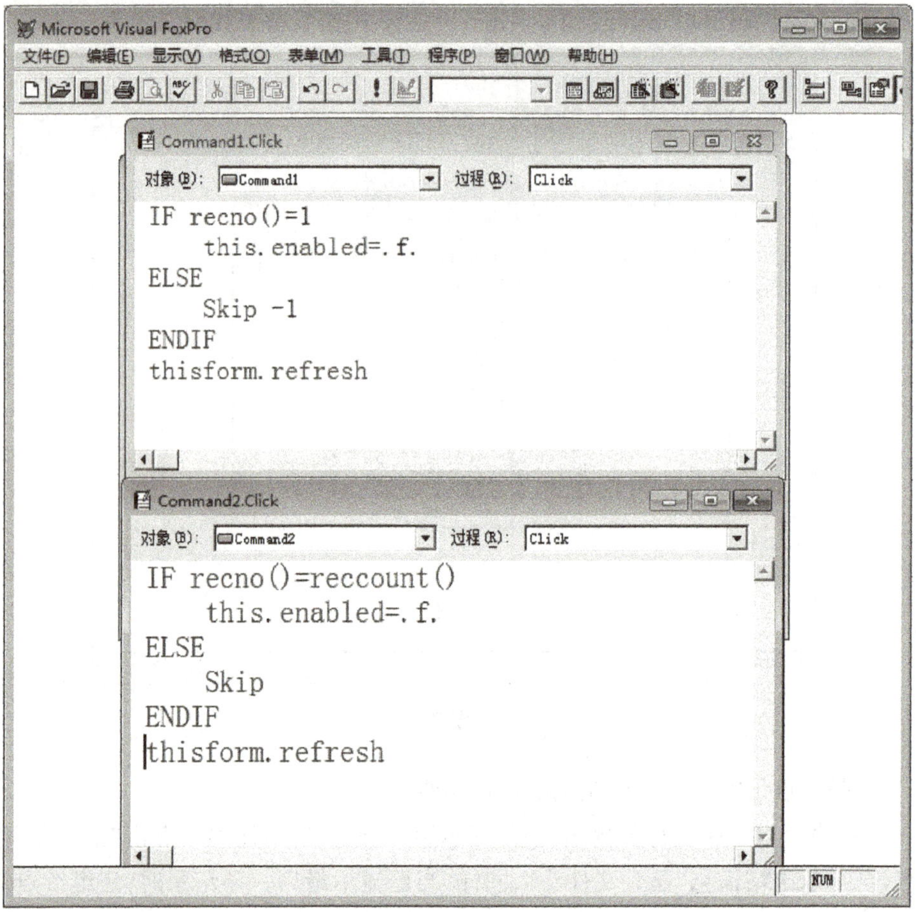

图 8

条”按钮的代码：thisform.command1.enabled=.t.，这条代码应该放在点击“下一条”按钮引发的 Click 事件中；反之，只要当记录指针移离最后一条记录之后，就应该启用“下一条”按钮，也就是只要点击过“上一条”按钮，指针就离开最后一条记录了，这时应该执行启用“下一条”按钮的代码：thisform.command2.enabled=.t.，这条代码应该放在点击“上一条”按钮引发的 Click 事件中。

演示如图 9 所示。

四、思维拓展

在设计表单时，我们也需要考虑数据安全等问题，这样的表单界面也不是谁都可以浏览查看的，我们还可以设置登录界面，只有授权用户，输入正确的用户名和密码，才能查看显示该表单。

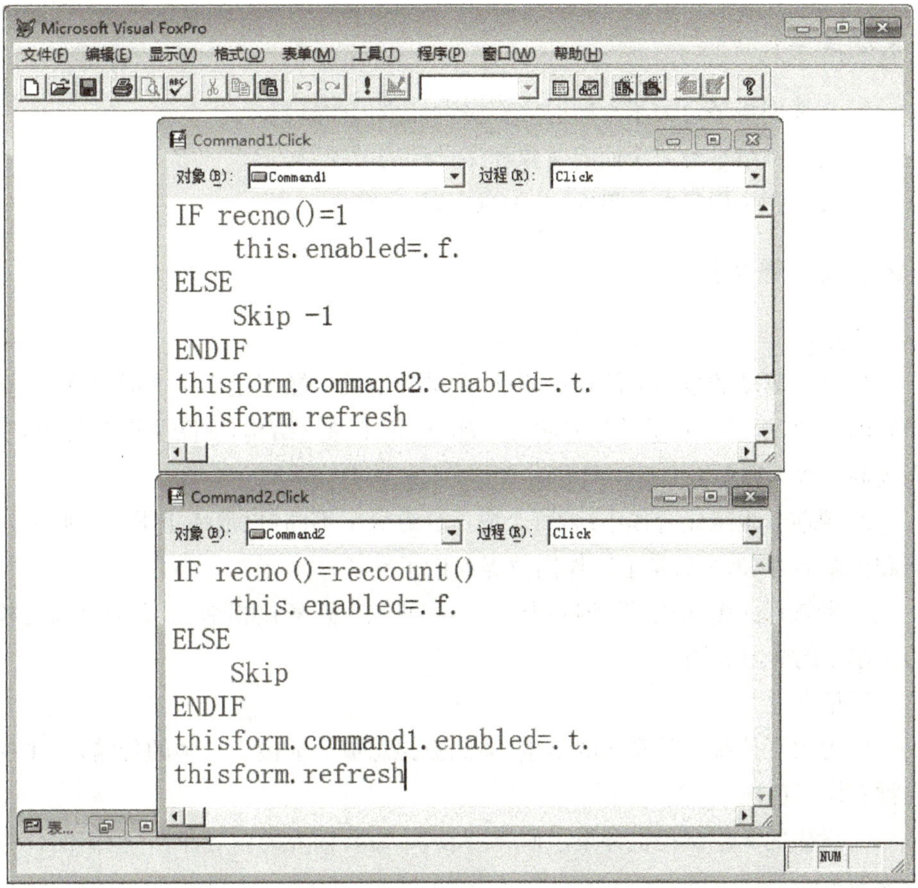

图 9

【课堂总结】

本单元学习了“表单控件应用”的设计，通过案例我们了解了面向对象程序设计的基本思想，掌握了设计的基本步骤和技巧，为今后开发简单的应用系统打下了基础。

通过“表单控件应用”的设计，我们将本课程的核心内容串接在了一起，是本课程知识的一个综合应用，也是对前期所学内容的一个复习回顾。面向对象的程序设计是目前进行软件开发的主流，在面向对象程序设计时，主要的工作是创建对象，设置对象的有关属性，编写相应的事件代码。而在编写事件代码时则要用到面向过程的程序设计思想和方法。整个教学过程引导学生自主发现问题、解决问题，水到渠成地完成了教学任务，也拓展了学生的思维。

【课后任务】

1. 阅读网络平台关于面向对象程序设计方面的资料。

2. 观看网络平台关于面向对象程序设计的微视频。

3. 设计一个用户登录界面，并加以完善。

【教学效果评估】

优点：

1. 任务驱动的教学方法目标明确，互动环节的问题正是学生平时疑惑、想要了解的问题，所以激发了学生的学习兴趣，优化了课堂结构，活跃了课堂气氛，从而提高了教学质量。

2. 课前学生组建合作小组，每个成员任务分工不同，也锻炼了学生之间的沟通和协调能力，为今后走上工作岗位提前做了准备。

3. 考核形式多元化，教师将理论考核和研究实践考核相结合，更为全面地检验了学生的学习效果。

不足：

1. 习惯了传统教学模式的学生，他们更愿意被动地接受老师的传输，自主探究被看作了负担。

2. 学生的其他课程也开设了研究型教学，需要探究的内容很多，他们的任务较为繁重。

【改革提高的设想】

高校计算机教育不但是培养大学生计算机文化的教育，而且是培养大学生综合能力的素质教育，针对不同专业的学生，可以实施不同的教学模式，教师要对教学手段和教学内容不断改进，合理设置教学情境和教学方法，逐步建立起自主研究型的学习模式，更加突出学生在教学过程中的主体地位，通过本门课程的教学改革，推动高校计算机教育的健康持续发展。

当然本课程信息量大，要讲授的知识点多，过多的互动会影响整个课堂的效率。在具体的课堂实践中老师们一定要掌控好。

"击鼓传花"游戏研究性教学案例

【授课教师】 周峰
【课程名称】 VFP 语言及程序设计
【授课单元】 "击鼓传花"游戏的设计
【实施专业】 生科 1701、1702 班

【课程设计理念】

目前的大学生好多沉迷于手机，特别是游戏花费了学生大量的时间，比如微信小程序里的"跳一跳"游戏，有些学生上课时间也在玩。本单元的研究性教学采用任务驱动法，通过"击鼓传花"游戏这个任务，引导学生将本课程第九章所学到的控件综合应用起来，尽力做到融会贯通。使学生感到游戏并不是那么神秘，如果学好本课程后，自己也可以设计一些小游戏程序。

【教学目标】

1. 本案例中的学生信息来自数据环境里的库表，涉及了数据库及库表的知识点；命令按钮的 Click 事件的相关代码涉及结构化程序设计的知识点；整个界面的设计涉及面向对象程序设计。因此，本案例涉及了课程的三大核心内容，能帮助学生将整个课程的知识体系整合起来，培养学生的综合应用能力。

2. 本案例中的选项按钮内容的设计比较巧妙，能够培养学生的逻辑思维能力。在程序设计的代码中空出一部分，要求学生仔细阅读已有的代码，举一反三地写出剩余的代码，需要学生具备较强的逻辑思维能力。

3. 本案例中有要求代码填空，有事件代码的全部编写，这样能够培养学生的自主学习能力。为本案例设计出更合理、更美观的游戏界面的作业，可以激发学生的自主学习的积极性。

【教学内容】

"VFP语言及程序设计"第9章"控件"

【教学课时】

2课时

【教学方法】

本单元采用任务驱动教学法,先给学生一个设计好的界面,让学生考虑用合适的控件设计出该界面。同时,围绕"击鼓传花"游戏展开教学,以任务的完成结果检验和总结学习的过程。

授课形式采用边讲授、边演示、边讨论的研究性教学方法。

【教学设计的关键点】

1. 根据任务,选择合适的控件;
2. 实现任务,编写合理的程序。

【课堂实录】

一、预备知识复习

1. 表单的相关概念
2. 面向对象程序设计的步骤
(1) 在表单上创建对象;
(2) 设置对象的有关属性;
(3) 选取对象的有关事件,并编写相应的事件代码。

二、创设情境

情境:"击鼓传花"游戏是我国一个传统的游戏项目,大家小的时候,在户外应该都玩过这个游戏。现在的小孩,大部分都在电子产品上玩游戏。我们就把"击鼓传花"游戏从现实中搬到屏幕上,在电脑中实现"击鼓传花"游戏。下面我们就来学习如何设计"击鼓传花"游戏。

互动提问1.这样的登录界面用到了哪些控件(图1)?

问题解答:这里用到了图形控件、选项按钮组、标签、微调框、命令按钮、计时器。

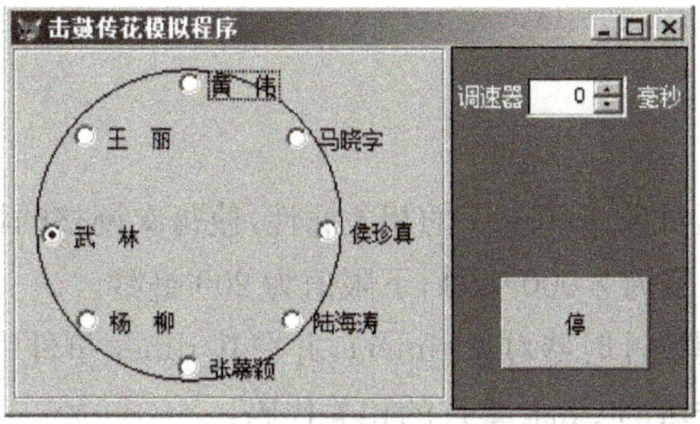

图 1

互动提问 2.如何控制"击鼓传花"游戏的启停?

问题解答:"击鼓传花"游戏的启停不仅仅是通过命令按钮实现,还要在命令按钮中控制计时器控件的启停来实现互动。

三、界面的设计

界面的设计步骤:

1. 打开表单设计器。

2. 在表单上创建标签对象 Label1,并设置其 Caption 属性为"调速器";在其右侧创建微调框对象 spinner1。创建标签对象 Label2,并设置其 Caption 属性为"毫秒";在其下面创建命令按钮对象 command1。

3. 在表单左边创建形状对象 shape1,并设置其高和宽,占整个表单的三分之二。

互动提问 3:如何实现同一个界面的两种颜色?

问题解答:将整个表单的背景色设置为一种颜色,再设置形状对象 shape1 为另外一种颜色,并置其为上方,这样在界面上就出现了两种颜色。

4. 在表单上创建选项按钮组对象,并更名为 opg,将其 buttoncount 属性设置为 8,并按图示方式安置好 8 个选项按钮。

互动提问 4:选项按钮上的学生姓名来源于哪里?

讲授:复习、回顾数据库表的内容。

演示:在表单的数据环境中添加学生表,为 opg 对象的 init 事件编写事件代码如下:

```
use xs
for i = 1 to 8
    go int(reccount() * rand()  + 0.5)
```

```
    this.buttons(i).caption = xs.xm
endfor
use
```

5. 设计微调框对象 spinner1 的相关属性，使每次调整的幅度为 100 毫秒，并设置调速器的上限值为 2 000 毫秒，下限值为 200 毫秒。

6. 在表单中创建计时器对象 timer1，并在其 timer 事件中设置相关代码。

7. 设置命令按钮的 Click 事件的相关代码：

```
    if this.caption = "停"
    thisform.timer1.enabled = .f.
    with thisform.opg.buttons(thisform.opg.value)
        .forecolor = rgb(255,0,0)
        .FontBold = .t.
        .FontSize = 12
    Endwith
    this.caption = "开始"
else
* * * 请在此行下编写一段代码，以实现 this.caption = "开始"的相应功能
endif
```

互动提问 5：此段代码应该如何编写？

讲授：首先给学生分析前面一段代码的作用以及实现的功能，重点讲授 with…endwith 语句的功能，并引导学生参照 else 前面一段代码来实现 else 后面的代码。

8. 演示：运行所设计的“击鼓传花”游戏界面(图 2)。

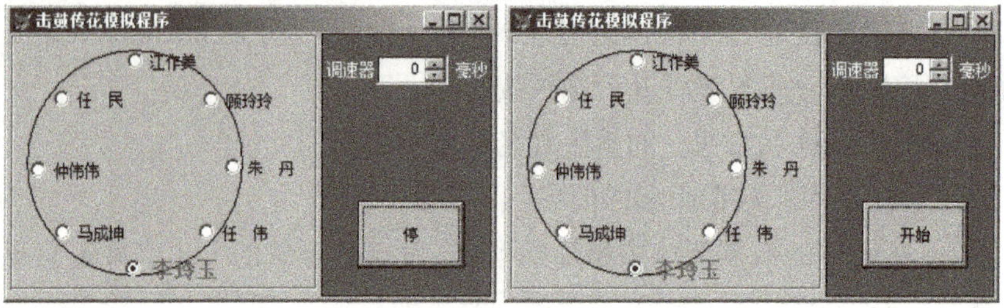

图 2

作业：

1. 补全命令按钮中所缺的代码。

2. 如何将选项按钮组中的 8 个选项按钮设计成圆形。

3. 美化界面，不局限于以上所设计的大小、颜色等信息。

【课堂总结】

本单元学习了"击鼓传花"游戏的程序设计，通过这个小例子我们了解了面向对象程序设计的基本思想，掌握了程序设计的基本步骤和技巧，为今后开发简单的应用系统打下了基础。

通过"击鼓传花"游戏的设计，我们将本课程的表、数据库、表单和类等内容串接在了一起，是本课程知识的一个综合应用，也是对前期所学内容的一个复习回顾。这样的例子，能够引起学生的兴趣，同时在游戏中学习了本课程的知识，将来可应用于本专业的一些课程教学设计中。

【课后任务】

1. 阅读教材第 8、9、12 章的内容。

2. 仔细分析教材中的例子，并学会编写相关代码。

3. 参考实验指导书，设计一个小游戏界面，并在小组间相互分享。

“FOR 循环”研究性教学案例

【授课教师】 王静
【课程名称】 VFP 语言及程序设计
【授课单元】 FOR 循环
【实施专业】 小教 1501、1502

【课程设计理念】

本单元的研究性教学采用“翻转课堂”这一教学模式，通过课前自主学习，课中深入探究，课后查漏补缺三个环节，引导学生思考和探索，并完成知识信息的内在深化，在分析问题、解决问题的过程中建构知识，发展能力。

【教学目标】

1. 知识目标：理解循环的概念，循环三要素；掌握 FOR 循环的基本语法格式和执行过程；能够编写 FOR 循环结构相关的程序。

2. 能力目标：通过课前自主学习，课中深入探究，课后查漏补缺，培养程序设计思想，培养学生分析问题、解决问题的思维方法与基本能力。

3. 情感目标：通过研究性教学，培养学生自主学习、协作学习的能力，勇于实践、大胆探索的学习品质。

【教学内容】

“VFP 语言及程序设计”第 7 章“VFP 程序设计基础”

【教学课时】

2 课时

【教学方法】

采用研究性教学方法。以学生为中心，以能力发展为本，以问题为驱动开展教学活动。

课前创设情境:教师制作微课,创设与此学习内容相关的学习情境,引导学生进入目标知识点的学习。

课堂启发思考:教师向全班学生提出若干富有启发性,能引起学生深入思考,并与当前学习内容密切相关的问题,进一步引导学生思考和探究,并完成知识信息的内在深化,使得学生在分析问题、解决问题的过程中建构知识,发展能力。

学生合作探究:在学生自主学习和自主探究的基础上,教师组织学生小组合作和协作交流。教师引导学生对问题进行回答与总结,对学习成果进行分析归纳,对当前知识点进行深化、迁移与提高。

【教学设计的关键点】

学习任务清单的设计。"翻转课堂"就是把传统的课内学习新知、课后消化巩固,"翻转"为课前自主学习、课中交流内化。课前自主学习是以完成"学习任务清单"的形式进行,"学习任务清单"的质量至关重要,因为它既影响着学生课前自主学习的深度、广度与效度,也影响着微课等配套学习资源所采用的类型,从而还会影响课中交流内化的策略及其有效性。所以说,"学习任务清单"在"翻转课堂"中具有统驭灵魂的作用。我们在设计"学习任务清单"时,要充分考虑学情,把设计的出发点和归宿真正转移到为学生的"学"服务。

【课堂实录】

(一) 课前阶段

1. 教师准备相关微课资源,并上传至 THEOL 网络教学综合平台。

2. 布置学习任务清单,见下表。

(1) 了解何为循环?
(2) 循环三要素有哪些?
(3) FOR 循环的语法结构是什么?
(4) 画出 FOR 循环的流程图。
(5) 在预习过程中,你遇到了什么困难? 对所学知识,你的疑惑点是什么?
(6) 学生四人为一小组,编程并上机调试。

续表

第一组:用“*”打印输出平行四边形。
第二组:用“*”打印输出正三角形。
第三组:用“*”打印输出梯形。
第四组:用“*”打印输出倒三角形。

```
    *******          *                             *********
   *******          ***            ***              *******
  *******          *****          *****              *****
 *******          *******        *******              ***
*******          *********      *********              *
```

3. 学生观看视频,预习书上相关知识点,编写本小组的程序,调试、上交,并思考其他小组的程序作业。

(二) 课中阶段

1. 小组 PK

学生各组代表上台,结合 PPT 讲解展示该小组的编程作业。其他小组提问、优化。采用小组 PK 的方式,调动学生的积极性,学生采用自主讨论的方式发现程序的功能,对所学知识通过习题练习巩固,并自主纠错。教师鼓励学生大胆尝试编程,在尝试中获取分析问题、解决问题的经验。

具体流程如下:

(1) 教师介绍比赛规则。

(2) 第一组代表介绍打印输出平行四边形的程序。

第二组提问:k 循环与 j 循环调换位置是否可以?第一组回答:不可以,并解释原因。

第三组优化:k 循环替换为?? space(5-i),更简洁!

(3) 第二组代表介绍打印输出正三角形的程序。

第四组提问:每行最后的空格为什么不用循环表示?第二组回答:不需要,并解释原因。

(4) 第三组代表介绍打印输出梯形的程序。

第一组优化:在正三角形的程序基础上,修改输出行数即可,改动最少!加分

(5) 第四组代表介绍打印输出倒三角形的程序。

第二组优化:在正三角形的程序基础上,修改 i 循环即可,改动最少!加分

第三组补充提问:k 循环是否需要改动?第二组回答:不需要,并解释原因。

(6) 各小组互相打分,得分最高者为优胜队。

2. 知识拓展

教师对各小组的展示进行总结，由具体的案例到抽象的概念，强调突出 FOR 循环中的难点和易错点，提炼出多重循环的概念。教师引导学生对多重循环结构进行分析，指引学生寻找解决路径，教会学生解决问题的思路和方法。

为了启发学生更进一步思考，教师设计难易适中又相互联系或层次递进的知识模块，并提出有启发性的、开放性的问题或任务，进一步引导学生思考和探究，并完成知识信息的内在深化，使得学生在分析问题、解决问题的过程中建构知识，发展能力。

教师拓展举例：编程输出如图 1 所示图形。该图形既结合了学生课前作业中的案例，又提升了难度。

```
    1
   222
  33333
 4444444
555555555
 4444444
  33333
   222
    1
```

图 1

3. 合作探究

各小组分组讨论，协作合作，自主探究。教师引导启发。

讨论重点：(1) 如何构造菱形；

(2) 每行数字与当前行数之间的规律；

(3) 如何输出数字。

(三) 课后阶段

1. 教师优化教案。根据学生课前作业提交的情况和课堂案例讲解过程中遇到的问题，教师对微课视频以及课前学习任务清单进行优化、补充。

教师在 THEOL 网络教学平台上布置课后作业，以巩固提高学生所学知识。作业：打印如图 2 所示"九九乘法表"。

```
1:  1
2:  2  4
3:  3  6  9
4:  4  8 12 16
5:  5 10 15 20 25
6:  6 12 18 24 30 36
7:  7 14 21 28 35 42 49
8:  8 16 24 32 40 48 56 64
9:  9 18 27 36 45 54 63 72 81
```

图 2

2. 学生查漏补缺。对于课堂上未掌握或消化的知识点，课后重新观看微课，或到网上查找相关资料，或找教师答疑。

学生完成课后作业并上交。

【教学效果评估】

本单元的研究性教学已开展过多轮，学生们普遍反映，"翻转课堂"的教学模式让他们自己成了课堂上的主人，摆脱了"教师教、学生听"的被动接收模式，学生自己知道应该做什么、学什么，目标明确。从课前小组作业的完成，课堂上各小组之间的讨论，到课后对所学知识的查漏补缺，学生始终是学习的主体，是知识学习的主动探究者，而教师则仅充当学生学习过程中的指导者和答疑者。通过本单元的学习，学生不仅不再害怕编程，而且对程序设计产生浓厚的兴趣，部分同学还根据本单元内容创作了微课，并在“江苏省大学生计算机设计大赛”中获得了三等奖。

本单元的研究性教学也参加了学校举办的教学竞赛，获得一等奖。

【改革提高的设想】

研究性教学区别于传统的填鸭式教学，应该最大限度地调动学生的学习兴趣与学习激情，让学生主动学习、积极探究，“翻转课堂”这一教学模式能较好地实现该目标，但“VFP语言及程序设计”课程中的知识点不一定都适合采用该教学模式，是否还有其他可行的教学方法，这还有待我们进一步深入思考与研究。

参考文献：

[1] 刘志峰，周杨.信息技术在研究性课程中“导学”功能应用研究[J].电脑知识与技术，2014，10(32)：7810-7817.

[2] 张云勤.大学英语微课程教学实践探究[J].韶关学院学报，2014，35(3)：189-192.

[3] 林群.理性面对传播的“微时代”[J].青年记者，2010(2)：7.

[4] 冯智慧，郑晓丹.微课新界定：从技术开发迈向有效设计——访华南师范大学胡小勇教授和佛山教育局胡铁生老师[J].数字教育，2015(04)：56-60.

[5] 王静，卢雪松.微课在探究性教学模式中的应用[J].教育教学论坛，2015，12(52)：169-170.

[6] 胡铁生.“微课”：区域教育信息资源发展的新趋势[J].电化教育研究，2011(10)：61-65.

[7] 杨清云.阶梯式教学法在Photoshop课程教学改革中的应用[J].淮海工学院学报(人文社会科学版)，2013，11(22)：95-96.

"人机对战——石头、剪刀、布"研究性教学案例

【授课教师】 唐忠宽
【课程名称】 VFP语言及程序设计
【授课单元】 石头、剪刀、布游戏
【实施专业】 小教1601

【课程设计理念】

本单元的研究性教学采用任务驱动法，通过将传统的"石头、剪刀、布"游戏引入到计算机中实现，引导学生对本课程所学的知识点进行有机整合，尽力做到理论联系实际。在教学过程中，通过情境的叠加，不断地引导学生进行深入的思考，从而发现问题并解决问题。

【教学目标】

1. 激发学习热情，提高自主学习的能力。本项目选自贴近日常生活的实例，将现实生活与课程学习有机地结合，从而可以激发学生的学习热情。项目中涉及本课程的数据库、结构化程序设计和面向对象程序设计三大核心内容，能帮助学生将整个课程的知识体系进行有机地整合，对平时学习不够深刻或不够扎实的内容进行巩固。

2. 培养学生的逻辑思维能力。程序设计需要学生具备较强的逻辑思维能力；程序设计过程中，解决各种可能存在或将要出现的问题，有助于发散思维能力的训练。

3. 培养学生的创新意识。传统教学方式中，学生只能被动地接受理论知识，而研究性教学最大的优势就是可以充分发挥学生的主观能动性，通过项目的练习来培养他们积极思考，勤于探究的习惯，以便增强创新意识。

【教学内容】

"VFP语言及程序设计"第12章"数据库应用系统开发"

【教学课时】

2 课时

【教学方法】

本单元采用任务驱动教学法，结合现实生活为学生构造一个实际需求的情境，围绕情景展开教学，以任务的完成结果检验和总结学习的过程。

授课形式采用边讲授、边演示、边讨论的研究性教学方法。

【教学设计的关键点】

1. 情境设计

一个好的情境设置应具有较强的针对性，情境创设既要紧紧围绕教学目标，同时也要贴近学生现实生活，符合认知水平，同时兼顾趣味性，只有这样才能激发学生的主观能动性。情境的创设应具备连贯性，用一个情境贯穿整个课堂教学的全过程，也可以用一个总的情境线索贯穿始终，以大情境为线索串起各环节情境。

2. 互动问题的提出

互动的问题应该具有一定的启发性，既能对现有问题进行总结，同时也能引出新的问题，引发学生的积极思考。此外问题也要有现实意义，与学生的生活和学习有直接关系，才能调动学生的兴趣。

【课堂实录】

一、预备知识复习

1. 数据库表的创建

(1) 使用 CREATE 或 CREATE TABLE 命令创建表结构；

(2) 使用 APPEND、INSERT 命令插入新记录。

2. 面向对象程序设计的步骤

(1) 在表单上创建对象；

(2) 设置对象的有关属性；

(3) 选取对象的有关事件，并编写相应的事件代码。

二、创设情境

创设情境 1：当今的生活节奏越来越快，不管从事何种工作都有着不小的压力，在紧张的节奏下如果我们想要放松情绪的时候，可能都会选择玩个小游戏来缓解一下，比如"石头、剪刀、布"，但是这样的游戏需要两个人才能进行，如果只有一个人的时候怎么办呢？下面，我们就来学习，如何设计一个可以进行人机对战的小游戏。

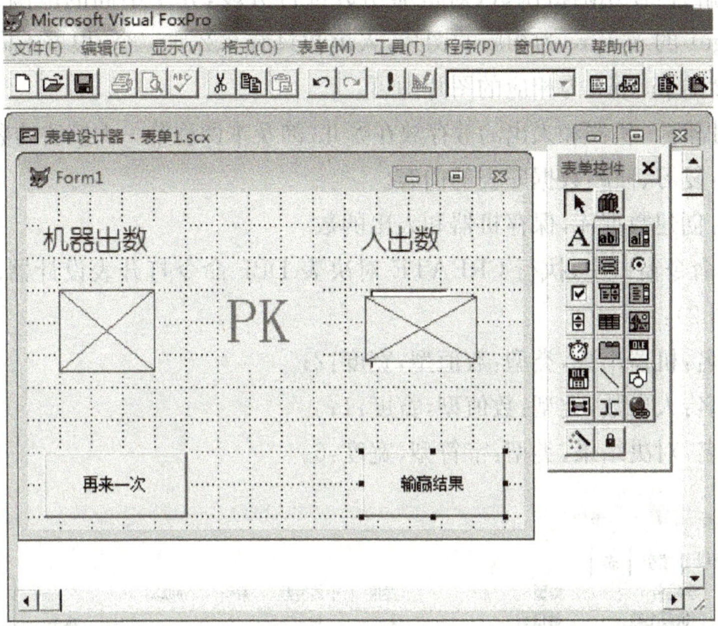

图 1　对决表单

互动提问 1：这样的小游戏用到了哪些技术？

问题解答：这里用到了数据库技术和面向对象的程序设计。先建立对决表数据库，再采用面向对象技术创设表单（图 1），设计游戏。

互动提问 2：这个游戏的对决过程怎样设计？

问题解答：首先由计算机出一个数，但是要隐藏起来不能给人看到，然后由人输入一个数，再由系统进行比较输赢。

三、登录界面的设计

游戏设计步骤：

1. 打开表单设计器。

2. 创建表单，添加三个标签，caption 属性分别设置为"机器出数"和"人出数"、PK；两个图像控件 image1 和 image2，用来显示图片。

互动提问 3：机器出数时，为防止被对手看见，应首先进行隐藏。如何实现？

演示：如不经过特殊处理，机器的出数就会直接显示出来。

讲授：要实现机器出数的隐藏，可设置图像控件的 Visible 属性。

3. 继续游戏的设计，添加一个文本框，用来输入人出数。

互动提问 4：机器和人出的是数字，怎么转换为图片？

问题解答：使用随机函数，对机器出数进行分段，处于不同的范围设置图像控件 image1 的 picture 为相应的图片，人出数只有 0、2、5 三个，根据不同的数，设置 image2 的 picture 为相应的图片即可。

互动提问 5：机器和人出的数存放在哪儿(涉及本课程第一大模块的数据库)？

讲授：复习、回顾数据库表的内容。

演示：创建数据库，保存机器和人出的数。

4. 在命令窗口中，执行 CREATE 对决表.DBF 命令打开表设计器。创建三个字段(图 2)：

字段名：机器出数，类型：数值型，宽度：2；

字段名：人出数，类型：数值型，宽度：1；

字段名：对决结果，类型：字符型，宽度：6。

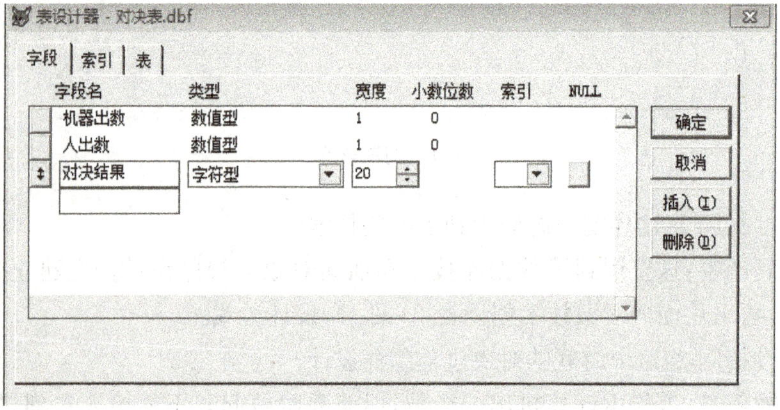

图 2　对决表结构

5. 右击表单，点击"数据环境"，打开"数据环境设计器"。在数据环境设计器中添加对决表.DBF 文件。将来在运行表单时，系统将自动打开对决表.DBF 文件。

6. 在表单上添加两个命令按钮，设置第一个 caption 属性值：输赢结果，第二个 caption 属性值：再来一次；为"输赢结果"按钮编写 Click 事件代码如下(图 3)：

```
a = INT(RAND() * 10)

b = 0
```

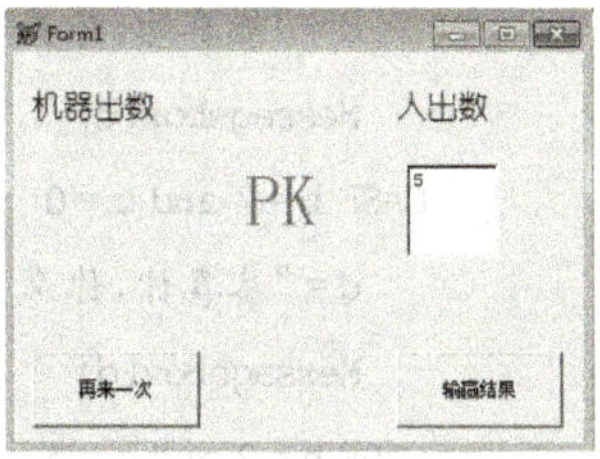

图 3

```
c = 0
d = "
DO CASE
   CASE a<3
         thisform.image1.picture = 'D:\第八组 VFP\石头.jpg'
         b = 0
   CASE a<7
         thisform.image1.picture = 'D:\第八组 VFP\剪刀.jpg'
         b = 2
   CASE a<10
         thisform.image1.picture = 'D:\第八组 VFP\布.jpg'
         b = 5
ENDCASE
DO CASE
   CASE thisform.text1.value = "0"
       thisform.image2.picture = 'D:\第八组 VFP\石头.jpg'
       c = 0
   CASE thisform.text1.value = "2"
         thisform.image2.picture = 'D:\第八组 VFP\剪刀.jpg'
         c = 2
   CASE thisform.text1.value = "5"
       thisform.image2.picture = 'D:\第八组 VFP\布.jpg'
       c = 5
ENDCASE
thisform.text1.visible = .f.
thisform.image1.visible = .t.
thisform.image2.visible = .t.
DO CASE
   CASE b = c
       d = "平局,再来一次!"
       Messagebox(d)
   CASE b = 0 and c = 2
       d = "你输了哦!"
       Messagebox(d)
   CASE b = 0 and c = 5
```

```
        d="恭喜你,你赢了!"
        Messagebox(d)
    CASE b=2 and c=0
        d="恭喜你,你赢了!"
        Messagebox(d)
    CASE b=2 and c=5
        d="你输了哦!"
        Messagebox(d)
    CASE b=5 and c=0
        d="你输了哦!"
        Messagebox(d)
    CASE b=5 and c=2
        d="恭喜你,你赢了!"
        Messagebox(d)
ENDCASE
inser into 对决表 value(b,c,d)
```

为“再来一次”编写 Click 事件代码如下：

```
a=INT(RAND()*10)
b=0
DO CASE
    CASE a<3
        thisform.image1.picture='D:\ VFP\石头.jpg'
        b=0
    CASE a<7
        thisform.image1.picture='D:\ VFP\剪刀.jpg'
        b=2
    CASE a<10
        thisform.image1.picture='D:\ VFP\布.jpg'
        b=5
ENDCASE
thisform.image1.visible=.f.
thisform.image2.visible=.f.
thisform.text1.visible=.t.
thisform.text1.value=""
```

7. 演示:运行所设计的游戏。

讨论

问题 1:如何在每次对决后查看双方出的具体数是什么?

演示:让计算机还原显示机器和人所出的数,只要把 visible 属性值改为.T.即可。

讨论:如何统计整个过程中机器和人分别取胜的次数?

讨论的结果,使用 Select 命令创建查询,并输出统计结果。

演示:复习 Select 命令的使用。

问题 2:如何设计一个三人黑白游戏?

讨论:学生提出多种游戏设计的方案。

讲授:游戏设计过程中的注意点。

四、思维拓展

创设情境 2:小学生口算模拟系统。

增强口算能力对于中小学生都是非常重要的,目前的做法都是购买相应的书本练习册来实现,因此我们可以设计一个口算练习系统来取代传统的书本练习,既节约了成本同时也提高了趣味性,提高小学生的练习热情。

讨论:如何产生随机题目?

讲授:首先使用随机函数产生两个随机小数,保留两位小数,然后再对给小数扩大 100 倍,并进行取整运算得出参与运算的两个数,然后再产生随机运算符号。

演示:编程实现。

讨论:如何控制运算结果的范围不能超出学生的计算范围。

【课堂总结】

本单元学习了“人机对战”游戏的程序设计,通过这个小项目让学生了解程序设计的基本思想,掌握了程序设计的基本步骤和技巧,为今后开发简单的应用系统打下了基础。

通过本游戏的设计,我们将本课程的核心内容进行了有机的联系,既对之前所学内容进行了复习巩固,同时也提高了学生的动手能力。在项目中通过创建数据库表,将人、机所出的数保存在数据库表中。再加入面向对象的程序设计元素,包括对象的创建,设置对象的有关属性,编写对象相应的事件代码等,而在编写事件代码时又需要用到面向过程的程序设计思想和方法，这样便可以进行前后融会贯通，提高学习效率。

【课后任务】

1. 阅读网络平台关于小游戏开发的资料。
2. 观看网络平台关于程序设计的微视频。
3. 设计一个猜数字的游戏，并加以完善。

【教学效果评估】

本单元的研究性教学结束后，召开了学生座谈会、教师研讨会，对本单元的教学效果进行评估。

学生们普遍反映是研究性教学使自己真正成了课堂的主人，是学习的主人。采用任务驱动的教学方法可以很好地进行理论联系实际，更加深入地理解学习课程的目的以及课程在实际生活中的作用。互动环节的问题也是自己平时学习过程中难以理解的困惑，所以兴趣很浓厚，思考也很积极。通过本单元的学习，对原本感到抽象、空洞、害怕的程序设计有了明确的认识，学习效果显著。

教师同行们认为，随着信息化社会的发展，传统教学出现了不少的弊端，如果依然采用传统的教学模式和方法，教学效果已然明显下降，而研究性教学模式打破了过去沉闷的课堂气氛，可以从根本上激发学生的学习兴趣，教师的授课效率和学生的学习效率都有了显著的提高。然而要想开展好研究性教学，需要教师和学生在课前投入较多的精力，无论是参考书的选择，幻灯片的设计，讲解、提问、讨论的搭配比例等都要事先精心准备。

督导评价教学过程中课堂气氛活跃，内容丰富，形式多样，学生学习热情高涨，所选用例来源生活且具备较强的趣味性，而且做到了举一反三，因而学生参与度很高，收到了事半功倍的效果。教师的授课效率和学生的学习效率显著提高。

【改革提高的设想】

《VFP语言及程序设计》课程知识点丰富，既要学生加强记忆同时还要兼顾灵活运用的能力，因而如何提高学习效率一直困扰着广大师生。研究性教学虽然可以提高效率，但是如何在有限的课时内提高整个课程的学习效果还需要继续探索。

此外，针对不同专业学生的不同特点，在教学过程中对教学内容的广度和深度也需要做出一定的调整，提高教学的应变能力，做到因材施教。

"通讯录管理系统的设计"研究性教学案例

【授课教师】 徐波宏
【课程名称】 VFP 语言及程序设计
【授课单元】 通讯录管理系统的设计
【实施专业】 营销 1401

【课程设计理念】

本单元采用研究性学习教学法，即学生在教师指导下，根据各自的兴趣、爱好和条件，选择不同研究课题，独立自主地开展研究，从而培养创新精神和创造能力的一种学习方式。

【教学目标】

1. 培养学生的综合应用能力。本项目涉及本课程的数据库、结构化程序设计和面向对象程序设计三大核心内容，有助于学生将整个课程的知识体系串联起来，进行整合。

2. 培养学生的逻辑思维能力。本项目涉及面向过程程序设计和面向对象程序设计两部分内容，都需要学生具备较强的逻辑思维能力；在程序设计过程中，设计和解决各种可能的预案，有助于学生发散思维能力的训练。

3. 培养学生的自主学习能力。自主学习是学生学习过程中的一个重要环节，也是学生终生学习的一种重要能力。在本项目的教学过程中，注重激发学生自主学习的潜力，培养学生自主学习的积极性。

4. 培养学生的创新能力。创新能力有一部分是来自于不断发问的能力和坚持不懈的精神，创新能力在一定的知识积累的基础上，可以训练出来、启发出来，甚至可以"逼出来"。与以往学习方式相比，研究性学习更有利于培养学生创新能力。

【教学内容】

《VFP语言及程序设计》第12章“数据库应用系统开发”

【教学课时】

2课时

【教学方法】

研究性学习的设计有多种角度，由于人们所选用的参照标准不同，角度不同，因此对它的设计有不同的表述，本单元主要从学习目标、学习内容、学习过程、学习评价等四个方面，对数据库应用系统开发研究性学习加以设计。

授课形式采用讲授—分组研究—中间评价、交流—最终评价的研究性教学方法。

【教学设计的关键点】

1. 合理分组

分组原则：同组异质、异组同质。同组异质是指将不同层次的学生搭配分组，这样有利于同学之间互相帮助、互相促进、共同提高。考虑因素包括成绩优劣、能力强弱、性格差异等。异组同质是指保持组际之间的均衡性，有利于组际间的交流和竞争，有利于对各组学习活动的评价。

2. 最终评价体系的提出

好的评价体系能创设良好的学习情景，激发学生学习的主动性、积极性，培养学生的创新思维；能鼓励学生自主探索与合作交流，有利于学生创新思维的发展。

【课堂实录】

一、预备知识复习

1. 数据库表的创建

(1) 使用CREATE或CREATE TABLE命令创建表结构；

(2) 对记录的操纵，熟练使用APPEND、INSERT、UPDATE、DELETE等命令；

(3) 使用SELECT-SQL命令查询满足条件记录。

2. 面向对象程序设计的步骤

(1) 在表单上创建对象；

(2) 设置对象的有关属性;

(3) 选取对象的有关事件,并编写相应的事件代码。

3. 项目主文件的设定,项目文件的排除、包含及连编项目等操作。

二、研究课题的实施

该课题的实施可以分四个阶段进行:

第一阶段:准备和指导。安排一次课,介绍该系统开发的目的、系统开发的目标和要求以及一些要注意的问题,然后向学生演示一个自制的通讯录管理系统和 Windows 自带的一个通讯录管理程序的实例,让学生去体会它们的不同之处,找出其优点和不足同时作为参考。这样可帮助学生建立信心并确定一个更高的课题目标。

第二阶段:设计方案,开展研究。为避免学生分组太极端,平衡各组学生水平,采用学生自由结组和教师指定相结合的办法,产生各个研究小组。各小组根据自己的设计进行系统分析并确定系统的功能模块,确定小组成员的分工和职责,每人利用课余时间写出程序流程和代码,然后利用课上时间进行上机实验,开展研究,得出自己的结论。最后,在研究的基础上,完成具有一定功能的通讯录管理系统。

第三阶段:中间评价、交流。在课题进行一定自由设计时间后,采用将学生的成果进行集中展示和评分相结合的方法进行评价。教师利用投影仪组织学生公开展示每组的系统设计雏形,组织学生进行交流,找出其中的优点和不足之处,必要时可以给出一定的建议和方法或要求,使系统功能更完善。

第四阶段:最终评价。对该系统的设计及研究成果报告的质量,是从以下几个方面进行考查,同时将学生在研究过程中的特点和有创意的地方以定量的记分式评价。

序号	评价标准			指标达到度				评分
	指标	权重	指标要求	完全达到(A)	大部分达到(B)	基本达到(C)	部分达到(D)	
1	课题目的内容	25	系统模块整体设计合理,功能完善,突出重点	9	7	5	4	
			数据库设计合理	9	7	5	4	
			系统整体风格和创意设计	7	6	4	3	

续表

<table>
<tr><td rowspan="2">序号</td><td colspan="3">评价标准</td><td colspan="4">指标达到度</td><td rowspan="2">评分</td></tr>
<tr><td>指标</td><td>权重</td><td>指标要求</td><td>完全达到(A)</td><td>大部分达到(B)</td><td>基本达到(C)</td><td>部分达到(D)</td></tr>
<tr><td rowspan="7">2</td><td rowspan="7">课题完成过程方法</td><td rowspan="7">50</td><td>系统需由面向对象的事件驱动的主控程序和功能程序构成。主控程序完成功能选择,功能程序完成相关数据的处理</td><td>8</td><td>7</td><td>6</td><td>4</td><td></td></tr>
<tr><td>完成基本功能:录入,修改,删除,简单查询</td><td>6</td><td>5</td><td>4</td><td>3</td><td></td></tr>
<tr><td>系统增加的新功能,如综合查询等</td><td>8</td><td>6</td><td>4</td><td>3</td><td></td></tr>
<tr><td>能使用菜单为系统组织模块,用快捷菜单为用户界面增加功能设置,如设置字体,颜色等</td><td>8</td><td>7</td><td>6</td><td>4</td><td></td></tr>
<tr><td>解决相同问题使用新思路新方法</td><td>7</td><td>5</td><td>4</td><td>3</td><td></td></tr>
<tr><td>有容错功能、源代码有注释</td><td>6</td><td>5</td><td>4</td><td>3</td><td></td></tr>
<tr><td>用户界面能灵活运用各种表单控件</td><td>7</td><td>5</td><td>4</td><td>3</td><td></td></tr>
<tr><td rowspan="3">3</td><td rowspan="3">学习即时效果</td><td rowspan="3">25</td><td>按时完成研究学习任务,能力得到培养</td><td>10</td><td>8</td><td>6</td><td>4</td><td></td></tr>
<tr><td>学生在学习过程中是否注意团队合作,思维活跃,有创新思路和解决问题的新方法</td><td>9</td><td>7</td><td>6</td><td>4</td><td></td></tr>
<tr><td>在完成任务后的总结表述中是否明白清楚思路清晰</td><td>6</td><td>4</td><td>2</td><td>1</td><td></td></tr>
<tr><td colspan="4">综合评价等级</td><td colspan="4">总分</td><td></td></tr>
<tr><td colspan="2">优秀(90～100)</td><td colspan="2">良好(80～89)</td><td colspan="2">合格(70～79)</td><td colspan="3">不合格(<69)</td></tr>
<tr><td colspan="2"></td><td colspan="2"></td><td colspan="2"></td><td colspan="3"></td></tr>
</table>

对本课题的评价着重于考查学生在研究过程中是否有独特的解题思路,选用知识是否全面,所用方法是否简单易行且独特等。

【课堂总结】

本次研究性学习之后总结出以下体会:

(1) 通过本次学习,转变了学生对本课程的学习态度和学习方法,对于知识的积累与总结以及自主学习的方法得到更好地掌握。

(2) 通过独立思考解决实际问题，学生在学习过程中能利用所学知识探究出解决问题的更佳方法和思路，并从中培养和提高同学们分析和解决问题的能力。

(3) 通过一个阶段的学习，同学们初步掌握了数据库设计和软件设计的一般过程与方法，更加激发了同学们学习"VFP 语言及程序设计"这门课程以及相关计算机知识的兴趣和热情。

(4) 研究性学习过程十分注重学生之间的合作和沟通以及与老师的交流，通过这次课题研究培养了学生的团队合作精神，并且营造了一个和谐的课堂氛围。

(5) 在研究性学习的课题研究过程中，教师对课题的研究过程、方法以及设计等各方面都要了如指掌，这对教师的能力是一个考验。因此，在此过程中教师要不断地提高自己的专业素养，才能更好地指导学生学习，在教学相长的过程中与学生共同进步。

【课后任务】

1. 在网络上搜索数据库设计中应注意事项，并查找相关文章，阅读学习。
2. 在网络教学平台上观看关于程序设计的微视频。
3. 继续完善通讯录管理系统的设计。

【教学效果评估】

本单元的研究性教学已开展过多轮，学生们普遍反映，研究性学习的教学方法让他们有一种真实感，知道要做什么、学什么，目标明确，心里踏实。通过自己的努力和团队的合作解决了平时学习中的疑惑，以及想要了解的问题，感觉提高特别快，学习本课程的兴趣也大大增加。通过本单元的学习，对数据库系统设计这个原本模糊、神秘、惧怕的概念有了清晰的认识，感觉豁然开朗。看到自己设计的通讯录管理系统，有一种发自内心的自豪感及成就感。

【改革提高的设想】

在教学过程中我们也注意到这种学习方式也有不尽人意的地方，如有的学生自主学习的主动性差，有敷衍了事的，有只用课堂中讲过的方法而没有新意的，也有因为没有了教师指导而不知所措地盲目进行的，更有完全依靠本组其他成员的情况等。由于我们进行研究性学习的时间和机会太少，教师和学生并不能做到完全相互了解，因而使研究性学习的效果打了折扣。如何调动学生的兴趣和激情，让更多的学生积极参与研究性学习，值得我们进行深入的思考和研究。

“常用系统函数”研究性教学案例

【授课教师】 张睿
【课程名称】 VFP 语言及程序设计
【授课单元】 函数
【实施专业】 动科 1601

【课程设计理念】

本单元的研究性教学采用问题驱动法，以学生为主体、以专业领域内的各种问题为学习起点，以问题为核心规划学习内容，让学生围绕问题寻求解决方案，引导学生将本课程所学到的知识进行有机整合，尽力做到融会贯通。教师在此过程中的角色是问题的提出者、课程的设计者以及结果的评估者。在教学过程中，不断地引导、启发学生进行思考和讨论，解决问题。

【教学目标】

1. 培养学生的综合应用能力。本课程所涉及的常用系统函数是 VFP 课程的基础知识，在今后学习数据库操作、数据库表操作、程序设计、表单界面设计时都会涉及。因而熟练掌握常用系统函数的使用能帮助学生打下坚实的基础，更好地开展今后的学习。

2. 培养学生的逻辑思维能力。本课程需要学生具备较强的逻辑思维能力。在课程学习过程中，通过学生自己查找解决问题所对应的函数，有助于发散思维能力的训练。

3. 培养学生的自主学习能力。自主学习是学生学习过程中的一个重要环节，也是学生终生学习的一种重要能力。在教学过程中，注重激发学生自主学习的潜力，培养学生自主学习的积极性。

【教学内容】

《VFP语言及程序设计》第2章"常用系统函数"

【教学课时】

2课时

【教学方法】

本单元采用问题驱动教学法，由原来的教师单向灌输式教学模式转为学生主动探究式的文献阅读研讨课模式，以达到训练学生主动探求知识、自主创新思维的目的。

授课形式采用教师讲授、提出问题、分组讨论、提交结果、整体评价的研究性教学方法。

【教学设计的关键点】

1. 要有明确的目标

问题设计必须紧紧围绕教学目标，教师要尽量了解教材和学生的具体情况，设计的问题要明确。

2. 由浅入深

在设计问题时，要给学生以清晰的层次感，由易到难，以便增强学生的自信心，激发学生的学习兴趣，促使学生积极思考。

3. 难度适当

过于简单的问题难以激发学生的兴趣，但如果问题太难，学生就会望而生畏。

4. 面向全体学生

在设计问题时，要注意调动每一个学生的学习积极性，力争让每个人都有发挥和表现的机会，做到人人参与、人人有收获。

【课堂实录】

一、教师讲授

上课前已要求学生预习系统函数这一章节，本次课教师先讲授函数的基本概念：

1. 函数的定义

2. 选取几个使用频率比较高的常用系统函数，重点讲解：

(1) 函数的功能；

(2) 函数参数的含义；

(3) 举例说明。

二、提出问题

教师要在课前准备好问题。这一步骤不仅仅需要教师熟悉教学内容，还要较好地了解学生的情况。

综合考虑教材上讲到的系统函数，让学生们以组为单位进行研讨，写出解决以下问题的表达式：

1. X为[30,70]范围内的随机整数，试用函数写出X的表达式。

2. 求137除以14的余数的平方根，结果四舍五入后显示三位小数。

3. Y="～～～动科1601班全体学生～～～～"(这里～表示空格)，求Y去除尾部空格后的长度。

4. 从变量Y去除首尾空格后的结果字符串中截取子字符串"动科1601"，用函数表示。

5. B='扬大信息学院'，将B中的'信息'替换为'动物科学'。

6. 有两个字符串C1、C2，如C1="abcd"，C2="bc"，我们称"C2包含于C1中"；如C1="abcd"，C2="xy"，我们称"C2不包含于C1中"；现C1、C2为任意字符串，如何判断C2是否包含于C1中？(表达式结果为逻辑值，.T.表示包含，.F.表示不包含)

7. A='axbycz'，将字符串A中的'x'，'y'，'z'删除。

8. 从今天算起，128天后是几月份？显示该月份的英文单词。

9. Z="life isn't always what one likes"，求字符串"li"在Z中第二次出现的位置。

10. ASCII值为78的字母，是否在'd'—'n'之间？

11. 表达式45<67的返回值数据类型是什么？

12. 由20个空格组成的字符串是否是空值？用函数表示。

13. "信息学院"四个汉字，哪个字的二进制编码值最大？用函数表示。(求汉字二进制编码等同于求英文字母的ASCII值)

14. 有3个数字字符串'12'、'13'、'14'，要求转换成数值型，且值为1 227.00，用函数表示。(字符串相加为连接运算，如'ab'+'cd'='abcd')

说明：根据上课班级的专业不同，每次的题目在数量、难度上会有一定变化。

三、分析、讨论问题

这一阶段以学生的活动为主，让同学们分组讨论，也可以提议各组在组内进行分工，小组中每个学生负责求解部分问题，再把得到的答案放在一起讨论。争取让每个学生都提出自己的观点和看法。教师在此阶段主要是发挥引导作用，当发现讨论跑题或者学生们误解问题的本意时，给予及时的提醒和引导。

提醒1：需大家给出的是函数组成的表达式，而非计算结果，比如题2，结果为3.317，但我们需写出的是表达式；如题11，结果为逻辑型，但我们这里需要的是表达式，想一下哪个函数是用来求数据类型的，应该怎样使用该函数？

提醒2：如题6，需写出逻辑表达式，什么是逻辑表达式？举例说明，两个数值型变量n1、n2，表达式n1＞n2即返回逻辑值。

引导1：每个小题是否都仅需要一个函数？

如题1，取随机数是哪个函数？取到的随机数一定是整数吗？还需什么函数？

如题2，求平方根是什么函数？求余数用到什么函数？如何四舍五入保留相应小数位数？

如题8，当前日期怎么表示？日期和数值相加减的结果是什么？如何得到某一日期所在月份的英文单词表示？

引导2：是不是每个小题都只有一个解？

如题4，取子字符串的函数有几个？这里是否都能用上？如果能，题目就不止一个解。

如题6，系统提供有返回字符串位置的函数，以及返回字符串出现次数的函数，考虑一下是否都可以利用？

如题12，字符串为空值，有几种判断方法？表示20个空格组成的字符串是什么，是否需要直接写20个空格？有没有其他表示方式？

四、解决问题

在上一阶段分析的基础上，让学生们提出解决问题的方法。这时可以让学生用报告的方式提交。

由于课堂时间有限，因此通常并不要求每个组写出所有问题的解，而是在经过一定时间的讨论后，每个小组随机抽取其中一部分题目解答；比如每个小组抽四个题，提交报告时只需给出四个题的答案，保证所有步骤在两节课内完成。组和组之间的题目有重叠。

课堂随机抽取题目结果如图 1 所示

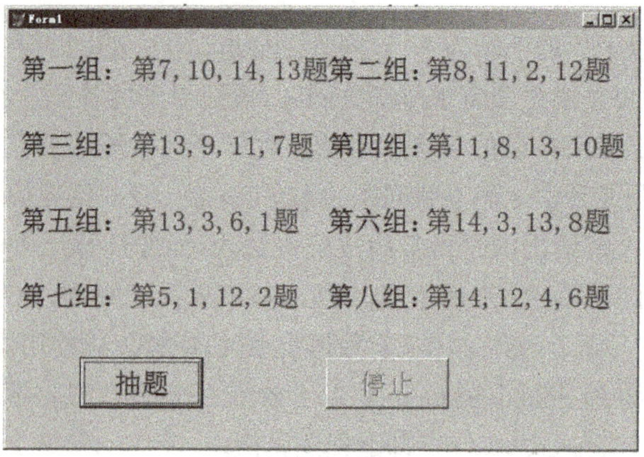

图 1

五、提交结果

整体评价包括自我评估、小组互评及教师评价等，评价内容为小组整体表现、问题解决方法的合理性、个人贡献等。

在所有小组都提交结果以后，教师给出问题的答案，如下：

```
1. int(rand() * 41) + 30
2. round(sqrt(mod(137,14)),3)
3. len(rtrim(y))
4. substr(alltrim(y),1,8)
   left(alltrim(y),8)
5. stuff(B,5,4,"动物科学")
```

注：在讨论过程中，很多小组使用 chrtran()函数来实现该题目，此时要引导同学们仔细想一下，如果用 chrtran()函数，结果会丢掉"科学"两个字。

```
6. at(c2,c1)>0
   occurs(c2,c1)>0
7. chr("axbycz","xyz","")
8. cmonth(date() + 128)
9. at("li",z,2)
10. between(chr(78),'d','n')
```

```
    chr(78)>='d' and chr(78)<='n'
11. type("45<67")
12. empty(space(20))
    isblank(space(20))
13. chr(max(asc("信"),asc("息"),asc("学"),asc("院")))
```

注:此题学生们给出了另一个解,先执行命令 set collate to machine,再使用表达式 max("信","息","学","院")。由于题目中并未说明只能写一行,故该答案也是正确的。

```
14. val("12"+str(val("13")+val("14"),2))
```

说明:给出答案后教师会对题目有侧重地讲解,但不需要每个小题都仔细讲解;容易的题目或所有小组都给出了正确答案的题目,只要简单讲一下就行;若某小题被抽取后大部分组或全部组都给出错误答案(或有多种解但没有全部给出),该题目将会重点讲解(如第 6 小题,做不出或做错的概率是最高的,每次都会详细讲解)。在讲解过程中,提醒学生们把注意力放在自己组做错的题目和没做过的题目上。在讲解过程中需注重与学生的互动,有助于学生们更好地理解问题。

【课堂总结】

本单元学习了 VFP 的常用系统函数,通过用函数写出表达式的十几个小题目,我们了解了常用系统函数的概念和功能,掌握了使用函数写出对应具体问题的表达式的技巧,为今后的学习打下了基础。

通过对上述小题的求解,我们将本课程的核心内容串接在了一起,是本课程知识的一个综合应用,也是对前期所学内容的一个复习回顾。

【课后任务】

自行学习第二章中课堂上未涉及的函数,如有问题可在下堂课提出,大家一起讨论。

【教学效果评估】

本单元的研究性教学已开展过多轮;课后召开了学生座谈会,对本单元的教学效果进行评估。

学生们普遍认为,问题驱动教学方法让他们感觉学习目标更明确,因而注意力也更集中。通过本单元的学习，对 VFP 系统函数的概念有了更清晰的认识，对知识点的掌握更深刻。

教师同行也都认为，问题驱动教学方法更好地激发了学生的学习兴趣，活跃了沉闷的课堂气氛，避免了老师单纯讲，学生单纯听的教学固有模式，打破常规，使学生参与到了课堂当中。学生的主动学习和主动思考的能力有所提高；通过团队协作和自主学习能够较好地掌握课程的知识点，课堂的教学效率和教学质量都有一定提高。

【改革提高的设想】

在进行问题驱动教学的过程中，存在的主要问题有：①难以有效监督学生的课外学习投入；虽然要求课外需自行阅读教材的相关内容以熟悉系统常用函数，但每次都有部分学生课前没看，当堂进行小组讨论时才第一次翻书，这样显然对学生们解答问题的速度和正确度有影响。一般来说，我们难以有效监督学生的课外学习投入。②小组讨论不够主动和活跃；研究性教学特别注重师生的互动，但实际教学中参与互动的往往是少部分同学，还有不少同学并不主动参与互动，甚至少部分同学没有认真去解答题目。如何调动学生的兴趣和激情，让更多的学生积极参与互动，这正是我们需进行深入思考和研究的。③本课程的题目基本包含了重要的常用系统函数，但确实不可能每个函数都涉及；若要每个函数都在题目的解答中出现，需增加课时。

"摇号程序的设计"研究性教学案例

【授课教师】 周旭东
【课程名称】 VFP语言及程序设计
【授课单元】 摇号程序的设计
【实施专业】 法学1604班

【课程设计理念】

本单元主要考查学生对所学内容的综合应用能力，为此，本次研究性教学采用任务驱动法。在具体的教学过程中，通过"摇号程序的设计"这个实际程序设计任务，不断地引导、启发学生进行思考和讨论，发现问题，解决问题。最终促导学生能够有机整合本课程所学知识，做到融会贯通。

【教学目标】

1. 掌握面向对象程序的界面设计。熟练表单设计器使用，以及表单中控件的添加。

2. 熟练掌握面向对象程序中各控件对象的属性设置和它们各自事件代码的编写。

3. 熟练掌握数据库和数据库表的创建，以及表记录的处理。

4. 培养综合应用能力。本案例是基于数据库的应用系统开发，综合考察学生数据库设计和面向对象程序设计能力。

5. 培养解决问题能力。本案例来源于现实生活，引导学生就实际问题与所学知识相联系，并提供解决方案。

【教学内容】

"VFP语言及程序设计"第12章"数据库应用系统开发"

【教学课时】

2 课时

【教学方法】

本单元采用任务驱动教学法，为学生提供实际要解决问题，并围绕所提任务展开教学，最终以任务的完成结果检验学习过程。

授课形式采用边讲授、边演示、边讨论的研究性教学方法。

【教学设计的关键点】

1. 任务设计。任务设计应具有针对性，要紧紧围绕教学目标、教学任务和教学内容来进行设计。同时应具备趣味性和现实性，要选取学生身边的、感兴趣的和符合认知水平的实际任务，让学生产生认同感。

2. 互动问题的提出。互动问题应该具有一定的启发性，以期给学生一个自由思考、展现自己的思维空间。

3. 面向对象程序设计。本案例是可视化程序设计，程序设计本身要有可演示性和动感性，以便调动学生的兴趣。

【课堂实录】

一、预备知识复习

1. 数据库表结构的创建以及表结构的复制

(1) 使用 CREATE 或 CREATE TABLE 命令创建表结构；

(2) 使用 COPY 命令完成表结构的复制。

2. 数据库表的记录操纵命令

(1) 记录逻辑删除命令 delete；

(2) 记录恢复命令 recall。

3. 面向对象程序设计中对象的创建与设置

(1) 在表单上创建对象；

(2) 设置对象的相关属性；

(3) 编写对象有关事件代码。

二、任务的提出

为了保证社会公平，当前日常生活和工作中，常常进行各种摇号(图 1)，如购车摇号、购房摇号、上学摇号等。各种摇号的实现常常需要借助于相应的程序或平台。今天，我们就来学习，如何设计摇号程序。

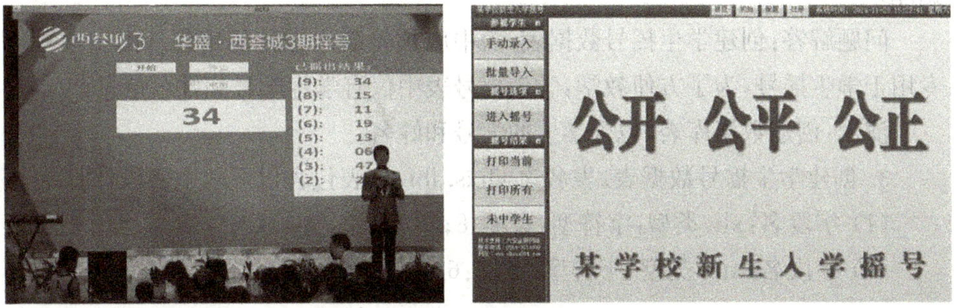

图 1

互动提问 1.这样的摇号程序会用到哪些技术?

问题解答:这里用到了数据库技术和面向对象的程序设计。先建立参与摇号客户的数据库，再采用面向对象技术创设表单，设计摇号程序。

互动提问 2:这些摇号程序如何保证公平性?

问题解答:首先保证每个客户有且仅有一次机会输入到客户数据表中;然后要保证摇号起始客户要随机，摇号停止要随机。

三、摇号程序的设计

摇号对象五花八门，本案主要针对学生进行摇号，并且学生学号唯一代表相应的学生。

学生摇号程序的设计步骤:

1. 打开表单设计器;

2. 在表单上创建标签对象 label1，并设置其 caption 属性为“按学号摇号”。在 label1 下方创建文本框对象 Text1，Text1 主要用于周而复始地快速显示参与摇号学生的学号(图 2)。

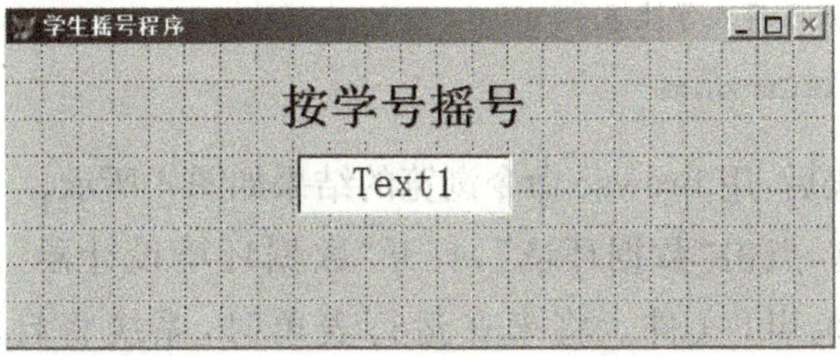

图 2

互动提问1：参与摇号的学生信息从哪来？

讲授：复习、回顾数据库、数据库表的相关内容(涉及本课程第一大模块的数据库)

问题解答：创建学生摇号数据表，表中应预先输入学生的信息。由于本程序专用于学生摇号，为了方便教学，学生摇号表中仅有学生学号和姓名信息。

演示：创建数据库表，包含学生的学号和姓名。

3. 创建学生摇号数据表，表名为 yhxs.dbf，该表包含以下两个字段(图3)：

(1) 字段名：xh，类型：字符型，宽度：8；

(2) 字段名：xm，类型：字符型，宽度：6。

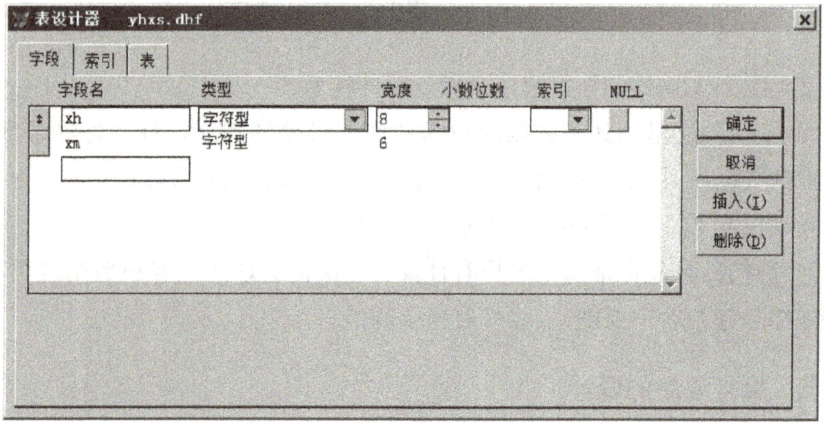

图3

互动提问2：是否能够利用已有 xs 表快速创建 yhxs 表？

问题解答：使用 copy 命令，可以利用已经存在 xs 表，快速创建 yhxs 表。并且使得 yhxs 仅包含 xs 表中 xh 和 xm 两个字段的学生数据信息。

演示：利用 copy 命令快速创建 yhxs 表。

在命令窗口中，执行如下命令：

```
use xs   && 打开已存在学生表
copy to yhxs fields xh,xm
```

打开 yhxs 表后，用 browse 命令浏览的结果如图4所示。

4. 右击表单，点击“数据环境”，打开“数据环境设计器”。在数据环境设计器中添加 yhxs.dbf 文件。将来在运行表单时，系统将自动打开 yhxs.dbf 文件。

图 4

5. 在表单的 Text1 对象下方，创建标签对象 Label2，用于显示摇号结果(图 5)。

图 5

互动提问 3：Text1 对象所显示的学号信息已经存在，那么如何在该控件中快速地并周而复始地显示各个学生的学号呢？

讲授：复习、回顾数据表中记录指针移动的相关知识点；进而复习可视化程序设计中的计时器控件。

问题解答：通过相对定位命令 skip 可以实现数据表中各学生的遍历访问，进而利用计时器控件可以实现让 Text1 对象快速并周而复始地显示各个学生的学号。

6. 在表单上创建计时器对象 timer1，其 timer 事件编写代码如下：

```
if eof()! =.t.
  skip
else
  go top
endif
thisform.text1.value = xh
thisform.refresh
```

7. 在表单上创建命令按钮对象 command1，设置其 caption 属性为“开始”，点击该命令按钮即开始摇号，其 click 事件编写代码如下：

```
set delete on
thisform.timer1.enabled = .t.
thisform.label2.visible = .f.
```

8. 在表单上创建命令按钮对象 command2，设置其 caption 属性为“停止”，点击该命令按钮即停止摇号，并给出摇号结果，其 click 事件编写代码如下：

```
thisform.timer1.enabled = .f.
thisform.label2.caption = "摇中学生" + chr(13) + "学号：" + xh + " 姓名：" + xm
thisform.label2.visible = .t.
delete
```

互动提问 4：步骤 7 中“set delete on”命令和步骤 8 中的“delete”命令有什么作用？

讲授：复习、回顾数据库中逻辑删除命令的相关内容。

问题解答：因为案例中所设计的摇号程序可以进行多次摇号，而不是一次摇号；所以为了避免重复摇到同一个学生，利用“delete”命令对被摇得学生进行逻辑删除。“set delete on”命令设置忽略带有删除标记的记录，从而避免再次摇到已被摇中学生。

9. 在表单上创建命令按钮对象 command3，设置其 caption 属性为“结束”，点击该命令按钮即结束学生摇号程序(图 6)，其 click 事件编写代码如下：

```
recall all
thisform.release
```

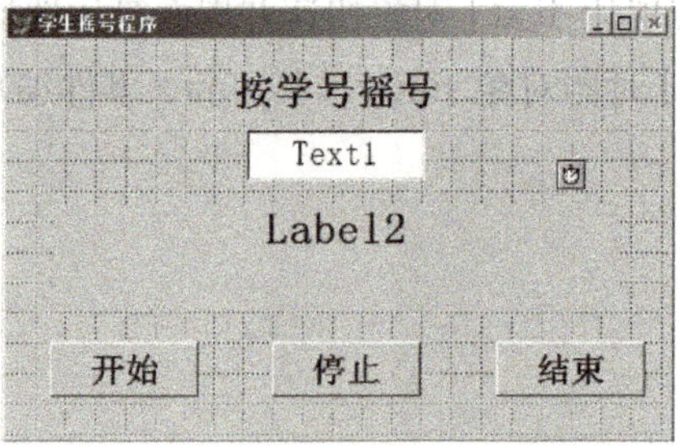

图 6

10. 为了学生摇号程序按预期执行，通过表单的 init 事件对各控件的部分属性进行初始化设置：

```
this.text1.value = "学生学号"
this.label2.visible = .f.
this.timer1.enabled = .f.
this.timer1.interval = 10
```

11. 演示:运行学生摇号程序(图 7)。

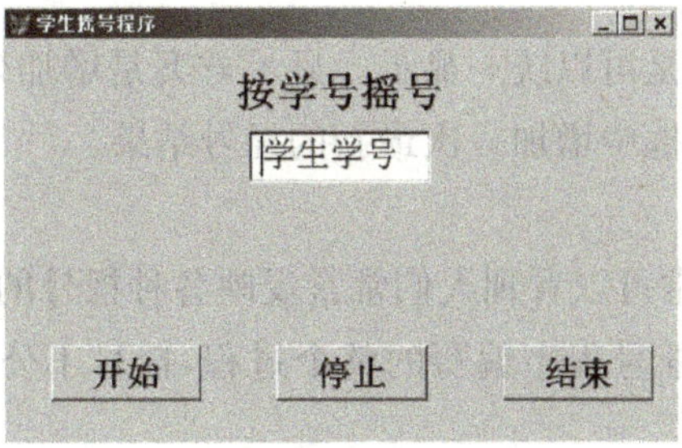

图 7

点击开始按钮开始摇号(图 8)。

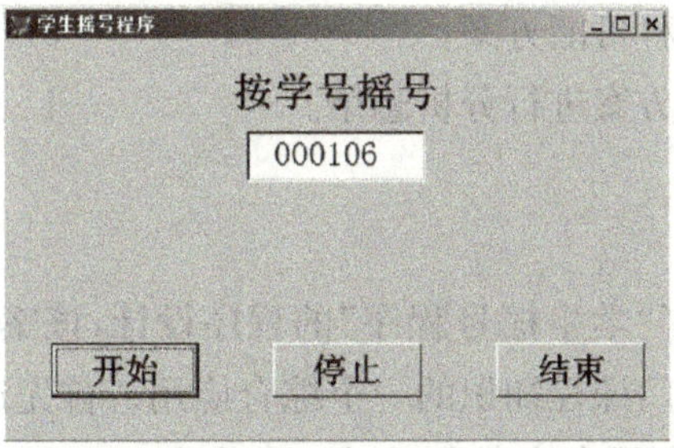

图 8

点击停止按钮,即停止摇号。此时程序出现 Label2 对象,并在该对象显示摇号结果(图 9)。

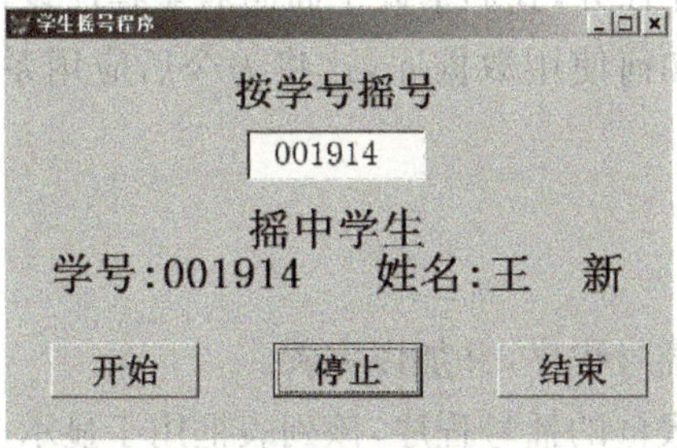

图 9

四、思维拓展

1. 上述摇号程序，可以进行多次摇号，所以会摇中多个学生，最终统一显示多次摇号结果应是合理的。

讨论问题 1：可不可以统一显示多次摇号结果？如可以，可以通过什么方法完成？

讨论的结果：应该是可以统一显示。显示方案是增加列表框对象，运行方案是摇号一次，就在列表框中增加一次最新的摇号结果。

演示：编程实现。

2. 从社会新闻经常可以看到人们常常反映各种摇号的不公平。

讨论问题 2：通过摇号程序编写的整个过程，摇号不公平可能是哪些环节导致的？

讨论：学生提出各种可能导致不公平原因。

演示：就其中一两种可能情况进行示范。

讨论问题 3：如何能够保证摇号的公开、公平和公正？

讨论：学生提出各种可能方案。

讲授：就学生所提方案进行分析总结。

【课堂总结】

本案例主要进行了“学生摇号程序”的程序设计，该案例将本课程的主要内容串连在一起，是对本门课程知识的一个综合应用。首先通过创建数据库表，将学生的学号和姓名信息保存在数据表中；然后基于面向对象程序设计，创建表单、文本框、标签和命令按钮对象，设置对象的有关属性，编写相应的事件代码；最终通过在数据环境中添加 yhxs 数据表，并利用该表中的 xh 和 xm 字段信息，完成了案例所设定目标。

通过这个摇号程序任务，我们掌握了面向对象程序设计的基本步骤和方法，以及在程序设计过程如何使用数据库，这将为今后应用系统的开发打下良好的基础。

【课后任务】

1. 设计一个学生摇号程序，并加以完善。
2. 设计一个有列表框的摇号程序，该列表框用于显示多次摇号结果。
3. 本案例的首次摇号是从第一条记录开始，思考如何实现随机开始。

【教学效果评估】

本研究性教学活动的案例源于现实社会，贴近学生生活。能激发学生的学习兴趣，进而能培养学生的自主学习能力。学生能主动地去学习案例解决过程所需要的书本内和书本外的知识点；而不再是完全被动接收老师所灌输的知识。通过案例解决，学生们学会如何发现问题，如何解决问题，如何将书本知识应用于实际问题。

教学活动过程中，学生踊跃发表意见与想法，师生互动密切，学生间探讨热烈；课堂气氛活跃，课堂效率高，学生能积极主动参与到整个教学活动中。

研究性教学活动的执行完成，是以小组为单位进行。通过小组成员间密切合作，到最后任务的完成，不仅能锻炼了小组成员个人能力，而且能培养成员间团队协作能力。

【改革提高的设想】

研究性教学活动的完成是以小组为单位，但在实际完成过程中，存有少数学生并不积极参与整个小组的研究性活动。为此，设计出更好的学生评价标准，让全部学生都参与到小组的活动中，值得进一步思考和探究。

案例所涉及的知识面相对较多，在以后的教学过程中，需要思考如何更好地对所授内容进行模块教学，而不过多纠缠细节。

“基于一维数组的经典算法”研究性教学案例

【授课教师】 邹姝稚
【课程名称】 C语言程序设计
【授课单元】 基于一维数组的经典算法
【实施专业】 软件1501、1502

【课程设计理念】

在本单元的教学设计中，一如既往贯彻“以学生为主体、教师为主导”的课程教学理念。结合本单元具体教学内容，在教学过程中以问题为导向、任务为驱动，引导学生探究隐藏在问题背后的知识，充分参与教学过程。围绕一维数组这一重要的数据结构，结合实际应用背景，设计相应问题，引导学生在解决问题的过程中积累经典算法，提升程序开发和调试能力。

整个教学过程，运用课堂讲授、实时互动、主题研讨、团队研发、成果展示这一由浅入深、由易及难的教学设计，层层推进，不断地引导、启发学生进行思考和讨论，发现问题，解决问题。

【教学目标】

1. 培养学生知识的综合应用能力。本项目涉及C语言中一维数组的语法、一维数组相关的经典算法、菜单驱动和模块整合等诸多编程技术，该项目的设计能帮助学生将多个知识体系整合起来。

2. 培养学生的数理逻辑思维能力。程序设计需要学生具备较强的逻辑思维能力，需要学生发现可能存在或将要出现的问题，有助于发散思维能力的训练。

3. 培养学生的自主学习能力。通过自主学习不仅能拓展课程知识、提升能力的深度和宽度，也能激发学生内在的学习动力，也是学生终生学习的一种重要能力。在教学过程中，注重设计自主学习内容，激发学生学习的主动性和积极性。

4. 培养学生的综合素质。通过组织教学小组，开始新问题、分析问题、解决问题、形成书面汇报、成果展示等环节，培养学生资料检索能力、自主知识摄取能力、表述能力、团队协作能力，综合运用知识解决问题的能力，从而获得多元化能力的提升。

【教学内容】

"C 语言程序设计"第 7 章"用数组处理批量数据"

【教学课时】

2 课时

【教学方法】

本单元采用问题创设、任务驱动教学法，为学生提供体验实践的情境和感悟问题的情境，围绕任务展开教学，以任务的完成结果检验和总结学习的过程。

授课形式采用边讲授、边互动、边讨论的研究性教学方法。

【教学设计的关键点】

1. 情境设计：情境创设紧紧围绕教学目标，根据教学任务和教学内容来创设，在情境的创设上，选取学生身边的、感兴趣的、符合认知水平的案例、场景，既增强教学的趣味性，也让学生产生认同感、能较快投入情境分析中。情境的创设围绕算法讲解目标，使学生结合实际感悟算法的实际应用。

2. 互动问题设计：所设计互动的问题应该具有现实意义，尽量源于学生日常生活所接触到的系统。同时，互动的问题的设计也应考虑一定的开发性，应有一定的启发性和可发展空间，以期能给学生一个自由思考、展现自己的思维空间。此外，设计的互动问题也应具有一定的关注度，以便能激发学生的兴趣。

【课堂实录】

一、预备知识复习

1. 一维数组定义及其初始化

2. 数组元素的引用及其操作

3. 数组的内存存储形式

4. C语言中数组的下标值

Q1：一批数组需要用一维数据加以存在的要素是什么？

Answer：这批数据应该是同类型的、一批具有逻辑关联的、有序数据集合。

二、创设情境

创设情境1：在日常应用领域，常常涉及大批数据需要处理的问题。例如：假定某班有30名同学，我们需要保存该班级C语言课程的成绩；某部门20名员工，需要保存他们某月的绩效奖金数值。

互动提问：应使用何种数据结构保存成绩和绩效奖数据？

问题解答：上述都是一维数组应用的典型例子。为保存30名同学的成绩数据，可以定义长度为31的整型数组，定义代码是：int score[31]；

为保存20名员工的绩效奖数据，可以定义长度为21的 实型数组，定义代码是：float salary[21]；

互动提问：为何给30人的成绩数据定义长度为31的数组，在后继开发中应注意什么问题？

问题解答：因为C语言数组的下标例行从0开始，学生学号例行从1开始，所以废弃0下标，使得score[i]代表学号为i的同学的成绩，以便有较好的一致性。在后继数组各功能开发中，要注意下标越界问题。

创设情境2：在实际应用过程中，可能发生成绩录入错误的情况；也可能遗漏了一个同学的成绩；可能重复输入一个同学的成绩；教学管理部门会要求以学号为序的成绩表，奖学金测评则需要以成绩由高到低排序的成绩表。

互动提问：以上和单门课成绩处理相关的问题，都如何处理？

问题解答：解决在这一问题中，是运用模块化设计技术，把成绩数据录入、成绩数据添加、成绩数据删除、成绩显示、成绩排序等划分为独立的功能模块，由主模块以菜单驱动方式将它们整合成为一个功能较为完备的单门课成绩管理系统。

三、一维数组相关经典算法设计与实现

1. 讲授：数据插入算法

问题描述：输入某班级单门课程成绩，以－1作为结束标志，然后将学号为i的同学的成绩插入其中。

结合黑板图示，讲解一维数组数据插入的逻辑步骤，并给出伪码描述，最后启

动 VC 系统，运行数据插入程序（图 1），进一步讲解源代码后运行出结果（图 2）。

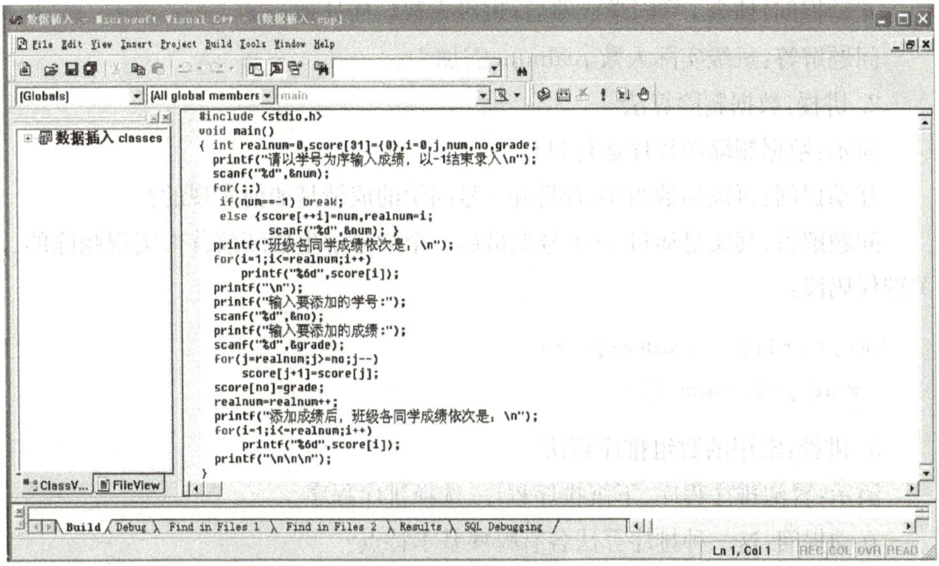

图 1　数据插入程序

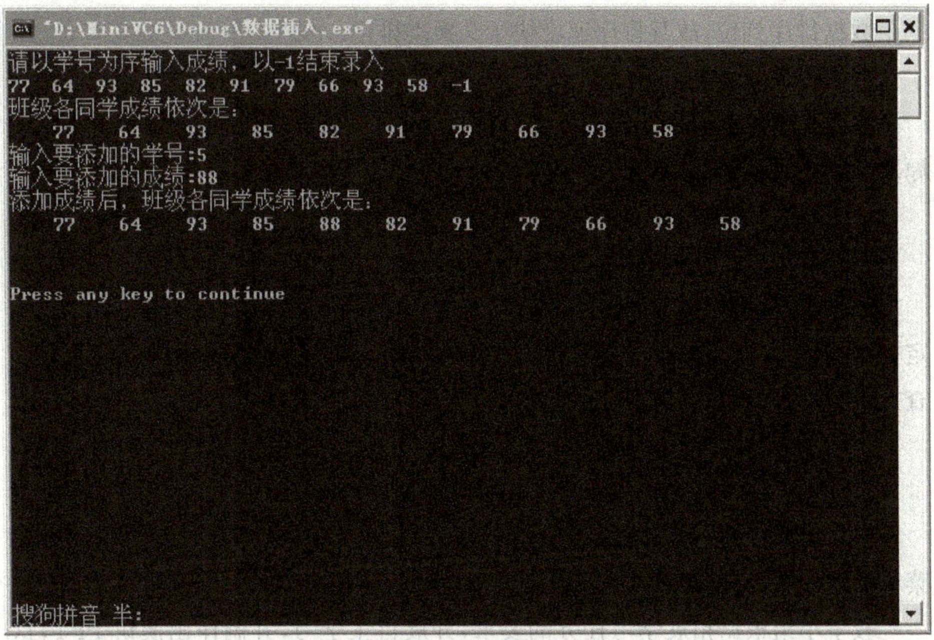

图 2　数据插入程序运行结果

互动提问：插入 i 号同学的成绩，原来第 i 号同学的成绩如何处理？

问题解答：原来 i 号将顺延为 i+1 号，i+1 号顺延为 i+2 号…，由此类推。

互动提问：插入 i 号同学成绩后，班级人数如何处理？

问题解答：班级实际人数 realnum 需加 1 。

2. 讲授：数据删除算法

演示：数据删除源程序运行过程。

互动提问：再成绩数组中，删除第 i 号同学的成绩是如何实现的？

问题解答：其实是通过 i+1 号至最后一个学号学生成绩前移而实现删除的。关键代码段：

```
for(j = i + 1;j< = realnum;j + + )
  score[j - 1] = score[j];
```

3. 讲授：常用的数组排序算法

演示：冒泡排序程序、下沉排序程序、选择排序程序

互动提问：这三种排序算法各有哪些基本特点？

问题解答：冒泡排序和下沉排序都是通过数据的二二比较和交换，从而达到使数据有序的目的，因此，它们均属于“交换类排序”算法。由于在排序过程数据交换次数多，所以，不适用数据量大的排序。选择排序最多只需交换一次就可使一个数据排序到位，故其排序速度快于交换类排序。

4. 讲授：数据查找算法

在此教学环节可引入相关教学用道具，和学生互动，直观形象讲解折半查找原理和实施过程，以活跃课堂气氛，加深学生对该算法的理解。

演示：顺序查找程序、折半查找程序

互动提问：两种排序算法各适用什么场合？

问题解答：顺序排序通过将所查找数据和基础数据逐一比较，达到查找到指定数据的目的，它对查找的基础数据是否有序无要求；折半查找速度远高于顺序查找，但要求基础数据已有序排序。

四、思维拓展学习

创设情境 3：以教学小组为单位查阅资料、自主学习，对什么是软件系统的菜单加以介绍，说明菜单驱动的优点。并为单门课成绩管理系统设计一个菜单。

教学小组根据拓展学习任务的要求，开展自主学习，并制作出演讲 PPT，这一教学互动环节由教学小组中的发言人结合 PPT 进行讲解及引导讨论。部分

教学现场照片和 PPT 截图展示如图 3～图 5 所示。

图 3　教学互动现场照片

图 4　教学互动现场照片

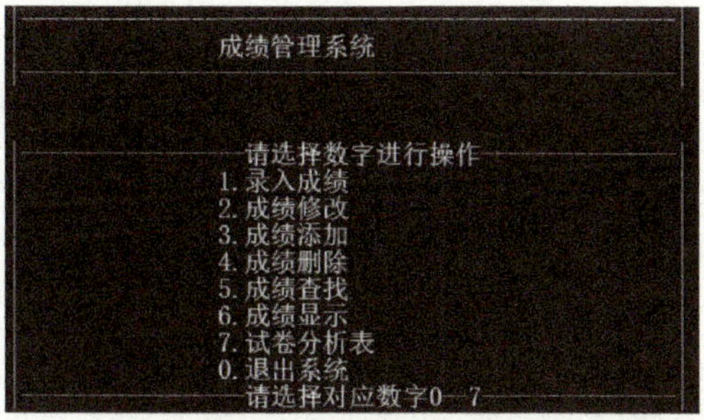

图 5　教学小组设计的主菜单

本单元的学习以重要的数据结构——一维数组为基础，通过创设形象而直观的多个情境，培训学生精通语法、掌握算法、学会编程调试、解决实际问题的能力，再通过拓展学习任务的设计，训练学生具备开发一个完整软件系统的技能。通过这种设计，激发出学生学习的热情和主动参与教学过程的积极性。教学效果显著提升。

【课后任务】

1. 以教学小组为单位，开展自主学习，学习全局变量和函数调用技术。

2. 以教学小组为单位，分析单门课程成绩管理的实际需求，在此基础上，完成模块设计、详细设计。

3. 使用C语言，编程实现一个单门课成绩管理系统。

【教学效果评估】

本单元的研究性教学设计已在多个教学班级多次实施 。课后召开了学生座谈会、教师研讨会，对本单元的教学效果进行评估。

学生们普遍反映，任务驱动的教学方法能引导他们自觉参与到教学过程，知道要学什么、做什么、再思考怎么做，从而将被动学习转变为主动学习。互动提问环节中的问题也正是学习中感觉疑惑、想要了解的问题，所以特别引人关注，注意力也特别集中。而课后任务的整个研发过程，使得枯燥的语法知识转变实际应用的成果，极大激发出学生课程学习的热情。本单元的教学设计，充分结合了C语言课程“操作性强、实践性强的特点”，提升了课程教学效果。

"Java 程序设计—方法"研究性教学案例

【授课教师】 何萍
【课程名称】 Java 程序设计
【授课单元】 java 的方法的定义及应用
【实施专业】 软件工程

【课程设计理念】

本单元的研究性教学采用任务驱动法，通过"Java 程序设计中方法的使用"这个任务，引导学生将本课程所学到的知识进行有机整合，尽力做到融会贯通。在教学过程中，首先通过一段 Java 代码设计的问题中，将方法的概念引出，然后在对方法进行剖析的情境中不断地引导、启发学生进行思考和讨论，发现问题，解决问题，在这个过程中，使学生掌握 Java 语言中方法的使用。

【教学目标】

1. 培养学生的综合应用能力。本节课中涉及 Java 语言程序设计中方法的使用，学生将学习如何定义方法和如何利用方法抽象来解决复杂的问题。

2. 培养学生的逻辑思维能力。程序设计需要学生具备较强的逻辑思维能力；程序设计过程中，解决各种可能存在或将要出现的问题，有助于发散思维能力的训练。

3. 培养学生的自主学习能力。自主学习是学生学习过程中的一个重要环节，也是学生终生学习的一种重要能力。在教学过程中，注重激发学生的自主学习的动机，培养学生自主学习的积极性。

【教学内容】

"Java 语言程序设计"第 6 章"方法"

【教学课时】

2课时

【教学方法】

本单元采用任务驱动教学法，为学生提供体验实践的情境和感悟问题的情境，围绕任务展开教学，以任务的完成结果检验和总结学习的过程。

授课形式采用边讲授、边演示、边讨论的研究性教学方法。

【教学设计的关键点】

1. 情境设计：一个好的情境设置应该具有针对性，明确教学目的，情境创设要紧紧围绕教学目标，始终坚定是为教学任务和教学内容而服务的，有所选择和取舍，切忌为情境创设而创设，起到画蛇添足的作用。情境的创设应具备趣味性，可选取学生身边的、感兴趣的、符合认知水平的事例、场景，让学生产生认同感。情境的创设应具备连贯性，用一个情境贯穿整个课堂教学的全过程，也可以用一个总的情境线索贯穿始终，以大情境为线索串起各环节情境。需要注意一点，情境不是每节课必须都有，如果开门见山或复习导课能达到更好的效果，就不必另起炉灶创设情境，更不要在一节课中出现情境泛滥的现象，过多的情境会让学生眼花缭乱，干扰了对核心知识的学习。

2. 互动问题的提出：互动的问题应该具有一定的开放性，问题要有现实意义，与学生的生活和学习有直接关系。互动的问题应该具有一定的启发性和可发展空间，以期能给学生一个自由思考、展现自己的思维空间。互动的问题应该具有一定的关注度，以便能调动学生的兴趣。最好能够引起学生的兴趣，并愿意课下主动探索相关知识，与课堂学习的知识达到互补、互相促进的作用。

【课堂实录】

一、创设情境

情境：假如让大家设计三段代码，分别用来求出从1到10、从20到30以及35到45的整数和，那么大家将会如下这样设计，大家仔细观察。

```
int sum = 0
for (int i = 1; i< = 10;i + + )
```

```
  sum + = i;
System.out.println("Sum from 1 to 10 is" + sum);

sum = 0;
for (int i = 20; i< = 30; i + +)
  sum + = i;
System.out.println("Sum from 20 to 30 is" + sum);

sum  = 0;
for (int i = 35;i< = 45; i + +)
  sum + = i;
system.out.println("Sum from 35 to 45 is" + sum);
```

互动提问 1:这三段代码有什么相同和不同?

问题解答:这三段代码,除了开始的数和结尾的数不同,其他的部分几乎都是一模一样的。

互动提问 2:既然发现了这些,那大家有什么想法?

问题解答:能不能编写一段通用的代码,使得这段代码可以用来计算之前的三个问题,那就会非常省事。

通过这个情境的设计,将方法的功能、定义引出来。

二、方法的介绍

1. 形参和实参

定义在方法头中的变量称为形式参数(形参),在调用方法时,给参数传递的值称为实际参数(实参)。如图 1 所示。

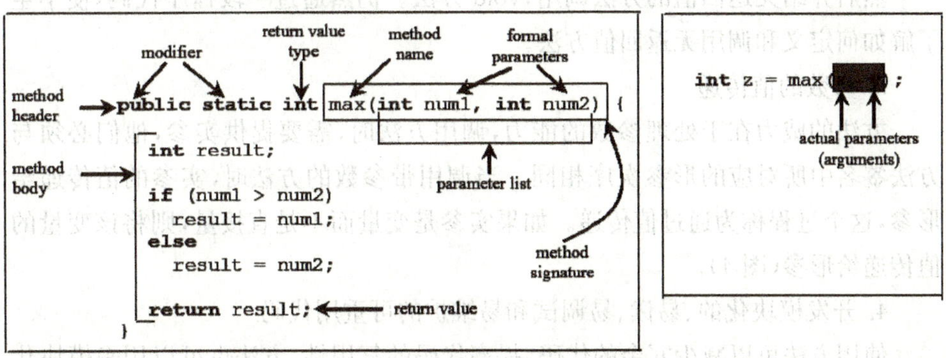

图 1

2. 调用带返回值和无返回值的方法

通过一段程序，跟踪方法调用，从实际的程序运行过程中来解释参数的变化(图 2)。

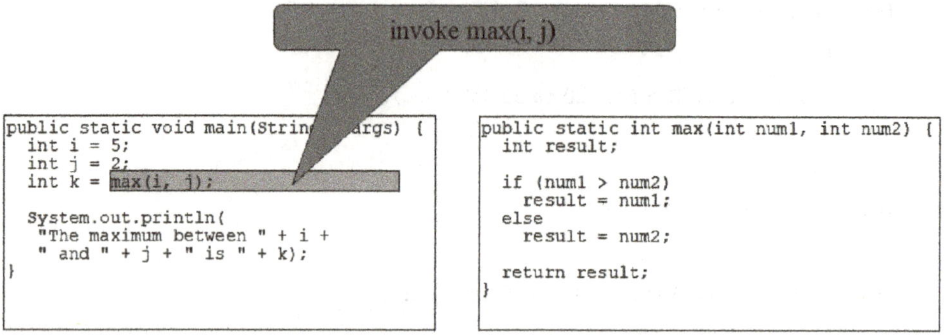

图 2

在调用一个方法时，系统都会将参数、局部变量存储在一个称为堆栈的内存区域中，它用后进先出的方式存储数据(图 3)。

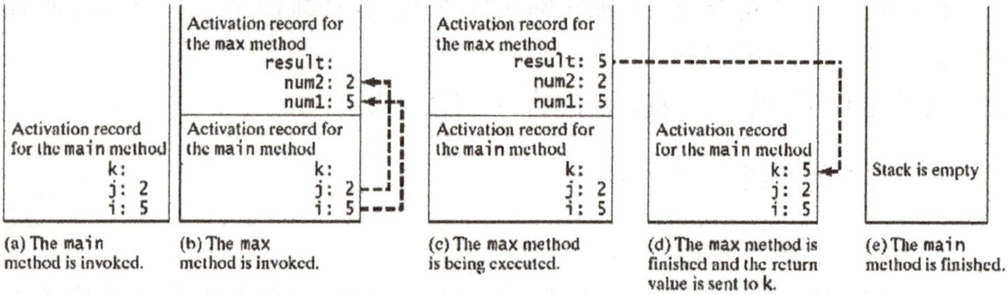

图 3

然后介绍无返回值的方法调用，void 方法。仍然通过一段程序代码，使学生了解如何定义和调用无返回值方法。

3. 参数的值传递

方法的威力在于处理参数的能力，调用方法时，需要提供实参，他们必须与方法签名中所对应的形参次序相同。当调用带参数的方法时，实参的值传递给形参，这个过程称为通过值传递。如果实参是变量而不是直接量，则将该变量的值传递给形参(图 4)。

4. 开发模块化的、易读、易调试和易维护的可重用代码

使用方法可以减少冗余的代码，提高代码的复用性，方法也可以用来模块化代码，以提高程序的质量。

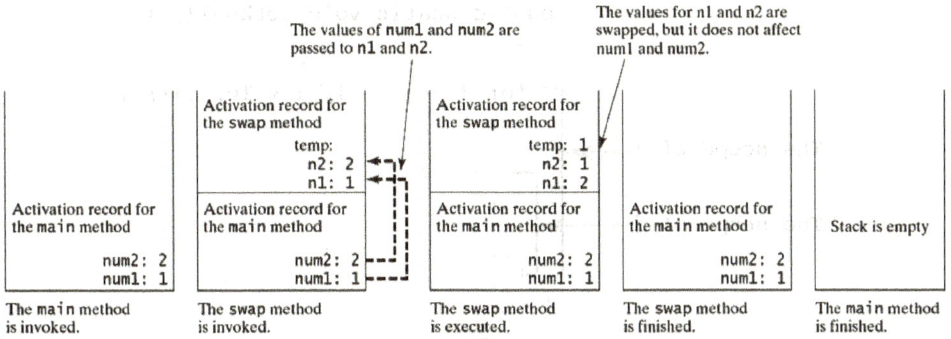

图 4

5. 编写方法将十进制数转换为十六进制数

互动问题 3:提出一个实际问题——将十进制数转换为十六进制数。

问题解答:通过师生互动,解决问题编写代码,让学生将之前学到的知识得到实践,在实践中了解掌握方法的应用。

```
Write a method that converts a hexadecimal number into a decimal number.
ABCD => 
A * 16^3 + B * 16^2 + C * 16^1 + D * 16^0
 = ((A * 16 + B) * 16 + C) * 16 + D
 = ((10 * 16 + 11) * 16 + 12) * 16 + 13 = ?
```

6. 使用方法重载,理解歧义重载

互动问题 4:之前的代码可以用于 int 数据类型的比较,但是如果要比较两个浮点数,怎么办?

问题解答:创建另一个方法名相同但参数不同的方法。在一个类中,有两个方法,他们具有相同的名字,但却具有不同的参数列表,Java 编译器根据方法签名决定使用哪个方法,这称为方法重载。

互动问题 5:大家想一想,会不会出现这样的情况,有时调用一个方法时,会有两个或者更多个可能匹配的方法,但是编译器却无法判断哪个是更精确的方法?

问题解答:这种情况存在,这种情况称之为歧义调用,会导致编译错误。

7. 确定变量的作用域

变量的作用域指的是变量可以再程序中引用的范围,在方法中定义的变量称为局部变量,局部变量的作用域从声明变量的地方开始,直到包含该变量的块结束为止。局部变量都必须在使用之前进行声明和赋值。参数实际上就是一个局部变量,一个方法的参数的作用域涵盖整个方法(图 5)。

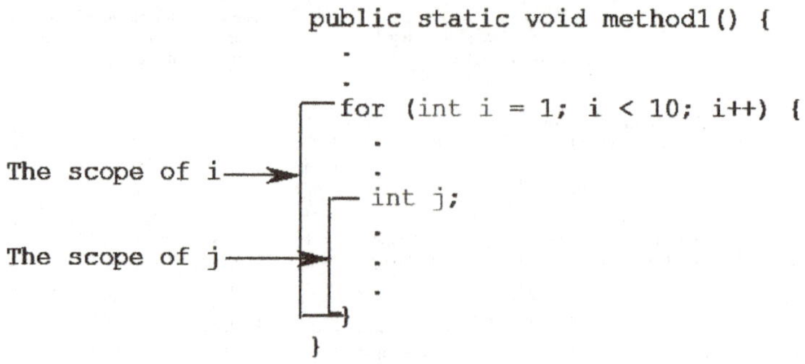

图 5

8. 将方法抽象的概念应用在软件开发中

首先需要知道什么是方法抽象，他是通过将方法的使用和他的实现分离来实现的，用户在不知道方法是如何实现的情况下，就可以使用方法。方法的实现细节封装在方法内，对使用该方法的用户来说是不可见的，这就是信息隐藏或封装。

然后通过一个生成随机字符的实例学习来熟悉方法的运用并了解使用方法的好处。

9. 使用逐步求精的办法设计和实现方法

在编写一个大程序时，可以使用分治的策略来达到目的，也可以称为逐步求精，将大问题分解为子问题，子问题又分解为更小、更容易处理的问题(图 6)。

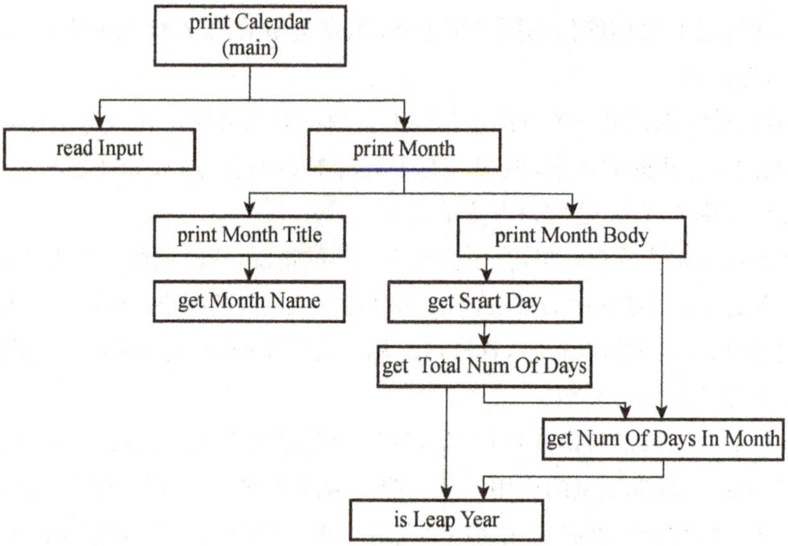

图 6

【课堂总结】

本单元学习了 Java 程序设计中"方法"的定义和应用，通过对方法的定义引入直到方法的实际应用这一系列由浅入深的讲解，使学生了解了 Java 程序设计中方法用处，掌握了程序设计关于方法的基础知识，为今后开发简单的应用系统打下了基础。

在 Java 程序设计课程中的关于方法的基础知识讲解中，通过一个简单易懂的小问题引出方法的重要性，然后从方法的定义到方法的使用，最后到方法在实际的软件开发中的使用，一步步由浅到深、由易到难地使学生了解并掌握 Java 程序设计中方法的使用，而且，在多段代码中让学生了解到使用方法的好处，使得学生在以后的程序设计中使用方法更加得心应手。

【课后任务】

1. 复习课堂上学习的方法的定义及应用。
2. 了解方法在实际程序中的使用。
3. 尝试自己编写一段程序，在过程中学习并熟悉方法的使用。

【教学效果评估】

本单元的研究性教学已开展过多轮，也做过观摩课。课后召开了学生座谈会、教师研讨会，对本单元的教学效果进行评估。

学生们都反应这样的教学让他们知道自己应该掌握什么知识、如何去在实际的编程中应用这些知识，这样大家才有动力去听讲，不需要考虑自己学的这部分内容有什么用，不再迷茫。对于编程学习这方面来说，实际的动手练习更加重要，在基础知识的学习中，添加提出问题、解决问题的过程，将原本复杂的代码编写过程展现出来，使学生对编程认知更加清晰。互动问题也让学生和教师的沟通更加多元，使讲课更加生动、使课堂更加有活力。

【改革提高的设想】

"Java 程序语言设计"的课程内容较多，但过多的师生互动可能会影响教学进度，而且更加注重平日学生自己动手编写代码的练习过程，如何使学生在课堂上更加容易接受枯燥的知识，并且愿意主动在课下尝试编写代码，也是在教学中需要考虑的问题。

“建立需求模型—用例图”研究性教学案例

【授课教师】 朱新峰
【课程名称】 面向对象分析与UML
【授课单元】 建立需求模型—用例图
【实施专业】 软件1402

【课程设计理念】

本单元的研究性教学采用任务驱动法，通过“建立需求模型—用例图”这个任务，引导学生将本课程所学到的知识进行有机整合，尽力做到融会贯通。在教学过程中，通过情境的设置，不断地引导、启发学生进行思考和讨论，发现问题，解决问题。

【教学目标】

1. 培养学生的综合应用能力。本项目涉及本课程的软件工程基础、面向对象程序设计两大核心内容，能帮助学生将整个课程的知识体系整合起来。

2. 培养学生的系统思维能力。程序设计需要学生具备较强的逻辑思维能力；系统分析过程中，解决各种可能存在或将要出现的问题，有助于系统思维能力的训练。

3. 培养学生的自主学习能力。自主学习是学生学习过程中的一个重要环节，也是学生终生学习的一种重要能力。在教学过程中，注重激发学生的自主学习的动机，培养学生自主学习的积极性。

【教学内容】

“面向对象的分析与设计”第5章“建立需求模型—用例图”

【教学课时】

2课时

【教学方法】

本单元采用任务驱动教学法，为学生提供体验实践的情境和感悟问题的情境，围绕任务展开教学，以任务的完成结果检验和总结学习的过程。

授课形式采用边讲授、边演示、边讨论的研究性教学方法。

【教学设计的关键点】

1. 情境设计

一个好的情境设置应该具有针对性，情境创设要紧紧围绕教学目标，根据教学任务和教学内容来创设，有所选择和取舍，切忌为情境创设而创设，起到画蛇添足的作用。情境的创设应具备趣味性，可选取学生身边的，感兴趣的，符合认知水平的事例、场景，让学生产生认同感。情境的创设应具备连贯性，用一个情境贯穿整个课堂教学的全过程，也可以用一个总的情境线索贯穿始终，以大情境为线索串起各环节情境。

2. 互动问题的提出

互动的问题应该具有一定的开放性，问题要有现实意义，与学生的生活和学习有直接关系。互动的问题应该具有一定的启发性和可发展空间，以期能给学生一个自由思考、展现自己的思维空间。互动的问题应该具有一定的关注度，以便能调动学生的兴趣。

【课堂实录】

一、预备知识复习

1. 面向对象的分析

(1) 系统分析 OOA;

(2) 需求分析。

2. OOA 与需求分析的关系（图 1）

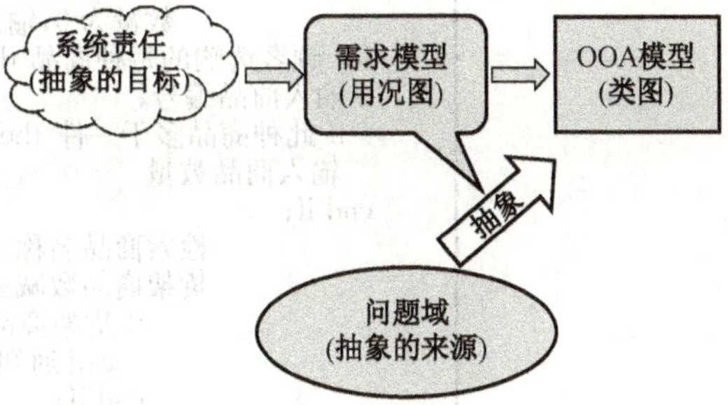

图 1

二、基本思路

把系统看作一个黑箱，看它对外部的客观世界发挥什么作用，描述其外部可见的行为。

三、创设情境

创设情境 1：在日常的生活、学习和工作中，大家经常使用 ATM 机。下面，我们就来学习，如何正确刻画 ATM 系统的需求（图 2）。

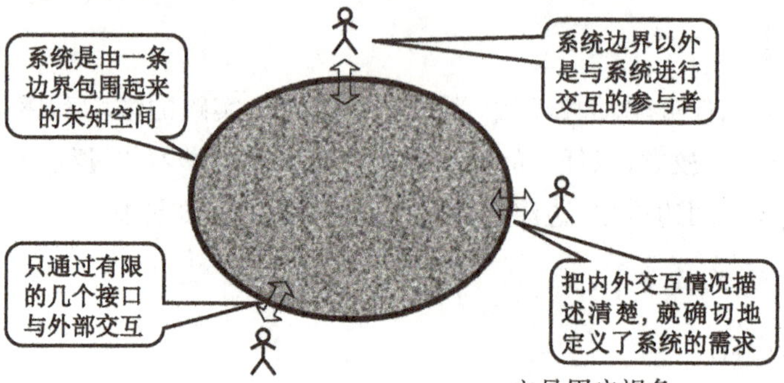

立足用户视角
- 用户插入 ATM 卡
- 系统要求输入密码
- 用户输入密码
- 系统验证密码正确
- 系统提示用户输入取款金额
- 用户输入取款金额并确认
- 系统验证取款金额合法
- 系统从账户中扣除取款金额
- 系统询问用户是否打印收据
- 用户要求不打印收据
- 系统显示“交易结束”，退卡

立足开发者的视角
- 系统要求用户输入合法的密码
- 系统能够接受用户录入取款金额
- 系统能够从账户中扣除取款金额
- 系统允许选择“打印或不打印收据”
- 系统能够显示交易结束信息

图 2

书写格式(图 3)：

```
收款
    输入开始本次收款的命令；
                做好收款准备，应收款总
                数量为 0，输出提示信息；
    for 顾客选购的每种商品 do
      输入商品编号；
      if 此种商品多于一件 then
       输入商品数量
    end if；
              检索商品名称及单价；
              货架商品数减去售出数；
                  if 货架商品数低于下限 then
                    call 通知上货
                  end if；
                  计算本种商品总价并打印编号、
                  名称、数量、单价、总价；
                  总价累加到应收款总数；
    end for；
                  打印应收款总数；
    输入顾客付款数；
                  计算应找回款数，
                  打印付款数及找回款，
                  应收款数计入账册
```

图 3

互动提问 1:单个用例的描述 策略?

问题解答:把自己当作参与者,与设想中的系统进行交互。

互动提问 2:定义系统中所有的用况?

问题解答:

(1) 全面地了解和收集用户所要求的各项系统功能,找出所有的参与者,了解与各项功能相关的业务流程;

(2) 把用户提出的功能组织成适当的单位,每一项功能完成一项完整而相对独立的工作;

(3) 穷举每一类参与者所使用的每一项系统功能,定义相应的用况;

(4) 检查用户对系统的各项功能需求是否都通过相应的用况做了描述。

四、用例图的几种关系

1. 包含(图 4)

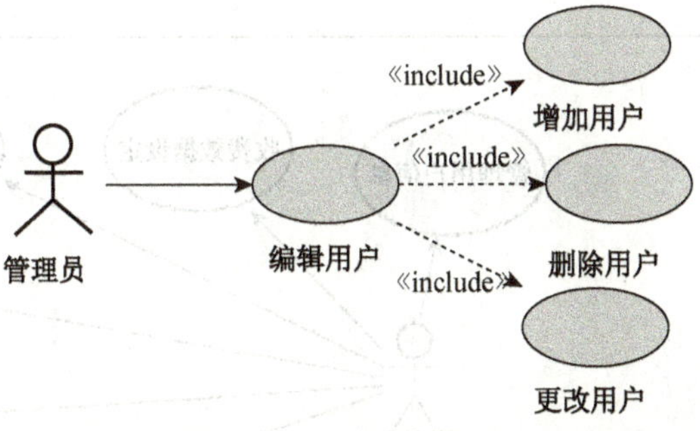

图 4

2. 扩展(图 5)

3. 泛化(图 6)

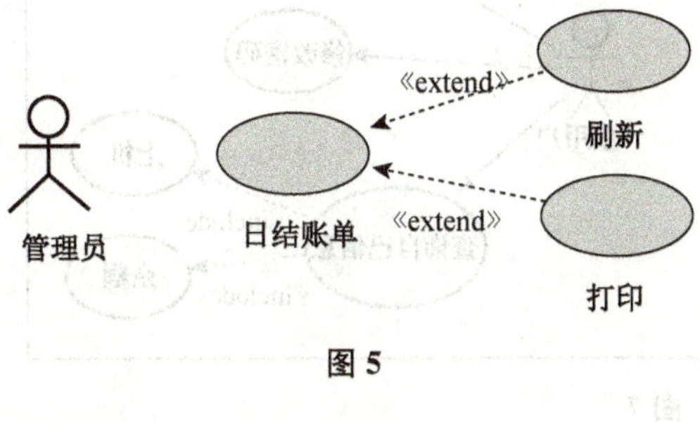

图 5

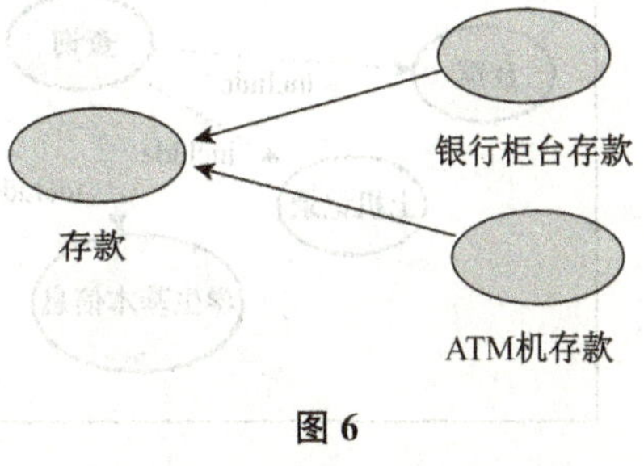

图 6

五、用例图的开发过程

确定系统边界:与外部事物的界限。
发现参与者:所有与系统直接交互的人、设备、外系统。
定义用例:定义用况、描述用况。
建立用例之间的关系:包含、延伸、泛化。
确定参与者和用例之间的关系:直线连接。
绘制用例图:正确使用图符。

六、绘制用例图实例

以机房收费系统为例:

1. 角色

本系统有3个角色,分别是管理员,操作员和一般用户。

2. 系统用例图如图7所示。

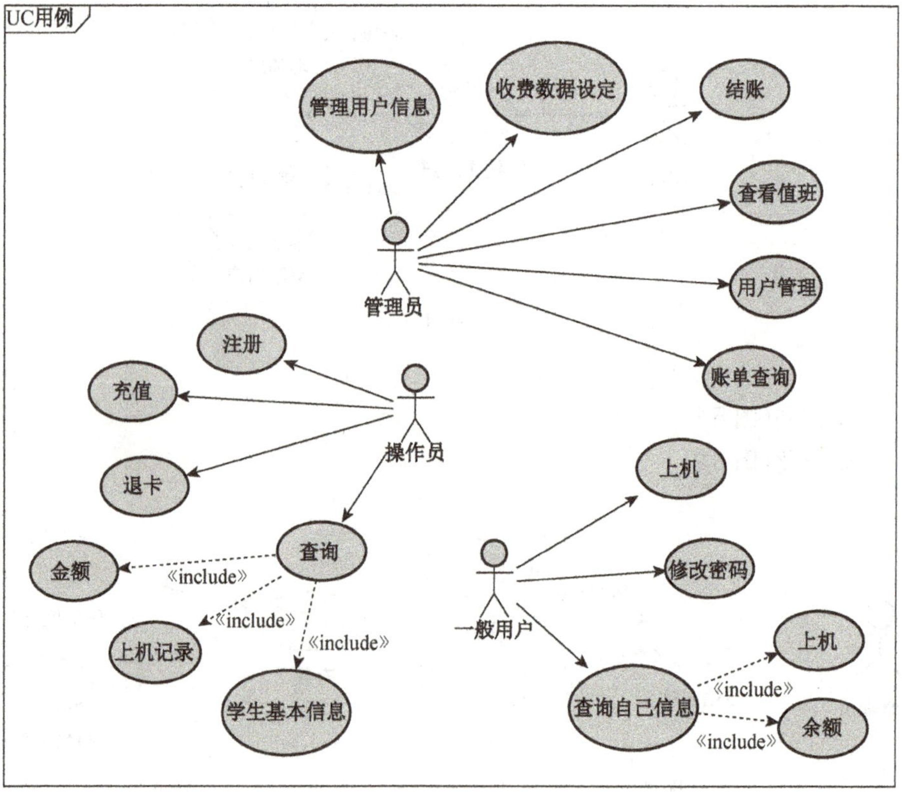

图7

七、思维拓展

创设情境 2:对于大型系统,不得不处理用例模型中的大量用例,很难操作。

解决这种增大问题的一个好方法是引入用例包,将相关用例分组在一起。如此,用例包便能表示那些描述系统的主要功能子集的高层次需求。

因为参与者经常启动和参与相关的用例,所以用例能基于使用它们的主要参与者来分组成包。适用于一组相关用例的非功能性需求可以分配到包含这些用例的用例包中。

例如,"应急监控系统"中,系统的主要参与者是"远程传感器"(Remote Sensor)、"监控操作员"(Monitoring Operator)和"应急管理员"(Emergency),每一个都启动和参与多个用例。如图 8 展示应急监控系统中用例包的例子,名为"应急监控用例包"(Emergency Monitoring Use Case Package),包含了 4 个用例。"监控操作员"是用例"查看警报"和"查看监控数据"的主要参与者,是其他用例的次要参与者。"远程传感器"是"生成警报"(Generate Alarm)用例和"生成

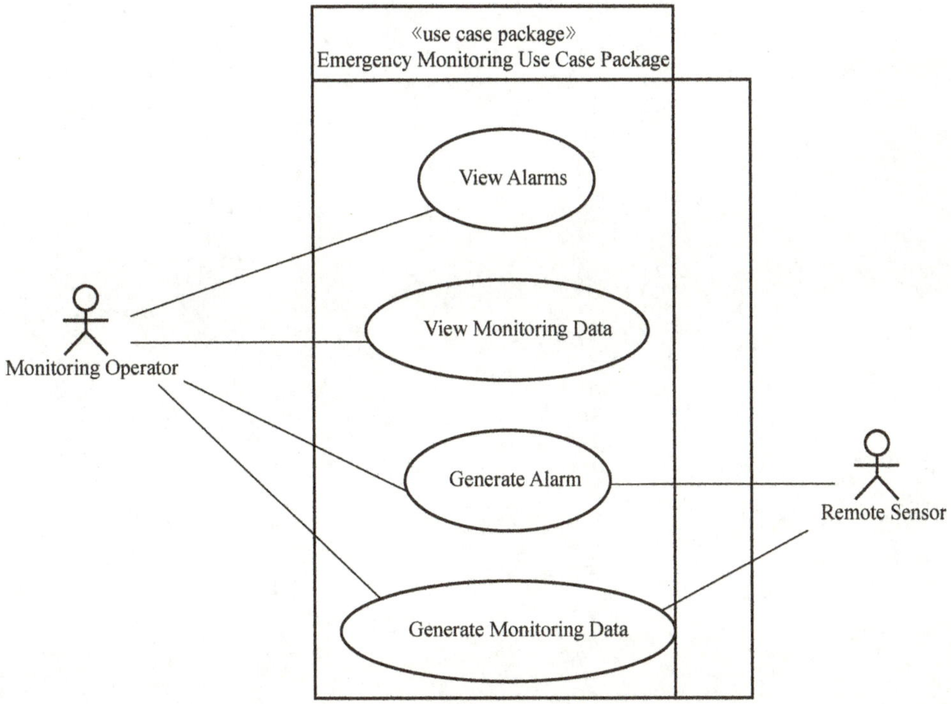

图 8

监控数据”(**Generate Monitoring Data**)用例的主要参与者。

【课堂总结】

本单元学习了“UML 系统建模”中的用例图设计，通过这个小例子我们了解了用例设计的基本思想，掌握了用例设计的基本步骤和技巧，为今后进行基本的 UML 系统建模打下了基础。

通过“用例图”的设计，我们将本课程的核心内容串接在了一起，是本课程知识的一个综合应用，也是对前期所学内容的一个复习回顾。

【课后任务】

1. 阅读网络平台关于用例图方面的资料。
2. 观看网络平台关于 UML 设计的微视频。
3. 设计一个成绩录入系统用例图，并加以完善。

“软件生命周期的基本任务”研究性教学案例

【授课教师】 邹盛荣
【课程名称】 软件工程
【授课单元】 软件生命周期的基本任务
【实施专业】 软件工程、计算机科学与技术

【课程设计理念】

本单元的研究性教学采用应用驱动法，通过在基本知识点讲解的基础上，引导学生将本课程所学到的知识进行有机整合，尽力做到融会贯通。在教学过程中，通过真实的应用，不断地引导、启发学生进行思考和讨论，发现问题，解决问题。

【教学目标】

1. 培养学生的综合应用能力。本项目涉及软件过程、生命周期、过程模型等核心内容，通过知识面拓宽，能帮助学生将整个课程的知识体系整合起来。

2. 培养学生的逻辑思维能力。思考不同过程模型的生命周期。解决各种可能存在或将要出现的问题，有助于发散思维能力的训练。

3. 培养学生的自主学习能力。自主学习是学生学习过程中的一个重要环节，也是学生终生学习的一种重要能力。在教学过程中，注重激发学生的自主学习的动机，培养学生自主学习的积极性。

【教学内容】

“软件工程”第 2 章第 1 节“软件生命周期的基本任务”

【教学课时】

2 课时

【教学方法】

授课形式采用讲授、问题、讨论、实现的研究性教学方法。

【教学设计的关键点】

1. 基本概念讲解

软件生命周期是软件的产生直到报废或停止使用的生命周期。周期内有问题定义、可行性分析、总体描述、系统设计、编码、调试和测试、验收与运行、维护升级到废弃等阶段，这种按时间分程的思想方法是软件工程中的一种思想原则，即按部就班、逐步推进，每个阶段都要有定义、工作、审查、形成文档以供交流或备查，以提高软件的质量。

2. 应用案例的提出

软件开发过程复杂，实际遇到的问题很多，通过案例引入，培养学生的感性认识，并指导学生的动手开发，提高学生的开发兴趣。

【课堂实录】

一、预备知识复习

1. 软件危机介绍；
2. 产生软件危机的原因；
3. 消除软件危机的途径；
4. 什么是软件工程；
5. 软件工程的基本原理；
6. 软件工程包含的领域。

二、通讯录安卓版需求分析

2.1 基本功能需求

使用该系统的主要有两种角色，分别为用户和管理员，下面对这两种角色进行基本功能需求分析。

1. 关于用户

(1) 用户通过通话记录可以查看最近通话记录，选中其中一条记录，可以对该联系人拨打电话、发送短信或者删除记录。

(2) 用户通过短信记录功能可以发送短信，删除短信记录。

(3) 用户通过联系人功能可以保存联系人的详细信息,可以对联系人进行编辑、删除,还可以拨打电话、发送短信,可以根据索引条件搜索联系人。

(4) 用户通过个人中心可以设置自己的详细信息,这样方便其他人了解自己,也可以将具有相同名字的联系人合并。此外,还能设置防打扰、找朋友、推荐好友给其他好友。云同步能使用户的数据在云端得到保存,在本地数据损坏的时候,通过云同步得以恢复,当然用户可以进行同步将数据更新到云端。

2. 关于管理员

管理员登录系统后,可以对数据库进行备份,也可以进行还原。

管理员可以对用户信息进行管理,包括查看、删除、更改。

2.2 系统用例分析

图 1 显示了通话记录功能模块,包括联系人详细信息查看,清空通话记录,在选择一个条目后,可以对其进行拨打电话、发送短信功能的操作,也可以进行删除。

图 2 显示了短信记录功能模块的用例,包括查看短信、发送短信、删除选中的短信记录、清空整个短信记录,其中发送短信包含新建信息和回复信息。如果用户要新建信息,则发送对象可以自己手动输入对方的电话号码,也可以从联系人列表中选取,可以同时选中多个,如果是自己输入多个,则用";"隔开。

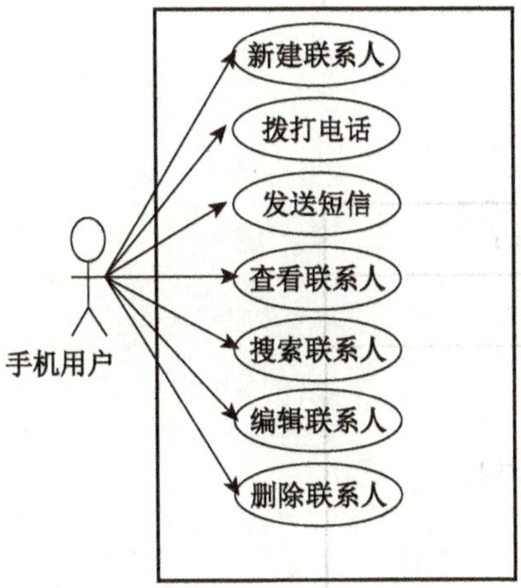

图 1 电话簿模块用例图

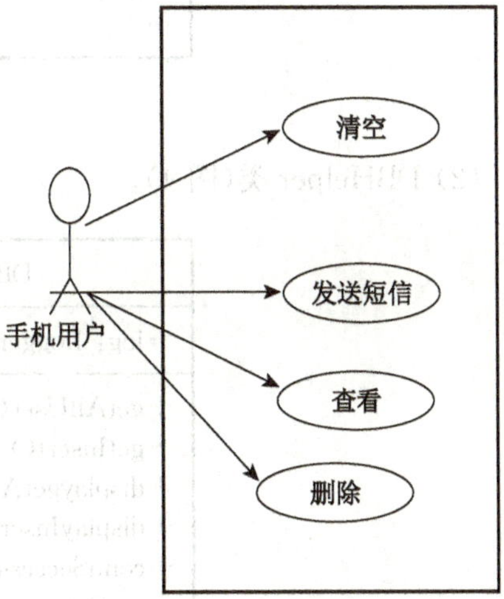

图 2 短信记录模块用例图

三、总体设计方案

3.1 系统类图

根据通讯录功能的拨号、短信、对联系人的编辑等可以设计出 AddNews、

Mainjava、MainPrivacy、UseDetail、DBHelper、User 等类。

(1) AddNews 类(图 3):表示基本联系人信息类,包含的属性有联系人头像按钮 imageButton、联系人姓名 et_name、联系人电话号码 et_mobilePhone、联系人办公号码 et_officePhone、联系人地址 et_address、联系人邮箱 et_email 等。

AddNews
－imageButton: int －et_name: String －et_mobilePhone: String －et_officePhone: String －et_adddress: String …
＋getNimageButton() ＋setNimageButton() ＋setet_name() ＋getet_name() ＋getNet_mobilePhone() ＋setNet_mobilePhone() ＋setet_address() ＋getet_address …

图 3

(2) DBHelper 类(图 4)。

DBHelper
－log: Logger
＋getAllUser() ＋getInsert() ＋displaygetAllUser() ＋displayInsert() ＋connSuccess() ＋getDelete() ＋get getTotalConunt() …

图 4

(3) MainPrivacy 类(图 5):实现增、删、改的类,同时提供前台获得新闻列表的方法,该类执行具体的业务逻辑。

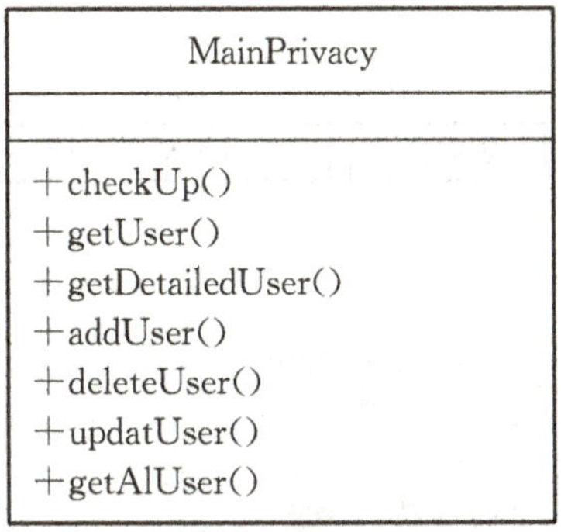

图 5

3.2 状态图

如图 6 所示，其中闲置状态视为系统的初态。

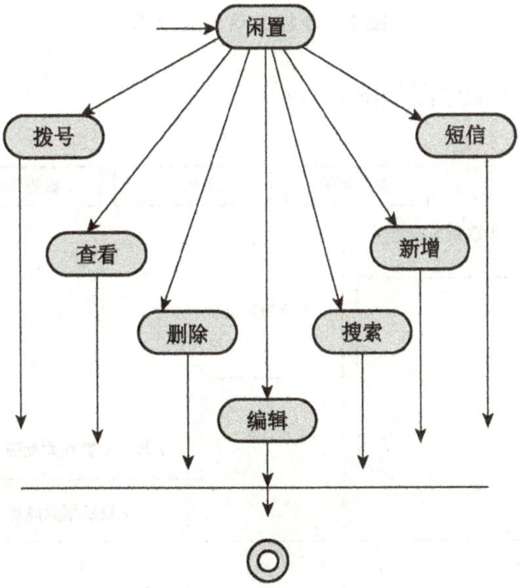

图 6 总状态图

3.3 顺序图

该系统的顺序图主要包括手机用户添加联系人顺序表、手机用户编辑联系人顺序表、手机用户删除联系人顺序表、手机用户进行常用操作(如拨号、短信)等。

(1) 添加联系人顺序图如图 7 所示，步骤包括：①用户提交添加联系人的请求；②给联系人列表添加联系人对象提示；③用户输入要添加的联系人内容；④添加联系人，将输入的列表提交给数据库；⑤数据库添加成功后返回给用户添加成功的信息。

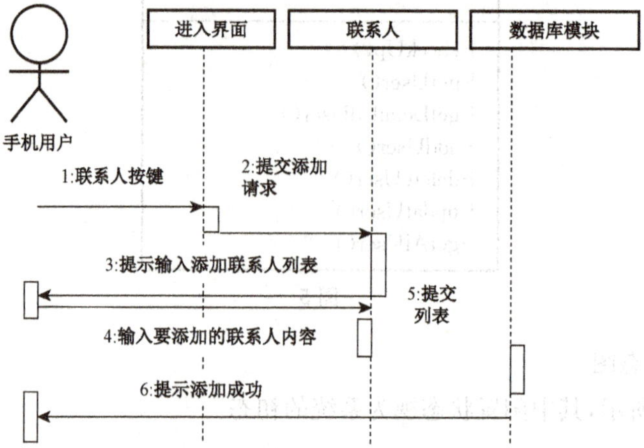

图 7　添加联系人顺序图

(2) 删除联系人顺序图如图 8 所示。

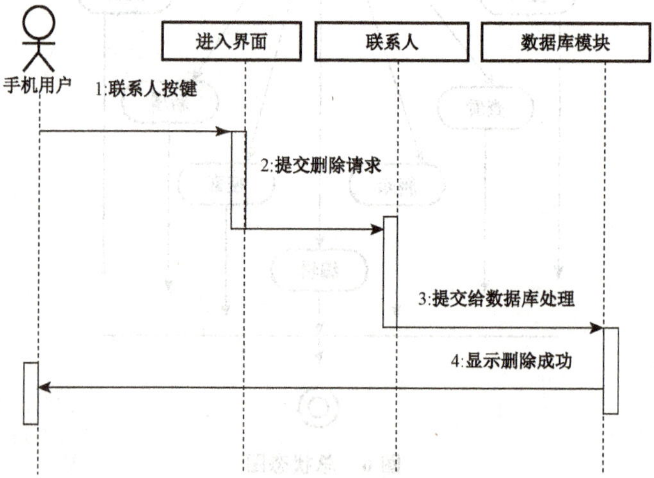

图 8　删除联系人顺序图

四、详细设计

4.1　开发环境

开发此案例涉及的开发软件有 Eclipse、JDK、Android SDK、ADT。

4.2　系统界面设计

系统有如下主要页面文件。

(1) Main.xml 文件如图 9 所示，显示已经存储的联系人数据。

(2) popup_window.xml 文件如图 10 所示，显示联系人基本操作。

图 9　显示已经存储的联系人数据

图 10　显示联系人基本操作

4.3　程序设计

1. 数据类设计

User 类(图 11)主要用于暂存页面获得的信息，然后将其存入数据库中。

2. MyContacts 设计

函数基本同 EditContact，增加了修改按钮的单击事件和删除按钮的单击事件。

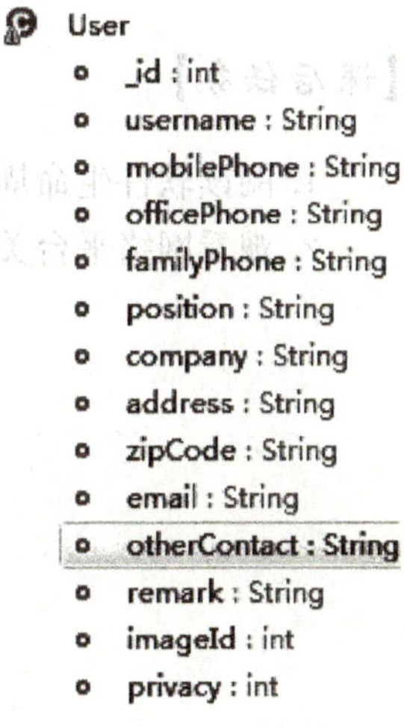

图 11　User 类

五、系统测试

5.1　系统测试的意义及目的

系统测试是为了发现错误而执行程序的过程，成功的测试是发现了至今尚未发现的错误的测试。

测试的目的就是发现潜在的各种错误和缺陷，应根据开发各阶段的需求、设计等文档或程序的内部结构精心设计测试用例，并利用这些实例来运行程序，以便发现错误。

5.2　测试步骤

(1) 模块测试。这个测试步骤是为了发现编码和详细设计的错误。

(2) 系统测试。这个测试步骤是为了发现软件设计中的错误。

(3) 验收测试。这个测试步骤是为了发现系统需求说明书中的错误。

5.3 测试数据

在系统运行时，由于系统数据库没有数据，所以会在背景显示 No Contacts，提示用户添加数据。

首先选择菜单中的“添加”命令进入添加界面，输入如下信息：姓名、手机号码、办公室电话（空）、家庭电话（空）、分组（亲人）、单位（空）、地址（扬州）、生日（1992.07.12）、邮箱、好友描述（空），并选择头像后单击保存按钮，保存成功后系统返回主界面，可以显示添加的数据。

然后对其进行各种测试并把它移到手机上进行体验，查看是否有不足之处，并改进。

【课堂总结】

通过软件生命周期的基本任务的基本讲解，让学生掌握基本的概念。引入软件开发的实际例子，讲解软件开发中生命周期的基本组成部分，增强学生的感性认识。

【课后任务】

1. 阅读软件生命周期的详细资料。
2. 观看网络平台关于软件生命周期的微视频。

"回溯算法"解八皇后及黑白棋问题研究性教学案例

【授课教师】 徐明
【课程名称】 软件竞赛辅导
【授课单元】 回溯算法分析
【实施专业】 软件1501、软件1502

【课程设计理念】

本单元的研究性教学采用任务驱动法,通过对于"八皇后问题"以及"黑白棋问题"的讨论,引导学生将本课程所学到的知识进行有机整合,尽力做到融会贯通。在教学过程中,通过情境的设置,不断地引导、启发学生进行思考和讨论,发现问题,解决问题。

【教学目标】

1. 培养学生的综合应用能力。本课程为"软件竞赛辅导",课程中绝大多数题目为实际竞赛题,因此难度比较大。"八皇后问题"及"黑白棋问题"是典型的竞赛类题目,对于该题目的讨论,有助于提高学生解决综合应用能力和水平,帮助学生将整个课程的知识体系整合起来。

2. 培养学生的逻辑思维能力。程序设计需要学生具备较强的逻辑思维能力;程序设计过程中,解决各种可能存在或将要出现的问题,有助于发散思维能力的训练。

3. 培养学生的自主学习能力。自主学习是学生学习过程中的一个重要环节,也是学生终生学习的一种重要能力。在教学过程中,注重激发学生的自主学习的动机,培养学生自主学习的积极性。

4. 培养学生的分析表述能力。选择一些典型练习题,以讨论课的形式,让学生去讲解题目的解题思路,分析涉及数据结构和算法,并清晰地加以描述,本身也是锻炼学生对于问题以及求解过程的分析、表述能力。不仅能够解决问题，而且能够把自己的思路，分享给大家以供讨论，为软件开发团队合作打下基础。

【教学内容】

“软件竞赛辅导”第 6 章“隐式图基本算法”，第 2 节“回溯法”

【教学课时】

2 课时

【教学方法】

本单元采用任务驱动教学法，为学生提供体验实践的情境和感悟问题的情境，围绕任务展开教学，以任务的完成结果检验和总结学习的过程。

授课形式采用边讲授、边演示、边讨论的研究性教学方法。

【教学设计的关键点】

1. 情境设计

一个好的情境设置应该具有针对性，情境创设要紧紧围绕教学目标，根据教学任务和教学内容来创设，有所选择和取舍，切忌为情境创设而创设，起到画蛇添足的作用。情境的创设应具备趣味性，可选取学生身边的、感兴趣的、符合认知水平的事例、场景，让学生产生认同感。情境的创设应具备连贯性，用一个情境贯穿整个课堂教学的全过程，也可以用一个总的情境线索贯穿始终，以大情境为线索串起各环节情境。

2. 互动问题的提出

互动的问题应该具有一定的开放性，问题要有现实意义，与学生的生活和学习有直接关系。互动的问题应该具有一定的启发性和可发展空间，以期能给学生一个自由思考、展现自己的思维空间。互动的问题应该具有一定的关注度，以便能调动学生的兴趣。

【课堂实录】

一、预备知识复习

1. 隐式图基本算法及其定义

(1) 隐式图与显式图的区别；

(2) 隐式图的基本算法。

2. 回溯法基本算法及其定义

(1) 回溯法的定义;

(2) 回溯法的基本思想;

(3) 回溯法解题一般步骤,并编写相应的代码。

二、创设情境

创设情境 1:回溯法问题来源背景,典型例题分析—国际象棋八皇后问题(图 1)

图 1

互动提问 1:什么是八皇后问题?

问题解答:八皇后问题是一个以国际象棋为背景的问题:如何能够在 8×8 的国际象棋棋盘上放置八个皇后,使得任何一个皇后都无法直接吃掉其他的皇后?为了达到此目的,任两个皇后都不能处于同一条横行、纵行或斜线上。

互动提问 2:八皇后问题历史来源和背景是什么?

问题解答:八皇后问题可以推广为更一般的 n 皇后摆放问题:这时棋盘的大小变为 $n \times n$,而皇后个数也变成 n。当且仅当 $n=1$ 或 $n \geq 4$ 时问题有解。

八皇后问题最早是由国际西洋棋手马克斯·贝瑟尔于 1848 年提出。之后陆续有数学家对其进行研究,其中包括高斯和康托,并且将其推广为更一般的 n 皇后摆放问题。

八皇后问题的第一个解是在1850年由弗朗兹·诺克给出的。诺克也是首先将问题推广到更一般的n皇后摆放问题的人之一。1874年,S.冈德尔提出了一个通过行列式来求解的方法,这个方法后来又被J.W.L.格莱舍加以改进。

艾兹格·迪杰斯特拉在1972年用这个问题为例来说明他所谓结构性编程的能力。

八皇后问题计算机解:计算机解最早出现在1990年代初期的著名电子游戏第七访客中。

三、八皇后问题解题思路

在8×8格的国际象棋上摆放八个皇后,使其不能互相攻击,即任意两个皇后都不能处于同一行、同一列或同一对角线上,问有多少种摆法。引入一个整型一维数组col[]来存放最终结果,col[i]就表示在棋盘第i列、col[i]行有一个皇后,为了使程序在找完了全部解后回到最初位置,设定col[0]的初值为0,即当回溯到第0列时,说明以求得全部解,结束程序运行。为了方便算法的实现,引入三个整型数组,分别用来标记是否有冲突。

互动提问3.在解决八皇后问题中,什么是按列处理思路?

问题解答:

由于总共有8个皇后,必须放在8行(每行一个)。所以只要考虑列和对角线有没有冲突。

a数组代表列冲突,从a[0]~a[7]代表第0列到第7列,如果某列上已经有皇后,则为1,否则为0;

b数组代表主对角线冲突,为b[$i-j+7$],即从b[0]~b[14],如果某条主对角线上已经有皇后,则为1,否则为0;

c数组代表从对角线冲突,为c[$i+j$],即从c[0]~c[14],如果某条从对角线上已经有皇后,则为1,否则为0。

互动提问4:什么是八皇后问题按行处理算法?

问题解答:

a[] a[i]=0表示第i行上还没有皇后;

b[] b[i]=0表示第i列反斜线/上没有皇后;

c[] c[i]=0表示第i列正斜线\上没有皇后。

棋盘中同一反斜线/上的方格的行号与列号之和相同;同一正斜线\上的方格的行号与列号之差均相同,这就是判断斜线的依据。

初始时,所有行和斜线上都没有皇后,从第1列的第1行配置第一个皇后开始，在第 m 列，col[m]行放置了一个合理的皇后，准备考察第 $m+1$ 列时，在数组 a[]，b[]和 c[]中为第 m 列，col[m]行的位置设定有皇后的标志；当从第 m 列回溯到 $m-1$ 列时，并准备调整第 $m-1$ 列的皇后配置时，清除在数组 a[]，b[]和 c[]对应位置的值都为 1 来确定。

演示：主要算法及其实现

```
#include "stdio.h"
    static char Queen[8][8];
    static int a[8];
    static int b[15];
    static int c[15];
    static int iQueenNum = 0; //记录总的棋盘状态数
    void qu(int i); //参数 i 代表行
    int main()
    {
    int iLine,iColumn;
    //棋盘初始化,空格为 *,放置皇后的地方为@
    for(iLine = 0;iLine<8;iLine + +)
    {
    a[iLine] = 0; //列标记初始化,表示无列冲突
    for(iColumn = 0;iColumn<8;iColumn + +)
    Queen[iLine][iColumn] = '*';
    }
    //主、从对角线标记初始化,表示没有冲突
    for(iLine = 0;iLine<15;iLine + +)
    b[iLine] = c[iLine] = 0;
    qu(0);
    return 0;
    }
    void qu(int i)
    {
    int iColumn;
    for(iColumn = 0;iColumn<8;iColumn + +)
    {
    if(a[iColumn] = = 0&&b[i-iColumn + 7] = = 0&&c[i + iColumn] = = 0) //如果无冲突
    {
```

```
Queen[iColumn] = '@'; //放皇后
a[iColumn] = 1; //标记,下一次该列上不能放皇后
b[i-iColumn + 7] = 1; //标记,下一次该主对角线上不能放皇后
c[i + iColumn] = 1; //标记,下一次该从对角线上不能放皇后
if(i<7) qu(i + 1); //如果行还没有遍历完,进入下一行
else //否则输出
{
//输出棋盘状态
int iLine, iColumn;
printf("第%d种状态为:\n", + + iQueenNum);
for(iLine = 0; iLine<8; iLine + + )
{
for(iColumn = 0; iColumn<8; iColumn + + )
printf(" %c ",Queen[iLine][iColumn]);
printf("\n"screen.width/2)this.width = screen.width/2" vspace = 2 border = 0>;
}
printf("\n\n"screen.width/2)this.width = screen.width/2" vspace = 2 border = 0>;
}
//如果前次的皇后放置导致后面的放置无论如何都不能满足要求,则回溯,重置
Queen[iColumn] = ' * ';
a[iColumn] = 0;
b[i-iColumn + 7] = 0;
c[i + iColumn] = 0;
}
}
}
```

讨论题:按行处理算法与按列处理算法各自的特点及区别。

四、思维拓展

创设情境 2:黑白棋

你将得到一个 $n*n(n<=10)$ 的棋盘。白格和黑格的排布满足下列条件:

每列至少一个白格;

至少有一列全是白格。

请在棋盘上放置棋子,满足:

能放在白格上；

每列每行至多一个棋子；

每个不放棋子且被同行中的某棋子控制的白格必须被同列上的某棋子控制。

问题描述：

从 Chess.DAT 文件读入 n 与 $n*n$ 的棋盘。棋盘每格以 1 或 0 表示：1 表示白格，0 表示黑格。1 与 0 之间无空格。在读入的同时，将数据写入 Chess.SQL 文件。每 2 组数据间以空行分隔。

在满足条件的情况下，放置尽量多的棋子。

将放置的棋子个数与放置方案写入 Chess.SQL 文件。每个棋子用"X"表示，每 2 组数据间以空行分隔。

数据输入及输出形式：

```
Chess.DAT
3
010
110
011

4
111
001
001
001

Chess.SQL
3
010
110
011
3
0X0
X10
01X
```

```
4
1111
0001
0001
0001
1
1111
000X
0001
0001
```

讨论:黑白棋问题如何采用回溯法求解?

讲授:介绍利用回溯法解八皇后问题的解题思路,这些内容前面已经详细讨论过。另外,再给出一个关于用回溯法解迷宫问题的思路。

演示:由学生分组演示该问题的解题算法及实现。

讨论:解黑白棋问题,有几种不同算法。让学生演示各小组运行程序的特点。

【课堂总结】

本单元学习了隐式图基本算法——回溯法的程序设计过程,通过“八皇后问题”以及“黑白棋问题”的讨论,我们了解了程序设计的基本思想,掌握了程序设计的基本步骤和技巧,为今后开发简单的应用系统打下了基础。

通过“回溯法”的算法讨论,我们掌握隐式图的基本算法及其应用,也是本课程知识的一个综合应用,也是对前期所学内容的一个复习回顾。我们通过一个类似枚举的搜索尝试过程,主要是在搜索尝试过程中寻找问题的解,当发现已不满足求解条件时,就“回溯”返回,尝试别的路径。

回溯法也可以看作是一种选优搜索法,按选优条件向前搜索,以达到目标。但当探索到某一步时,发现原先选择并不优或达不到目标,就退回一步重新选择,这种走不通就退回再走的技术为回溯法,而满足回溯条件的某个状态的点称为“回溯点”。

许多复杂的,规模较大的问题都可以使用回溯法,有“通用解题方法”的美称。

回溯法可以采用空间树的方式,采用深度优先搜索法。

在包含问题的所有解的解空间树中,按照深度优先搜索的策略,从根结点出发深度探索解空间树。当探索到某一结点时，要先判断该结点是否包含问题的解，如果包含，就从该结点出发继续探索下去，如果该结点不包含问题的解，则逐层向其祖先结点回溯(其实回溯法就是对隐式图的深度优先搜索算法)。

若用回溯法求问题的所有解时，要回溯到根，且根结点的所有可行的子树都要已被搜索遍才结束。

若使用回溯法求任一个解时，只要搜索到问题的一个解就可以结束。

总结回溯法解题一般步骤：

1. 针对所给问题，确定问题的解空间。

首先应明确定义问题的解空间，问题的解空间应至少包含问题的一个(最优)解。

2. 确定结点的扩展搜索规则。

3. 以深度优先方式搜索解空间，并在搜索过程中用剪枝函数避免无效搜索。

【课后任务】

1. 阅读隐式图算法相关的资料。
2. 复习如何利用"回溯法"解八皇后问题的过程。
3. 利用"回溯法"模仿八皇后问题，解"黑白棋问题"。

“继承时名字覆盖问题解决方法”研究性教学案例

【授课教师】 陈斌
【课程名称】 C++程序设计
【授课单元】 继承时名字覆盖问题解决方法
【实施专业】 软件1401、1402

【课程设计理念】

本单元的研究性教学采用任务问题驱动法，通过研究继承时一段类似的代码，引导学生发现继承时的相关问题，引出相关概念和解决方法。在教学过程中，通过情境的设置，不断地引导、启发学生进行思考和讨论，发现问题，解决问题。

【教学目标】

1. 培养学生的问题解决能力。面向对象的程序设计中继承是一个非常重要的复用机制，但是刚刚切入，可能导致各种问题，引导学生如何具体情况具体分析，找到解决思路，有助于培养学生解决问题的能力。

2. 培养学生的逻辑思维能力。程序设计需要学生具备较强的逻辑思维能力；程序设计过程中，解决各种可能存在或将要出现的问题，有助于发散思维能力的训练。

3. 培养学生的自主学习能力。自主学习是学生学习过程中的一个重要环节，也是学生终生学习的一种重要能力。在教学过程中，注重激发学生的自主学习的动机，培养学生自主学习的积极性。

【教学内容】

“C++程序设计”第7章“继承和派生”

【教学课时】

1课时

【教学方法】

本单元采用问题驱动教学法,为学生提供体验实践的情境和感悟问题的情境,围绕问题的求解展开教学,以问题的解决,掌握基础概念之间区别,并实现结果检验和总结学习的过程。

授课形式采用学生演示、老师点评和共同讨论的研究性教学方法。

【教学设计的关键点】

1. 问题导出　通过分析两段程序代码以及各自在编译器下的编译结果,让学生分析其产生原因,从而引出相关概念,并最终掌握相关概念和解决方法。

2. 互动问题的提出　类比前面学习的知识:重载和可见性等概念,归纳出现同名现象时的解决手段;着重考虑在继承时同名的问题,并引导学生提出相关解决方法;归结学生的问题和不足,提出两个基本概念,并着重强调两者之间的异同。

【课堂实录】

一、预备知识复习

1. 可见性约束中同名现象的解决方法

(1) 局部变量和全局变量同名;

(2) 块内局部变量和局部变量同名;

(3) 作用域区分符。

2. 重载的基本定义

(1) 函数名相同;

(2) 形参列表不同。

二、创设继承时的同名问题

情境:程序1(图1)中派生类和基类中有同名函数,两者的形参列表不同。编译不能通过,有语法错误。程序2(图2)编译通过,输出结果B。

互动提问1:为什么会产生这种现象? 程序1不是重载吗?

```
#include<iostream.h>
class A{
public:
    void f(int){
        cout << "A" << endl;
    }
};
class B : public A{
public:
    void f(int,int){
        cout << "B" << endl;
    }
};
int main(){
    B b;
    b.f(2);
    return 0;
}
```

图 1　程序 1

```
#include<iostream.h>
class A{
public:
    void f(int){
        cout << "A" << endl;
    }
};
class B : public A{
public:
    void f(int,int){
        cout << "B" << endl;
    }
};
int main(){
    B b;
    b.f(2);
    return 0;
}
```

图 2　程序 2

问题解答：程序 1 中是隐藏现象，派生类中的函数与基类中函数同名，但参数不同，此时无论有无 virtual 关键字，基类的函数被隐藏。故而 b.f(2)；找不到相关函数。

互动提问 2：程序 2 又是什么原因？

问题解答：程序 2 中也是隐藏现象，当派生类中的函数与基类中函数同名，且参数也相同，但无 virtual 关键字，基类的函数被隐藏。

三、两个相关概念：隐藏、覆盖

1. 隐藏，“隐藏”是指派生类的函数屏蔽了与其同名的基类函数，规则如下：

(1) 如果派生类的函数与基类的函数同名，但是参数不同。此时，不论有无 virtual 关键字，基类的函数将被隐藏(注意别与重载混淆)。

(2) 如果派生类的函数与基类的函数同名，并且参数也相同，但是基类函数没有 virtual 关键字。此时，基类的函数被隐藏(注意别与覆盖混淆)。

讨论 1：隐藏深层次的原因？

隐藏规则的底层原因其实是 C++的名字解析过程。

在继承机制下，派生类的类域被嵌套在基类的类域中。派生类的名字解析过程如下：

(1) 首先在派生类类域中查找该名字。

(2) 如果第一步中没有成功查找到该名字，即在派生类的类域中无法对该名字进行解析，则编译器在外围基类类域对查找该名字的定义。

所以，准确来说，当基类跟派生类共享一个名字时，派生类成员是“隐藏了对基类成员的直接访问”！只要加上作用域限定，还是可以访问到基类成员。

解决方法:作用域区分符。

2. 覆盖是指派生类中存在重新定义的同名函数,其函数名、参数列、返回值类型必须同父类中的相对应被覆盖的函数严格一致,覆盖函数和被覆盖函数只有函数体不同,当派生类对象调用子类中该同名函数时会自动调用子类中的覆盖版本,而不是父类中的被覆盖函数版本,这种机制就叫作覆盖,例如程序 3(图 3)。

```
#include<iostream.h>
class A{
public:
    virtual void f(int){
        cout << "A" << endl;
    }
};
class B : public A{
public:
    using A::f;
    void f(int){
        cout << "B" << endl;
    }
};
int main(){
    B b;
    b.f(2);
    return 0;
}
```

图 3　程序 3

从中可以归结出以下一些特点:

(1) 不同的范围;

(2) 函数名字相同;

(3) 参数相同;

(4) 基类函数必须有 virtual 关键字。

讨论 1:如何引用被覆盖的基类中同名函数?

方法 1　使用作用域运算符::,在使用对象调用基类中的函数或变量时使用作用域运算符,这时就能访问基类中的函数或变量版本。注意,访问基类中被派生类覆盖了的成员变量只能用这种方法。如图 4 所示。

方法 2　using 的一般功能是将一个作用域中的名字引入到另一个作用域中,它还有一个非常有用的用法:将 using 用于基类中的函数名,这样派生类中如果定义同名但参数不同的函数,基类的函数将不会被隐藏,两个重载的函数将会并存在派生类的作用域中。如图 5 所示。

```
#include<iostream.h>
class A{
public:
    void f(int){
        cout << "A" << endl;
    }
};
class B : public A{
public:
    void f(int,int){
        cout << "B" << endl;
    }
};
int main(){
    B b;
    b.A::f(2);
    return 0;
}
```

图 4　程序 4

```
#include<iostream.h>
class A{
public:
    void f(int){
        cout << "A" << endl;
    }
};
class B : public A{
public:
    using A::f;
    void f(int,int){
        cout << "B" << endl;
    }
};
int main(){
    B b;
    b.f(2);
    return 0;
}
```

图 5　程序 5

讨论 2：隐藏和覆盖背后的原因？

首先，其实无论隐藏还是覆盖，都是作用域可见性的问题。

如果两个或多个具有包含关系的作用域中声明了同名标志符，则外层标志符在内层不可见。（图 6）

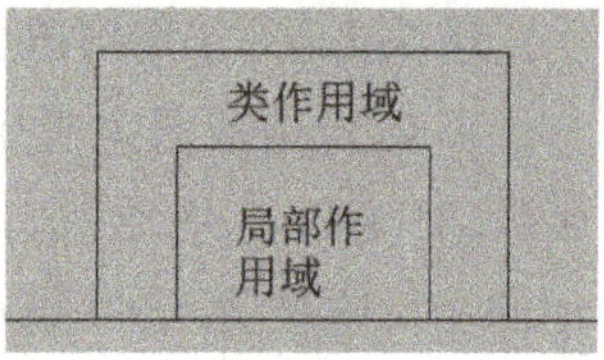

图 6

原因分析：所谓的覆盖规则造成的调用现象，其实就是类的虚函数实现原理生成的。每一个内含虚函数的类，C＋＋编译器都会为它做出一个虚函数表，表中的每一个元素都指向一个虚函数的地址。当派生类改写了虚函数时，虚函数表相应的被修改了（图 7）。

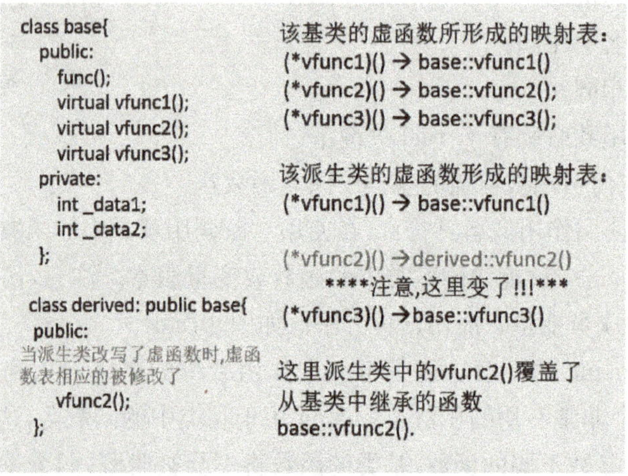

图 7

总结：隐藏和总结的比较（图 8～图 10）。

	隐藏	覆盖
范围	不同的范围，分别位于派生类和基类	不同的范围，分别位于派生类和基类
标识符	同名	同名
参数	不同	相同
有无virtual	无论有无都会隐藏	有

图 8

```
#include<iostream.h>
class A{
public:
    void f(int){
        cout << "A" << endl;
    }
};
class B : public A{
public:
    void f(int,int){
        cout << "B" << endl;
    }
};
int main(){
    B b;
    b.A::f(2);
    return 0;
}
```

图 9　程序 4

```
class A{
public:
    void f(int){
        cout << "A" << endl;
    }
};
class B : public A{
public:
    using A::f;
    void f(int,int){
        cout << "B" << endl;
    }
};
int main(){
    B b;
    b.f(2);
    return 0;
```

图 10　程序 5

【课堂总结】

本单元学习了"继承时名字覆盖问题解决方法",通过这个小例子我们了解了面向对象程序设计重点同名现象问题,掌握了三个基本概念重载、隐藏和覆盖,重载是同一作用域中存在的现象,后两者是继承时在基类和派生类之间出现的现象。为继承这一重要面向对象的特征的掌握打下了基础。

通过"继承时名字覆盖问题解决方法"的设计,我们串接了各种同名现象,是本课程知识的一个综合应用,也是对前期所学内容的一个复习回顾。

【课后任务】

1. 实验验证隐藏和覆盖现象,以及其解决方法。
2. 比较分析各种面向对象的语言,看看其他语言中是否存在这种现象。

“软件测试用例设计中的白盒测试”研究性教学案例

【授课教师】 孙小兵
【课程名称】 软件质量保障与测试
【授课单元】 软件测试用例设计中的白盒测试
【实施专业】 软件 1501

【课程设计理念】

本单元的研究性教学采用案例启发式，通过“实际的程序”例子，启发学生思考，并引导学生将本课程所学到的测试设计技术应用于例子程序测试，并不断地引导、启发学生进行思考和讨论，比较不同的测试用例设计技术。

【教学目标】

1. 培养学生的逻辑思维能力。软件白盒测试需要学生具备较强的逻辑思维能力，程序中可能存在各种各样的问题，如何通过不同的测试技术分析程序的数据流和控制流，发现这方面的问题。

2. 培养学生的自主学习能力。自主学习是学生学习过程中的一个重要环节，也是学生终生学习的一种重要能力。在教学过程中，注重激发学生的自主学习的动机，培养学生自主学习的积极性。

3. 培养学生的程序分析能力。白盒测试就是针对程序代码的测试，要测试代码，首先要能分析代码的语法、词法以及语义，然后针对可能存在的程序问题进行测试。

【教学内容】

“软件测试的艺术”第 4 章“软件测试用例设计”

【教学课时】

4 课时

【教学方法】

本单元的研究性教学采用案例启发式，通过"实际的程序"例子，启发学生思考，并引导学生将本课程所学到的测试设计技术应用于例子程序测试，并不断地引导、启发学生进行思考和讨论，比较不同的测试设计技术。

授课形式采用边讲授、边讨论、边设计的研究性教学方法。

【教学设计的关键点】

1. 程序例子设计：设计一个简单的程序例子，围绕该程序例子讲授、讨论各种软件测试用例设计方法。

2. 测试用例设计问题讨论：讨论各种测试用例可发现的程序问题、不能发现的程序问题。

3. 综合测试用例设计方法的运用：基于所学测试用例设计方法，测试自己已有的程序，报告所测试的问题。

【课堂实录】

一、预备知识复习

1. 静态分析

如何静态分析程序，发现程序的问题。

2. 代码控制流

如何表达代码的控制流。

二、程序例子设计

```
public static void main(String args[])
{
int x,y,z;
if(x<=0||z>1)
{        y=x+1;        }
else if(x>0&&x<=16&&z<5)
```

```
{        y=2*x+1;          }
else        {          y=3*x+3;          }
System.out.println(y);
}
```

互动提问 1:语句覆盖能发现哪些问题?不能发现哪些问题?

互动提问 2:分支覆盖能发现哪些问题?不能发现哪些问题?

互动提问 3:条件覆盖能发现哪些问题?不能发现哪些问题?

互动提问 4:分支—条件组合覆盖能发现哪些问题?不能发现哪些问题?

互动提问 5:基于修正的分支—条件组合覆盖能发现哪些问题?不能发现哪些问题?

互动提问 6:条件组合覆盖能发现哪些问题?不能发现哪些问题?

互动提问 7:哪些覆盖是其他覆盖的自给?这些覆盖间有什么关系?

互动提问 8:路径覆盖是否能解决所有问题?

互动提问 9:白盒测试中的静态测试和动态测试有何区别?

三、测试设计方法综合运用

利用学生前期上传到 EOL 系统中的程序例子,基于所学测试用例设计方法进行综合测试,并报告所发现的问题。

四、思维拓展

如何自动地基于白盒测试自动生成测试用例?

路径覆盖的测试不符合实际,如何修改路径的覆盖满足测试的需要?

【课堂总结】

本单元学习了“软件测试用例设计”中的白盒测试用例设计,通过课程中的程序小例子我们了解了测试用例设计的基本思想,掌握了不同的逻辑覆盖所发现的程序问题。

通过课堂的讨论,我们更好地了解不同测试用例设计技术的优缺点。

结合学生自己的程序,综合运用所学,培养学生的测试实践能力。

【课后任务】

1. 阅读网络平台关于白盒测试技术方面的文献。
2. 了解如何基于数据流进行测试。

3. 参加软件测试竞赛。

【教学效果评估】

基于课程 EOL 系统中学生上传的作业，学生基本能够掌握基本的测试用例设计方法，但是部分学生容易混淆不同的逻辑覆盖的测试用例设计技术。

【改革提高的设想】

结合实际的企业程序案例给学生进行实践，真正地让学生了解到所学所用。

附：阅读文献/学生作品

FSE2017：

- Xiaofei Xie，Bihuan Chen，Liang Zou，Shang-Wei Lin，Yang Liu，Xiaohong Li：Loopster：static loop termination analysis. 84-94.
- Reyhaneh Jabbarvand，Sam Malek：μDroid：an energy-aware mutation testing framework for Android. 208-219.
- Alireza Sadeghi，Reyhaneh Jabbarvand，Sam Malek：PATDroid：permission-aware GUI testing of Android. 220-232.
- Mario Linares Vásquez，Gabriele Bavota，Michele Tufano，Kevin Moran，Massimiliano Di Penta，Christopher Vendome，Carlos Bernal-Cárdenas，Denys Poshyvanyk：Enabling mutation testing for Android apps. 233-244.
- Ting Su，Guozhu Meng，Yuting Chen，Ke Wu，Weiming Yang，Yao Yao，Geguang Pu，Yang Liu，Zhendong Su：Guided，stochastic model-based GUI testing of Android apps. 245-256.
- Song Wang，Jaechang Nam，Lin Tan：QTEP：quality-aware test case prioritization. 523-534.

ISSTA2017：

- Alex Groce，Josie Holmes，Kevin Kellar：One test to rule them all. 1-11.
- Helge Spieker，Arnaud Gotlieb，Dusica Marijan，Morten Mossige：Reinforcement learning for automatic test case prioritization and selection in continuous integration. 12-22.
- Andreas Löscher，Konstantinos Sagonas：Targeted property-based testing. 46-56.
- Ermira Daka，José Miguel Rojas，Gordon Fraser：Generating unit tests with descriptive names or：would you name your children thing1 and thing2? 57-67.
- William Koch，Abdelberi Chaabane，Manuel Egele，William K. Robertson，Engin Kirda：Semi-automated discovery of server-based information oversharing vulnerabilities in

Android applications. 147-157.

- Mengshi Zhang, Xia Li, Lingming Zhang, Sarfraz Khurshid: Boosting spectrum-based fault localization using PageRank. 261-272.
- Jeongju Sohn, Shin Yoo: FLUCCS: using code and change metrics to improve fault localization. 273-283.
- René Just, Bob Kurtz, Paul Ammann: Inferring mutant utility from program context. 284-294.

ICST2017:

- Sultan S. Al-Qahtani, Ellis E. Eghan, Juergen Rilling: Recovering Semantic Traceability Links between APIs and Security Vulnerabilities: An Ontological Modeling Approach. 80-91.
- Ibrahim Alagöz, Thomas Herpel, Reinhard German: A Selection Method for Black Box Regression Testing with a Statistically Defined Quality Level. 114-125.
- Andrea Arcuri, Gordon Fraser, René Just: Private API Access and Functional Mocking in Automated Unit Test Generation. 126-137.
- Ibrahim Alagöz, Thomas Herpel, Reinhard German: A Selection Method for Black Box Regression Testing with a Statistically Defined Quality Level. 114-125.
- Andrea Arcuri, Gordon Fraser, René Just: Private API Access and Functional Mocking in Automated Unit Test Generation. 126-137.

参加软件测试竞赛:

如下图所示的 2017 全国大学生软件测试大赛。

"动态规划"研究性教学案例

【授课教师】 吴俊

【课程名称】 算法设计与分析

【授课单元】 动态规划

【实施专业】 软件1301,软件1302

【课程设计理念】

本单元的研究性教学采用问题导向法,通过研究"最长公共子序列"这个问题,引导学生了解分析问题的方法,掌握采用动态规划解决问题的基本思路。在教学过程中,通过情境的设置,不断地引导、启发学生进行思考和讨论,提出问题,解决问题。

【教学目标】

1. 培养学生数学建模的能力。最长公共子序列是来自生物信息学的问题,训练学生运用所学的离散数学知识对该问题进行建模描述。

2. 培养学生的逻辑思维能力。算法设计需要学生具备较强的逻辑思维能力;算法设计过程中,解决各种可能存在或将要出现的问题,有助于发散思维能力的训练。

3. 培养学生的自主学习能力。自主学习是学生学习过程中的一个重要环节,也是学生终生学习的一种重要能力。在教学过程中,注重激发学生的自主学习的动机,培养学生自主学习的积极性。

4. 培养学生的运用数学知识的意识。通过展示数学知识在解决最长公共子序列问题中运用,引导学生将所学数学知识运用到日常的学习、生活和工作中的意识。

【教学内容】

"计算机算法基础"第6章"动态规划"

【教学课时】

2 课时

【教学方法】

本单元采用问题引导教学法，为学生提供来自实践问题的情境，围绕问题展开教学，以问题的完成结果检验和总结学习的过程。

授课形式采用边讲授、边演示、边讨论的研究性教学方法。

【教学设计的关键点】

1. 情境设计

一个好的情境设置应该具有针对性，情境创设要紧紧围绕教学目标，根据教学任务和教学内容来创设，有所选择和取舍，切忌为情境创设而创设，起到画蛇添足的作用。情境的创设应具备趣味性，可选取学生身边的、感兴趣的、符合认知水平的事例、场景，让学生产生认同感。情境的创设应具备连贯性，用一个情境贯穿整个课堂教学的全过程，也可以用一个总的情境线索贯穿始终，以大情境为线索串起各环节情境。

2. 互动问题的提出

互动的问题应该具有一定的开放性，问题要有现实意义，与学生的生活和学习有直接关系。互动的问题应该具有一定的启发性和可发展空间，以期能给学生一个自由思考、展现自己的思维空间。互动的问题应该具有一定的关注度，以便能调动学生的兴趣。

【课堂实录】

一、预备知识复习

1. 数学归纳法

(1) 复习数学归纳法证明命题的一般步骤；

(2) 练习利用数学归纳法证明一些命题。

2. 动态规划解决问题的基本思路

(1) 分析最优子结构性质；

(2) 根据最优子结构性质列出求解最优解值的递归关系；

(3) 设计表格填表求解最优解值，并保留相关路径信息；

(4) 利用路径信息找到最优解。

二、创设情境

创设情境 1:在生物学中,常常要讨论两个基因片段的亲缘关系。基因是生物染色体的一段 DNA 序列。通常认为两个基因片段越"相似",那么他们的亲缘关系越近。这种判断可以借助计算机来进行,利用计算机技术来研究基因序列属于生物信息学的范畴。如何定义"相似"呢?最长公共子序列解决这一问题。

互动提问 1.在计算机中如何表示 DNA 序列?

问题解答:DNA 由四种核苷酸构成。因此,一个基因可以在计算机中建模成一个由 4 种不同字符组成的字符串。

互动提问 2.如何定义两个字符串的"相似"程度?

问题解答:直观来看,两个串相同的部分越多,"相似"程度越高。我们可以用公共子序列来刻画两个串的相同部分。因此,我们可以将问题定义为:

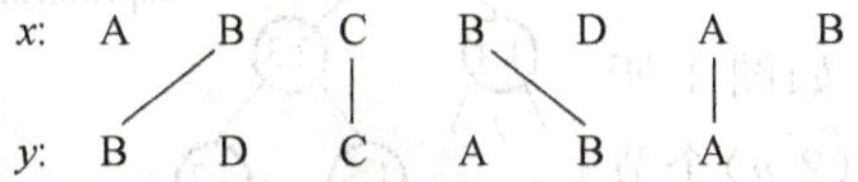

> **Problem(最长公共子序列)**
> **实例:输入字符序列 $x[1\ldots m]$ 和 $y[1\ldots n]$。**
> **问题:寻找公共子序列 $z[1\ldots k]$ 使得 k 最大。**

互动提问 3.蛮力的搜索算法解决该问题是否可行?

问题解答:若 $n<m$,则串 y 至少有 2^n 个子串,通过搜索 2^n 个子串找到最长公共子序列的算法复杂度为 $O(mn$^2),不可行。

三、动态规划算法的设计

1. 找出求解最优解值的递归关系

利用增量式设计的思路,找到最优解值的递归关系:

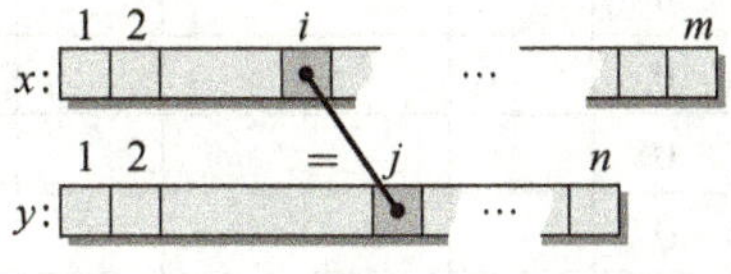

$$c[i,j]=\begin{cases}0, & \text{if } i=0 \text{ or } j=0\\ c[i-1,j-1]+1, & \text{if } i,j>0 \text{ and } x[i]=y[j]\\ \max\{c[i-1,j],c[i,j-1]\}, & \text{if } i,j>0 \text{ and } x[i]\neq y[j]\end{cases}$$

2. 证明递归关系的正确性

分析上述递归关系获得的过程，归纳出如下引理：

Lemma 1

设$z[1\ldots k]$为$x[1\ldots m]$和$y[1\ldots n]$的最长公共子序列。则，

1. 若$x[m]=y[n]$，那么$x[m]=y[n]=z[k]$且$z[1\ldots k-1]$是$x[1\ldots m-1]$和$y[1\ldots n-1]$的最长公共子序列；
2. 若$x[m]\neq y[n]$，那么$z[k]\neq x[m]$，则$z[1\ldots k]$是$x[1\ldots m-1]$和$y[1\ldots n]$的最长公共子序列；
3. 若$x[m]\neq y[n]$，那么$z[k]\neq y[m]$，则$z[1\ldots k]$是$x[1\ldots m]$和$y[1\ldots n-1]$的最长公共子序列。

采用“剪切—粘贴”法证明。

3. 设计自底向上的填表算法

互动提问 4. 能否利用递归关系直接写出递归算法？

问题解答：不能。如图 1 所示，递归树上至少有 $O(2\hat{}n)$个节点，意味着递归算法至少触发 $O(2\hat{}n)$次递归调用。

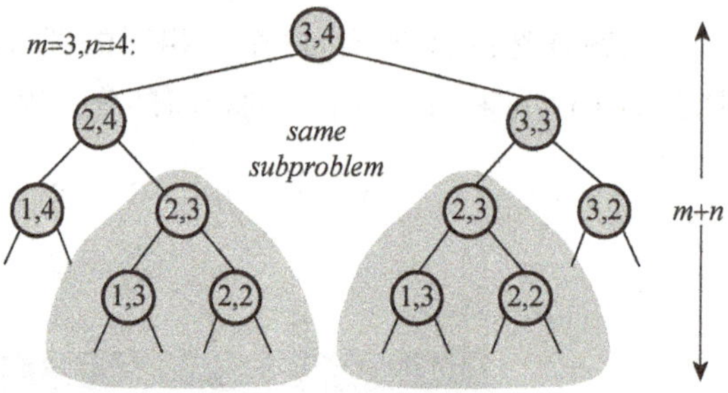

图 1

但分析这棵递归树，发现树上有大量重复的节点，事实上不同的子问题的数量最多只有 $O(mn)$个。这启发我们采用二维表数据结构记录下所有不同的子问题的解。这里我们先介绍一种自底向上的系统填表法来求解。下面演示了 c$[i,j]$的计算过程（图 2～图 4）：

	j	0	1	2	3	4	5	6
i		y_j	B	D	C	A	B	A
0	x_i	0	0	0	0	0	0	0
1	A	0						
2	B	0						
3	C	0						
4	B	0						
5	D	0						
6	A	0						
7	B	0						

图 2

	j	0	1	2	3	4	5	6
i		y_j	B	D	C	A	B	A
0	x_i	0	0	0	0	0	0	0
1	A	0	0↑	0↑	0↑	1=	1←	1=
2	B	0						
3	C	0						
4	B	0						
5	D	0						
6	A	0						
7	B	0						

图 3

	j	0	1	2	3	4	5	6
i		y_j	B	D	C	A	B	A
0	x_i	0	0	0	0	0	0	0
1	A	0	0↑	0↑	0↑	1=	1←	1=
2	B	0	1=	1←	1←	1↑	2=	2←
3	C	0	1↑	1↑	2=	2←	2↑	2↑
4	B	0	1=	1↑	2↑	2↑	3=	3←
5	D	0	1↑	2=	2↑	2↑	3↑	3↑
6	A	0	1↑	2↑	2↑	3=	3↑	4=
7	B	0	1=	2↑	2↑	3↑	4=	4↑

图 4

注意填表计算 c[*i*,*j*]的同时,保存路径信息 b[*i*,*j*]。

4. 利用路径信息找到最优解

如图 5 所示。

	j	0	1	2	3	4	5	6
i		y_j	B	D	C	A	B	A
0	x_i	0	0	0	0	0	0	0
1	A	0	0↑	0↑	0↑	1=	1←	1=
2	B	0	1=	1←	1←	1↑	2=	2←
3	C	0	1↑	1↑	2=	2←	2↑	2↑
4	B	0	1=	1↑	2↑	2↑	3=	3←
5	D	0	1↑	2=	2↑	2↑	3↑	3↑
6	A	0	1↑	2↑	2↑	3=	3↑	4=
7	B	0	1=	2↑	2↑	3↑	4=	4↑

图 5

5. 算法伪码

将上述设计思路整理成伪码如下

```
LCS-Length(X, Y)
  m←length[X]
  n←length[Y]
  for i←1 to m do
     c[i, 0]←0
  end for
  for j←0 to n do
     c[0, j]←0
  end for
  for i←1 to m do
     for j←1 to n do
        if x_i = y_j then
          c[i, j]←c[i-1, j-1]+1
          b[i, j]←"="
          else
             if c[i-1, j]≥c[c, j-1]
             then
               c[i, j]←c[i-1, j]
               b[i, j]←"↑"
             else
               c[c, j]←c[i, j-1]
               b[i, j]←"←"
             end if
          end if
     end for
  end for
Print-LCS(b, X, i, j)
  if i=0∪j=0 then
    RETURN
  end if
  if b[i, j]="=" then
    PRINT-LCS(b, X, i-1, j-1)
    print x[i]
```

```
else
  if b[i, j] = "↑" then
    PRINT-LCS(b, X, i-1, j)
  else
    PRINT-LCS(b, X, i, j-1)
  end if
enf if
```

6. 算法复杂性分析

互动问题5. 填写二维表c中的每个单元所需的工作量是多少?

问题回答:根据计算c[i, j]的递归关系最多只用到该单元左侧,上方和左上方的3个单元,因此计算复杂度是$O(1)$。

而整个二维表有$O(n$^2)个单元,因此算法LCS-Length的复杂度为$O($n^2)。

讨论问题:算法Print-LCS是递归算法,并且与c[i,j]的计算有着类似的递归结构,是否Print-LCS的复杂度也是指数的? 如果不是为什么?

问题回答:不是指数的。虽然似乎递归结构类似,但由于b[i, j]的存在,Print-LCS的递归树是一条线,不再是二叉树。所以Print-LCS的复杂度是线性的。

四、思维拓展

创设情境2:文本编辑器。文本编辑时,常常会用到串查找,匹配等操作。可以类似地定义最长公共子串问题。

注意子串和子序列的区别。

【课堂总结】

本单元学习了“动态规划”算法设计方法,通过这个最长公共子序列我们了解了动态规划的基本思想,掌握了动态规划的基本步骤和技巧,为今后利用动态规划方法解决实际问题打下了基础。

最长公共子序列问题的解决关键有以下两点:

1. 找到计算最优解值的递归关系。这依赖于问题是否具备最优子结构性质。最优子结构性质的分析可以采用剪切—粘贴法。当我们证明了问题具有最优子结构性质后,我们可以根据最优子结构性质写出求解最优解值的递归关系。

2. 通过系统的填表算法来计算最优解的值,以避免直接递归所造成的大量重复计算来实现多项式时间算法。

【课后任务】

1. 归纳推广动态规划解决问题的基本步骤。
2. 思考最长公共子串问题与最长公共子序列问题的异同。
3. 采用动态规划解决最长公共子串问题。

"LED 显示器接口"研究性教学案例

【授课教师】 曹永忠
【课程名称】 微机原理及应用
【授课单元】 LED 显示器接口
【实施专业】 软件工程

【课程设计理念】

本单元的研究性教学采用任务驱动法，通过"LED 显示器接口"这个任务，引导学生将本课程所学到的知识进行有机整合，尽力做到融会贯通。在教学过程中，通过情境的设置，不断地引导、启发学生进行思考和讨论，发现问题，解决问题。

【教学目标】

1. 培养学生的综合应用能力。本项目涉及本课程的并行接口、LED 和汇编程序设计三大核心内容，能帮助学生将整个课程的知识体系整合起来。

2. 培养学生的逻辑思维能力。系统设计需要学生具备较强的逻辑思维能力；在系统设计过程中，解决各种可能存在或将要出现的问题，有助于发散思维能力的训练。

3. 培养学生的自主学习能力。自主学习是学生学习过程中的一个重要环节，也是学生终生学习的一种重要能力。在教学过程中，注重激发学生的自主学习的动机，培养学生自主学习的积极性。

【教学内容】

"微机原理及应用"第 7 章"并行接口"

【教学课时】

2 课时

【教学方法】

本单元采用任务驱动教学法，为学生提供体验实践的情境和感悟问题的情境，围绕任务展开教学，以任务的完成结果检验和总结学习的过程。

授课形式采用边讲授、边演示、边讨论的研究性教学方法。

【教学设计的关键点】

1. 情境设计

一个好的情境设置应该具有针对性，情境创设要紧紧围绕教学目标，根据教学任务和教学内容来创设，有所选择和取舍，切忌为情境创设而创设，起到画蛇添足的作用。情境的创设应具备趣味性，可选取学生身边的、感兴趣的、符合认知水平的事例、场景，让学生产生认同感。情境的创设应具备连贯性，用一个情境贯穿整个课堂教学的全过程，也可以用一个总的情境线索贯穿始终，以大情境为线索串起各环节情境。

2. 互动问题的提出

互动的问题应该具有一定的开放性，问题要有现实意义，与学生的生活和学习有直接关系。互动的问题应该具有一定的启发性和发展空间，以期能给学生一个自由思考、展现自己的思维空间。互动的问题应该具有一定的关注度，以便能调动学生的兴趣。

【课堂实录】

一、预备知识复习

8255 并行接口：

(1) 8255 各端口；

(2) 8255 初始化编程；

(3) 8255 接口编程。

二、创设情境

创设情境 1：七段发光二极管简称为 LED，它是一种应用很普遍的显示器件(图 1)。在十字街头我们经常看到 LED 显示被用来显示等待时间，微型机控制系统及数字化仪器中上，我们用 LED 表示仪表信息。

互动提问 1：实现 LED 显示，我们需要了解哪些知识点？

图 1　七段发光二极管

问题解答:先了解 LED 器件的型号及显示原理,再选择 8255 做接口,通过汇编程序完成 LED 显示。

互动提问 2:LED 显示需要注意哪些方面?

问题解答:接口的选择,显示方式与功耗、LED 的使用寿命。

三、LED 显示接口

七段发光二极管简称为 LED,它是一种应用很普遍的显示器件。许多微型机控制系统及数字化仪器中都用 LED 作为输出显示。LED 的主要部分是七段发光管,这七段发光管分别称为 a、b、c、d、e、f、g,有的产品还附带有一个小数点 DP,七段发光管名称由此而来(图 2)。

通过 7 个发光段的组合,可以显示 0～9 和 A～F 共 16 个数字字母,从而实现十六进制数的显示。LED 可以分为共阳和共阴两种结构。

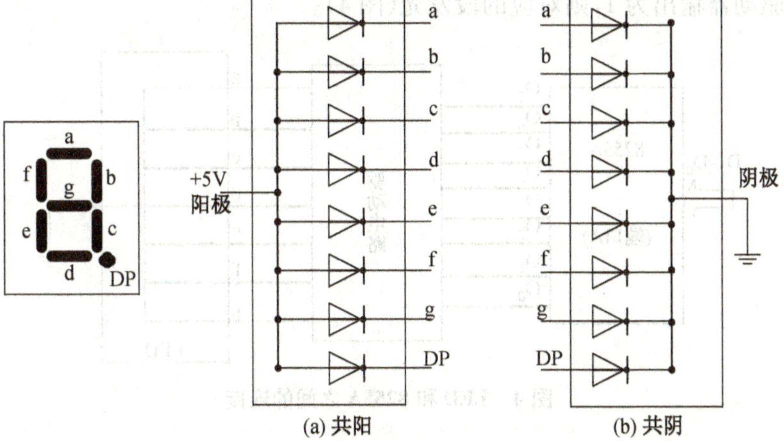

图 2　七段 LED 器件内部电路

如为共阳极结构，则数码显示端输入低电平有效，当某一段得到低电平时，则发光，比如 a、b、d、e、g 为低电平，而其他段为高电平时，则显示数字“2”。如为共阴极结构，则数码显示端输入高电平有效，当某段处于高电平时便发光(图 3)。

互动提问 3：现在我们在共阴数码管上显示“6”，如何设置 a、b、c、d、e、f、g 引脚上电平？

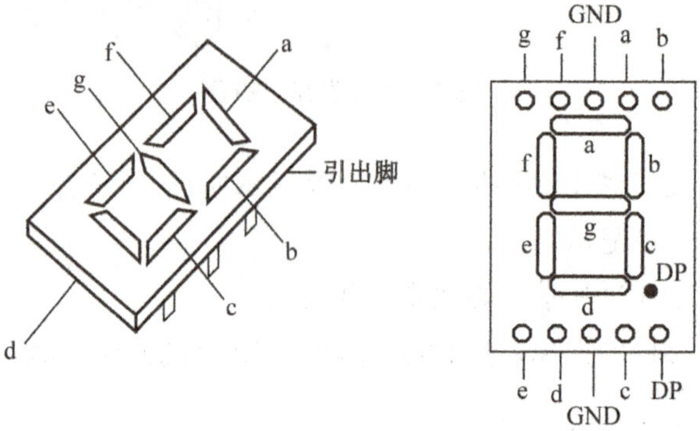

图 3　七段 LED 器件

演示：学生动手设置，并帮助分析错误原因。

讲授：共阳与共阴引脚电平设置是相反的。

互动提问 4：如何连接 LED 与 8255A？

CPU 通过 8255A 往 LED 传输七段代码，8255A 的端口本身是 8 位的，因此，有 1 位悬空未用。由于 LED 的一个段发光时，通过的平均电流为 10～20 mA，所以，采用共阴极 LED 时，阴极接地，而阳极要加驱动电路。用共阴极 LED 时，如驱动器输出为 1，则对应的段发光(图 4)。

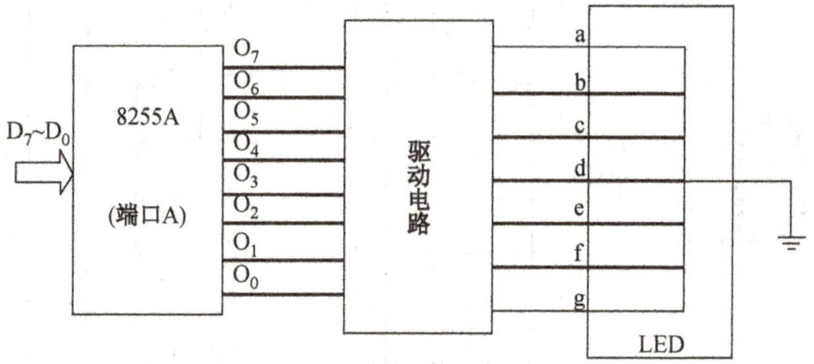

图 4　LED 和 8255A 之间的连接

为了将一个二进制数在一个 LED 上显示出来，就需要将 4 位二进制数转换为 LED 的 7 位显示代码。

互动提问 5：每个数字显示需要对应一个编码，如何译码？

一种方法是采用专用芯片，例如 7447，即采用专用的带驱动器的 LED 段译码器，可以实现对 BCD 码的译码，但不能对大于 9 的二进制数译码。7447 有 4 位输入，7 位输出。使用时，只要将 7447 的输入端与主机系统输出端口的某 4 位相连，而 7447 的 7 位输出直接与 LED 的 a～g 相接，便可以实现对 1 位 BCD 码的显示。具体电路如图 5 所示。

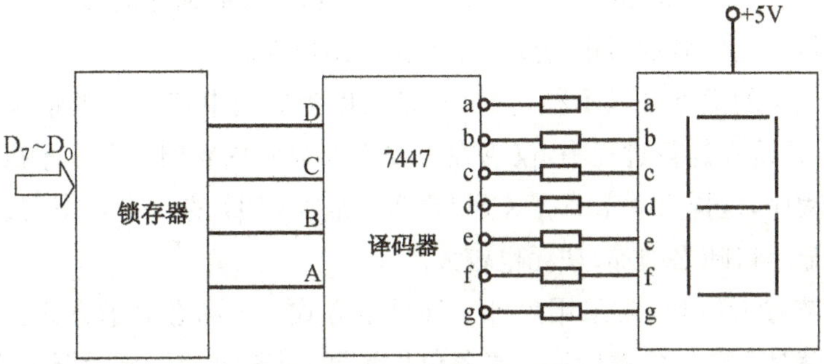

图 5　采用专用芯片进行 LED 段译码示意

另一种常用的方法是软件译码法。在软件设计时，将 0～F 共 16 个数字对应的显示代码组成一个表。比如，用共阳极 LED 来显示"7"时，a、b、c 三段发光，故应为低电平，而其他段不发光，即为高电平。硬件连接，输出端口的 D7 为悬空，数据传输时使它恒为 0，g 段对应 D6，f 段对应 D5 等，于是，数字"7"的显示代码为 01111000，即 78H。显示代码表就放在存储器中，设 LEDADD 为 LED 显示代码表的首地址，那么，要显示数字的显示代码地址正好为起始地址＋数字值。比如，要显示"7"，则它对应的显示代码在 LEDADD＋7 单元中，利用 8086 的换码指令 XLAT，便可方便地实现数字到显示代码的译码。

互动提问 6：如何运用简单的程序用来实现 1 位数字的 LED 显示？

设要显示数字放在 DATA 单元中，而 LEDADD 为代码表首址。

```
DISP:MOV BX,OFFSET DATA
     MOV AL,[BX]
     MOV BX,OFFSET LEDADD
     XLAT
     OUT DX,AL;
LEDADD:DB 40H          ;0 的显示代码
       DB 79H          ;1 的显示代码
```

```
DB 24H            ;2 的显示代码
….
DB 0EH            ;F 的显示代码
```

互动提问 7:分析上面代码发现,发光管在显示的全过程是一直点亮的。

讨论:能不能改进它,降低功耗,延长发光管寿命?

引入下一话题:静态显示与动态显示。

所谓静态显示,就是当显示器显示某一个字符时,相应的发光二极管恒定地导通或截止,例如 LED 的 a、b、c、d、e、f 导通,g、DP 截止时显示“0”。这种显示方式的每个七段显示器都需要一个 8 位输出口控制。

静态显示的优点是显示稳定,在发光二极管导通电流一定的情况下显示器的亮度大,系统在运行过程中,仅仅在需要更新显示内容时,CPU 才执行一次显示更新子程序,这样大大节省了 CPU 时间,提高 CPU 的工作效率;其缺点是位数较多时显示口随之增加,功耗也较大。

为了节省 I/O 口,常采用另外一种显示方式——动态显示方式。所谓动态显示方式就是一位一位地轮流点亮各位显示器,对于每一位显示器来说,每隔一段时间点亮一次。若显示器的位数不大于 8,则控制显示器公共极的电位只需要一个 8 位口(扫描口,又称位口)。控制各位显示器所显示的字形也需要一个 8 位口(称为段口)。

讲授:动态显示的软硬件设计(图 6)。

展示 8 位共阴极显示器和 8255A 的连接电路。这里以 8255A 的 A 端口做位口,B 端口做段口,经同向驱动器 7407 接显示器的各个极。在内存中开辟 8 个字节的显示缓冲器单元,分别存放 8 位显示器的显示数据,8255A 的 A 端口总只有一位为高电平,即 8 位显示器中仅有一位公共阴极为低电平,其他位为高电平,8255A 的 B 端口输出相应位显示数据的段数据,使某一位显示一个字符,其他位为暗,依次地改变端口 A 输出高电平的位,8 位显示器就显示出缓冲器中显示数据所确定的字符。

下面给出动态显示预存在显示缓冲器中的“01234567”的程序段。

设 8255 A 的端口地址为:

A 端口:00C0H	B 端口:00C2H
C 端口:00C4H	控制口:00C6H

方式控制字为 80H,A 组和 B 组均工作于方式 0,A、B 端口为输出。

```
DISINT:MOV  DX,00C6H
```

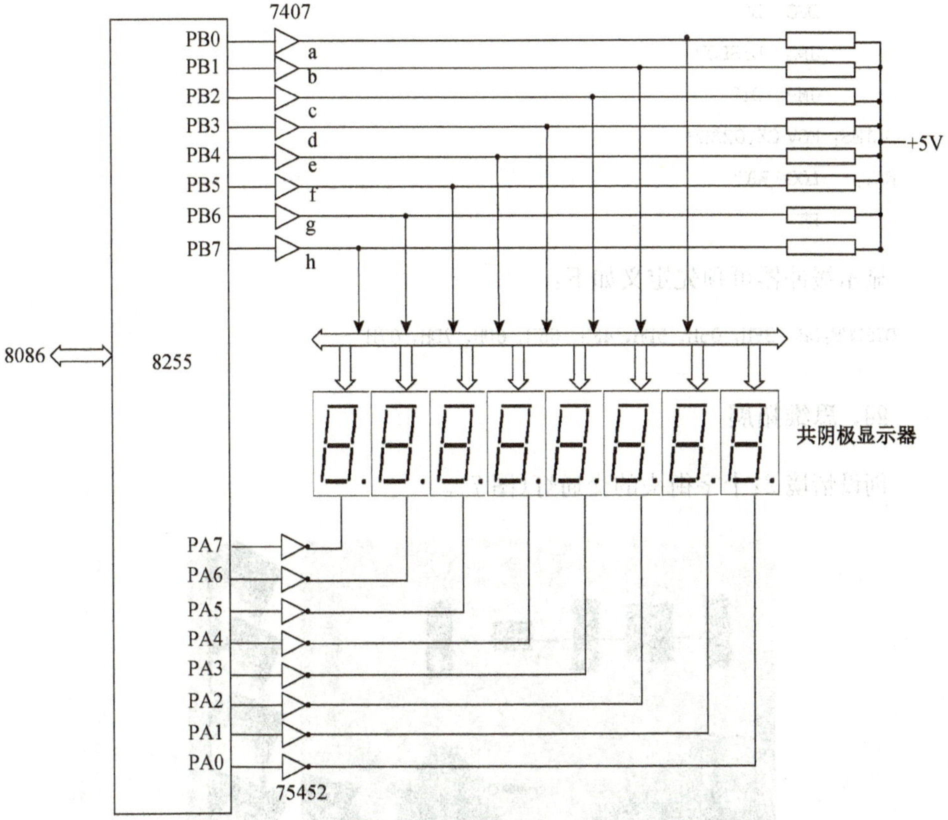

图 6 动态显示的接口电路

```
        MOV   AL,80H        ;控制字,A、B 端口工作于方式 0,A、B 口输出
        OUT   DX,AL
DIS:    MOV   BH,80H
        MOV   BL,8
        MOV   SI,OFFSET DISBUF
DISLOP: MOV   AL,BH
        MOV   DX,00C0H
        OUT   DX,AL         ;向 A 口送位码
        MOV   DX,00C2H
        MOV   AL,[SI]       ;向 B 口送段码
        OUT   DX,AL
        SHR   BH,1
        INC   SI
        CALL  DL1MS
```

```
        DEC  BL
        JNZ  DISLOP
        JMP  DIS
DL1MS:  MOV CX,022BH
WAT:    LOOP WAT
        RET
```

显示缓冲器可预先定义如下：

```
DISBUF:DB  3FH, 06H, 5BH, 4FH, 66H, 6DH, 7DH, 07H
```

四、思维拓展

创设情境 2:十字街头的交通灯(图 7)。

图 7　交通灯

讨论:设计交通灯需要考虑哪些方面?

引导学生分析交通灯以及相对应的交通规则,启发学生分析真实系统,从而培养其分析问题和解决问题的能力。

【课堂总结】

本单元学习了“LED 显示接口”的硬件电路与程序设计,通过这一小节,我们加深了 8255 并行接口设计的基本方法,掌握了汇编程序设计的基本步骤和技巧,为今后开发简单的应用系统打下了基础。

通过“LED 显示接口”的设计,我们将本课程的核心内容串接在了一起,是本课程知识的一个综合应用,也是对前期所学内容的一个复习回顾。我们通过引入一个新的显示方式,讨论 LED 在共阴、共阳两种模式下引脚电平设置,给出静态显示的接口与编程方法，在实际演示时讨论 LED 的功耗、寿命等问题，最后推出目前流行的动态显示方式。

LED 动态显示技术巧妙地运用人眼的视觉暂留效应，达到降低功耗、延长发光管寿命的目的。

【课后任务】

1. 阅读 LED 显示技术资料。
2. 参观电工电子实验中心自制仪器仪表。
3. 设计一个能够循环显示"HELLOLED"的硬件电路，并完成编程。

附：阅读参考资料/学生作品

[1] 戴梅萼，史嘉权.微型机原理与技术——习题、实验和综合训练题集(第 2 版).北京：清华大学出版社，2009.
[2] 戴梅萼，史嘉权.微型计算机技术及应用(第 4 版).北京：清华大学出版社，2008.
[3] 温冬婵，沈美明.IBM-PC 汇编语言程序设计(第 2 版).北京：清华大学出版社，2007.
[4] 孙德文.微型计算机及接口技术.北京：经济科学出版社，2007.

下篇

研究性教学教改论文

下篇

研究性教学教改论文

基于多元智能理论的研究性学习评价

卢雪松
（扬州大学 信息工程学院，广陵学院 江苏 扬州 225009）

摘　要： 开展研究性学习时，为何对学生进行全面、客观、公正的评价是围绕教师的一个主要问题。加德纳的多元智能理论从9个方面对学生的智能实行多元评价，正好契合了研究性学习的培养目标。论文以多元智能理论为指导，结合研究性学习的特点，引入量表和档案袋评价形式，构建了基于多元智能理论的研究性学习评价模式。

关键词： 研究性学习，多元智能，评价模式

20世纪80年代，美国哈佛大学心理学教授加德纳（Howard Gardner）针对传统的智能一元化理论，提出了多元智能理论（the theory of multiple intelligences）。加德纳认为，智能并不是仅仅限于像传统的智商理论和皮亚杰的认知发展理论所定义的那样，是以语言能力和数理逻辑能力为核心的，以整合的方式呈现出来的一种能力，而是彼此独立、以多元方式存在的一组智能。同时，加德纳在《心智的结构：多元智能理论》一书中对“智能”的概念作了全新的界定，他认为，智能是在某种社会或文化环境的价值标准下，个体用以解决自己遇到的真正难题，或生产及创造出有效产品所需要的能力。

在以上概念的基础之上，加德纳提出了智能多元的观点。他认为，人除了语言修辞智能和数理逻辑智能两种基本智能以外，还有其他七种智能，它们是视觉空间智能、音乐节奏智能、肢体运动智能、人际交往智能、内省智能、自然观察者智能和生命存在智能。通过这种观点，我们找到一种多维地看待人的智能的视野和方法。

加德纳不仅提出了多元智能理论，而且在美国组织开展了在多元智能理论指导下的教育改革实践。他主张学校应成为“学生课程的代理人”，与学生、家长、教师、评估专家一起参与智能的发现和推荐，帮助学生选择特别适合自己学习方法的课程。加德纳的多元智能理论及其关于课程开发的理念，对于我国当前“研究性学习”课程的开发有着重要的启示。

一、多元智能理论评价观

多元智能理论一经提出就备受争议，与传统的智能理论相比，它们之间存在着三个备受争论的问题：①智能是一元的还是多元的，是否存在相对独立的智能？②智能是遗传决定的吗？文化和儿童的成长环境对儿童智能的发展是否具有作用？③智能测验是否带有偏见？是否带有明显的文化假设？多元智能评价观为我们澄清上述问题提供了新视角。

1. 强调情境

加德纳在其《智能的结构》一书中提出了多元智能理论，认为“智能是在某种社会或文化环境的价值标准下，个体用以解决自己遇到的真正难题或产生及创造出有效产品所需要的能力”，智能是在与社会文化环境的交互作用中不断得到发展的，而且根植于一定的社会文化环境之中。个体智能的体现是通过解决现实生活中的实际问题，并创造出对社会有用的产品的能力。个体表现出来的实践能力和创造能力正是加德纳所主张的对个体在所处的现实生活和社会文化环境中展现出的实践活动和创造活动进行评价——即情境性评价，呼吁“应该承认情境对个体表现的影响，提供对评价能力来说最为恰当的情境，包括表面上与接收评价个体无关的情境”。

2. 强调发展

加德纳在其《智能的重构——21世纪的多元智能》一书中，对智能进行了进一步界定，认为“智能是个体处理信息的生理和心理潜能，这种潜能可以在某种文化背景中得到激活以解决问题和创造该文化所珍视的产品”。从加德纳对智能的新表述中我们可以看出，他非常强调智能是一个动态的发展过程，是从生理和心理潜能到解决问题和创造产品能力的一个发展过程。每一个体的智能最初都只是一种潜在能力，在环境和教育的影响下，个体所具有的潜在能力会得到激发并获得持续的发展。

3. 强调多元

加德纳认为智能是由相互独立、相互平等的八种或更多种智能，即语言修辞智能、逻辑数理智能、音乐节奏智能、肢体运动智能、视觉空间智能、人际交往智能、内省智能以及自然观察智能等组成的一个有机整体。在加德纳看来，智能的多元性主要表现在两个方面：①智能不局限于传统的语言智能和数理智能，而是由相对独立、相互平等的八种或更多种智能组成；②每一正常个体身上都同时具有多种智能，其中每一种智能都可以自由地和其他智能结合以解决问题并创造特定社会文化背景所珍视的有效产品。因此，每一正常个体都能表现出多元的认知风格，都能够也应该采用多元的学习策略和问题解决策略。也正是在此基础上，加德纳提出了多元评价观：①要能够让学生使用多元智能且各智能公平，而不是仅仅以语言修辞智能和数理逻辑智能为媒介去评价学生的发展；②要有懂得多元评价的“评价专家”，以便能够有效地展开多渠道、多方面的学生发展评价，并为学生的发展提供合理的建议；同时，“评价专家”还可以在评价工作的初期弥补教师和价值评价的一些不足，并带动教师和家长评价走向多元化。

4. 强调独特性

多元智能理论指出，尽管每个正常个体身上都同时具有八种或更多种智能，尽管个体可以通过交互运用这些智能及其组合来解决问题、生产并创造社会需要的有效产品，然而，不同个体之间的智能发展具有独特性，这表现在三个方面：①不同个体身上体现着不同的智能分布，即每个个体每种智能的发展程度不同，每一个体都具有独特的智能组合程度和方式，具有不同的智能强项和弱项；②每一种智能都呈现出独特的发展顺序，在不同阶段显现并发展，在不同个体身上的表现方式、发展速度都不同；③个体具有独特的工作风格和意志品质。如在面临挑战性任务时，有的个体能够持之以恒，而有的个体则会轻言放弃。

二、基于多元智能理论的评价内容

多元智能理论指出，个体的发展具有独特性，不是每个学生都处于相同的发展阶段，不是每个学生都以相同的速度发展，也不是所有的学生都能在相同的发展领域表现出相同的发展水平。每个个体都具有不同的智能分布与智能组合，具有不同的发展优势与不足。因此，不应该用相同的内容来评价不同的学生，也不应该期待所有的学生都能在相同的发展领域中达到相同的发展水平。正因为个体有强势智能，也有弱势智能，所以一般的综合性评价意义甚微，而单独评价学生的优势或弱势智能，并通过评价给予学生合理的发展意见，则更有利于学生的发展。

1. 语言修辞智能

语言修辞智能指的是人对语言的掌握和灵活运用的能力。其突出特征表现为善于用词语思考，用多种不同的词语或方式来表达复杂意义。具有言语—语言智能的学生具有较发达的语言技巧，对这类学生而言，教师可以通过以下几个方面对学生进行评价。

总结报告是言语—语言智能表现评价的典型形式，任何课程形式的总结报告都可以要求学生从所学的课程中建构意义、说明经验、展示对知识内容的理解。

2. 数理逻辑智能

数理逻辑智能指的是对逻辑结果关系的理解、推理、思维表达能力。其突出的特征是善于用逻辑方法解决问题,对数字和抽象模式具有较强的理解力。具有逻辑—数理智能的学生主要以概念化或抽象化的形式进行思考,并常常能觉察出他人经常会错失的形态与关系,喜欢做实验、解决问题,偏爱系统性的分析,对自己的所作所为总会以合乎逻辑的形式表达出来。对这类学生而言,教师可以通过以下几个方面对学生进行评价。

数理逻辑智能表现评价的典型是具有严密逻辑推理的图解、三段论以及学生解决问题的思维过程等。

3. 视觉空间智能

视觉空间智能指的是人对色彩、形状、空间位置的正确感受和表达能力。其突出的特征是能准确感知视觉世界,容易产生思维图像,有较强的三维空间思维能力,善于辨别感知空间物体之间的联系。具有视觉—空间智能的学生习惯用心象或图画进行思考,他们往往对环境中的物体、形状、颜色和形态具有高度的觉察能力,喜欢画画、着色、设计有趣的图案以及玩拼图游戏、阅读地图、在陌生的环境中寻找出路等,他们对视觉化的、想象的以及形成心像的工作表现出色。对这类学生而言,教师可以通过以下几个方面对学生进行评价。

视觉空间智能表现评价的典型是概念图、流程图等。

4. 人际交往智能

人际交往智能指的是对他人的表情、说话、手势动作的敏感程度以及对此做出有效反应的能力。其突出的特征是善于觉察自己,体验他人的情绪、情感,并作出适当的反应。具有人际交往智能的学生通常有很多朋友,对他人抱有同情心,对他人的感受和想法很敏感,喜欢团体活动,并遵守团体规范,善于组织、协调人际关系,喜欢从与人交往中学习,合作学习是他们的最佳方式。对这类学生而言,教师可以通过以下几个方面对学生进行评价。

人际交往智能表现评价的典型是同伴问题解决(peer problem-solving)。在同伴问题解决中,一个学生可以说出试图解决问题的过程,而另一个学生可以观察、倾听并询问有关解决该问题的思路与策略。然后他们可以针对同一问题或新的问题进行角色互换,共同解决问题。在这个活动过程中让学生学会倾听、协商和提高改善思维和解决问题的能力。

5. 内省智能

内省智能指的是个体认识、洞察和反省自身的能力。其突出的表现特征是对自己的感觉和情绪敏感,善于了解自己的优缺点,用自己的知识来引导决策和设定目标。具有内省智能的学生倾向于遵循自我内在的思考过程、情感、价值观等,能够自我反省与自我觉察,他们经常会蕴藏着有创意的想法或直觉性的感悟,往往会表现出深思熟虑的意见。经常要求他们觉察自己的感受,反思自己的想法,给予独立的学习任务等,他们能学得更好。对这类学生而言,教师一般可以通过以下几个方面对学生进行评价。

内省智能表现评价的典型是反思日记,即要求学生反思自己在学习中所遇到的困难,下一步的计划以及从学习中所积累的经验等。

除了以上五种智能以外,还有音乐韵律智能、身体运动智能、自然观察智能和生命存在智能。

三、基于多元智能理论的评价模式

本论文以加德纳多元智能理论为指导,充分考虑到研究性学习的特点,结合量表和档案袋评价形式,构建了基于多元智能理论的研究性学习评价模式。该评价模式的具体结构如图1。

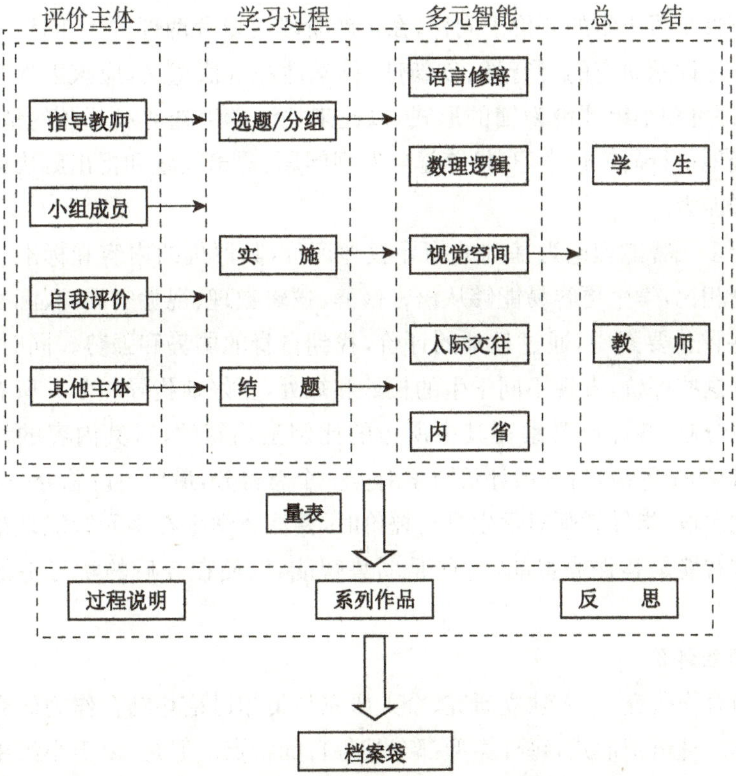

图1　基于多元智能理论的评价模式图

基于多元智能理论的研究性学习评价模式以过程性评价为主，将研究性学习过程提炼成选题/分组、实施和结题等3个阶段。评价主体分为指导教师、小组成员、学生个人和其他主体（包括家长和社会）等4个评价主体。不同的评价主体在研究性学习的每个阶段，从多元智能理论的9个智能中优选了语言修辞、数理逻辑、视觉空间、人际交往和内省等5个智能，逐一对学习者进行评价。

具体在实施过程中，会形成关于学生学习计划产生和编制的文件记录，即作品产生的过程说明。同时，还会形成一个为了完成学习计划而产生的作品集，即系列作品。因此，整个评价方式采用档案袋法，各项评价指标在实际操作中采用量化评价。评价过程中，评价主体从多元智能的5个方面，针对学生学习过程所完成的任务，通过与相应的评价指标对比用量表进行量化评价。这些各阶段的评价量表以及经过学生和教师自主筛选后的一系列的过程说明、作品和反思存入档案袋中，作为学生成长的永久性记录，供学生和教师进行进一步评价、总结使用。

1. 指导教师评价

教师对学生的评价一般包括两个部分：一是教师对学生个人的评价；二是教师对研究性学习小组的评价。同样，在选题阶段也要分两部分。而且，为了保证研究性学习课题研究的可行性、创新性、科学性和价值意义，应该以教师评价为主，自我评价和小组评价为辅的形式，以此来关注学生选题和开题的情况，督促学生积极地进行研究性学习，培养学生发现问题、提出问题和提出解决问题设想的意识和能力。

基于多元智能理论为基础的指导教师评价，其评价的内容和标准与传统的评价理论相比，学生更容易能够从语言修辞、逻辑数理、视觉空间、人际交往和内省等这些评价要素中，通过教师的评价，找到自身的弱势和强势。同时，教师还可以根据这些评价，发现不同学生的长处和短处，更好地指导教学。所有评价量表使用百分制，各评价要素在其中所占的比例是均等的，对其内容的评价分为A、B、C、D四个等级，每一项评价要素对应一个总得分，最后不设总分一项。

在此阶段，指导教师对学生进行评价时，要注意学生在多元智能理论里面对应的哪些智能是其强势智能，哪些是弱势智能，以便在今后的学习中加以区别对待。

2. 小组评价

小组合作研究、个人独立研究、个人研究与集体讨论相结合作为研究性学习最主要的三种组织形式，每种类型都有其各自的特点。但是，由于小组中的每一个成员在进行研究时，绝大部分时间都在一起，因此，相互之间比较了解，更容易比较客观地给出一个相对公正的评价。同时，小组成员在一起，更容易发挥成员自身的优势智能，弥补个体的不足，所以，小组评价在研究性学习评价中扮演着一个很重要的角色。在此阶段，小组评价时要注意小组成员对多元智能理论及其评价指标的理解。小组成员还要注意评价小组成员的凝聚力，也就是小组成员各自发挥自身的强势智能，弥补其他成员的不足，共同完成选题，并间接影响小组成员的能力。

3. 学生自评

学生进行自我评价是研究性学习评价中区别于传统教学评价的一项重要内容。它不但可以调动学生的学习积极性，还可以增强学生的主体意识。

在此阶段，学生自我评价时要关注学生在小组合作时是否发挥了其强势智能。不一定要每个智能都是自身最强势的智能，而且也不太可能。学生对自我进行评价时，要比较客观、公正，这样通过档案袋收集到的作品过程说明和系列作品集才会对自身的改进起到促进作用。

四、总结与展望

好的评价模式备受教师和学生的喜爱，在日常的教学工作中发挥出较大的作用。与传统的评价模式相比，多元智能理论的评价模式更切合学生的日常生活和学习情境、从静态的角度评价学生的发展、充分关注学生的多元智能以及重视学生发展的独特性。

该模式以多元智能理论中的言语语言智能、数理逻辑智能、视觉空间智能、人际交往智能和自我认识智能为评价内容，对研究性学习的不同阶段进行评价。

多元智能理论在研究性学习评价中的应用进行了探索式的研究，其模式结构还有待进一步完善，其中存在的一些不足，还需要在今后的研究中从以下几部分入手：

(1) 对专业或课程的要求在研究时没有过多考虑，评价内容只涉及了多元智能理论八个智能当中的五个。如果是音乐或体育等专业，还得对评价要素和内容进行修改，进一步深化和扩展范围。

(2) 对基于多元智能理论的研究性学习评价模式的进一步优化，需要在今后的教学中进一步积累相关的教学经验，对评价内容和具体的开展步骤进行一定的修改和完善。

(3) 对该模式使用过程中相关过程说明和作品集的归档和保管问题。因为本课题在学生中应用的时间有限，所以在完成研究性学习课题过程中，我们关注了相关的归档和保管问题。因此，需要建立相关的制度来管理这些过程说明和作品集。

随着多元智能理论的研究性学习评价模式研究的进一步深入，再加之与实际的教学实践相结合，不可避免地将会出现很多全新的问题，需要很长的时间进行改进和完善。但是，多元智能理论评价模式为我们评价学生的发展提供了一条新的思路，其必将会为教学领域做出一定的贡献。

参考文献：

[1] 李子江.论现代教育评价的发展趋势.河北师范大学学报(教育科学版)，2001(2).
[2] 李雁冰.课程评价论.上海：上海教育出版社，2002.
[3] 董兴.国外课程评价理论发展趋势研究.教育与职业，2008(32).
[4] 金娣，王刚.教育评价与测量.北京：教育科学出版社，2002.
[5] 李金芬.研究性学习评价的理论研究.云南师范大学，2003.
[6] 徐勇，龚孝华.新课程的评价改革.北京：首都师范大学出版社，2001.
[7] 杨倩，卢雪松.研究性学习中教师角色的转化.计算机时代，2007(8).
[8] 武健.在研究性学习中使用"量规表"进行评价.教学仪器与实验，2002.
[9] GARDNER，H.1993b. Frames of mind：the theory of multiple intelligences. New York：Basic Books.
[10] GARDNER，H.1993a. Multiple intelligences：the theory in practice[M].New York：Basic Books.
[11] 夏惠贤.多元智力理论与个性化教学.上海：上海科技教育出版社，2003.

本论文发表在《文教资料》，2016(12)

计算机基础教学中研究性学习的实施及评价

卢雪松

(扬州大学 信息工程学院,广陵学院 江苏 扬州 225009)

摘　要: 针对大学计算机基础教学的特点,采用研究性学习方法,充分发挥研究性学习自主性、独立性、合作性、过程性和开放性等特点,促进计算机基础的教学改革。同时,提出了计算机基础教学中研究性学习的评价规则,总结了评价过程中应该注意的问题。

关键词: 计算机基础, 研究性学习, 评价

一、计算机基础教学中研究性学习实施的可行性

在传统的教学中,教师已经习惯了用讲授的方式给学生传授知识,教师完全地占有主导地位,相对于一些理论知识较强的学科,这种方式在某种程度上是可行的。

对于计算机基础这门课来说,就会出现很多问题,比如:如果教师只是在课堂上讲授,让学生一味地在下面做笔记抄步骤,没有更多地操作实践,那么,学生在遇到具体问题的时候就不能灵活操作,只能靠死记硬背的知识点胡乱操作一翻。因为计算机基础这门课,强调学生运用知识的能力、动手操作的能力,不是让学生仅仅停留在记忆阶段。如果忽略了学生的主体地位,时间一长,学生对这门课学习的积极性和主动性就完全消失了。因此,如何调动和保持学生对这门课程的热情的重要性就不言而喻了。

而研究性学习是一种以学生自主性、探索性为基础的新的学习方式,它注重学生动手实践、独立思考、自主学习、解决问题的能力;同时,它重视教学、学习主体(学生、教师)的主体性、主动性,崇尚学习过程的自主、创造,这恰好可以和计算机基础教学相结合,来发挥其优点。

研究性学习是指在教师的指导下,仿照科学研究的过程,从自然、社会和生活中选择或确定研究专题,在开放情景中,利用各种学习资源,通过多种渠道主动地获取知识、应用知识、解决问题。

通过使用研究性学习方式，计算机基础教学中很多开放性、多元性的问题就可以很好地被解决。在这个过程中，学生可以激发学习的热情，增强他们的发散性思维，培养合作意识，提高解决问题的能力。

二、计算机基础教学中研究性学习的特点

1. 重视学生的自主性和独立性

计算机基础教学中许多问题的解决方法不仅仅只有一种，当学生具有了解决该类问题的必备经验后，不必要按照教师教授的方法来解决此类问题，否则可能会形成思维定式，影响学生的思维。同时，研究性学习有别于各种形式的被动学习，强调以学生的自主性、探究性学习为基础，通过创设一定科学探究的情境，让学生自主的探究、实践、发展和体验，从而培养学生的创新思维和分析问题、解决问题的能力。

2. 重视学生之间的合作性

在计算机基础教学中存在有一些复杂的综合性问题，学生在解决时可能由于经验不足等原因，不能很好地解决此类问题，这就需要通过协作学习，取长补短，集合大家共同的智慧，分工合作。同时，研究性学习的表现形式一般为小组合作学习、小组合作研究，就更需要学生学会相互交流和探讨，不断完善解决问题的方案，有效地培养学生的合作精神、合作方法和人际交往能力。

3. 重视学生的实践能力

计算机基础教学中，非常注意培养学生的动手实践能力。因此，有很多问题的设计不是仅仅停留在对知识的简单套用上，更多的是对教材内容的拓展延伸。通过运用研究性学习方式，让学生在不断地解决问题的同时，发现问题和提出问题，培养学生的思考能力和实践能力。这样，学生在学习的过程中，不断地积累和运用已有的经验，把新学到的知识内化到原有的知识结构中，也就在解决问题的同时培养了学生的实践能力。

4. 重视学生学习的过程性

虽然计算机基础教学注重学生学习效果的可量化、可操作性，研究性学习重视整个学习过程而不是结果，但通过研究性学习方式学生不仅能够学到基本的知识，达到教学的要求，还可以掌握其他知识和相关技能，最重要的是在这个过程中，学生通过自己亲身经历可以获得许多直接的感受和体验，了解科研的一般流程和方法，充分享受这个过程。

5. 重视学生学习的开放性

在计算机基础教学中引入研究性学习，是利用其差异性和不确定性的特点。

使用这种方式，学生可以根据其自身的兴趣和爱好，按照自己的学习需要，运用已有的知识和经验，结合新学习的知识和经验，来解决计算机基础教学中的复杂问题，这样不仅可以巩固知识，还可以锻炼其思维能力。而且，学生可以在课外按照自己的兴趣和需要，适时地选择参与学习的时间，来学习和拓展计算机基础教学中的知识。相对于学生来说，就拥有了更为开放的学习内容和时间。

6. 重视学生的创新性

计算机基础教学中有很多开放性的问题，要求学生在解决问题的过程中不拘泥于书本，不墨守成规，打破原有的思维定式。而研究性学习方式正好迎合计算机基础教学的这种要求，可以充分发挥学生的主观能动性，鼓励学生在学习时大胆探索，提出自己对问题的新观点、新想法，增强创新性思维。

鉴于研究性学习以上的特点，在教学过程中，教师要灵活、合理地去加以运用。同时，注意在使用了研究性学习之后，对学生学习效果的评价，尤其是学习过程中效果的评价。那么，教师应该如何去进行评价呢？评价时应该注意哪些方面呢？

三、计算机基础教学中研究性学习的评价规则

1. 侧重于对学习过程的评价，而非结果评价

在计算机基础教学中对于很多开放性问题的解决，虽然说最后希望学生达到的目标是一致的，但不同学生可能采用不同的方法来解决这一问题，这样做出来的东西显示的效果就是不同的。于是，在评价的时候，可能由于其作品出众的效果就受到好评，而其他的只是简单地提了一下，没做过多的评价。但实际上，我们更应该注重学生这个学习的过程，注重其在这个过程中学到了哪些知识，效果如何。

每个学生都想出色地完成教师交给的任务，他们的初衷都是好的，但可能由于某种原因，在操作过程中不能依靠自己的力量来更好地达到自己想要的效果，当然作品的效果就不是太理想。可是，在解决这个问题的过程中，学生知道了自己欠缺和需要的是什么。同时，还巩固了自己所学过的知识，从自己的亲身经历中体验到了更多，有了更直接的感受，而这些别人是无法感受到的。所以，在评价的时候要重视对过程的评价。

2. 评价结论应具有针对性，而不是简单的等级评定

对于计算机基础这门课，教师在评价学生学习的时候，不能简单地打一个分数或写一个等级就完事，应该指明学生作业的优点在哪里，缺点在哪里，给学生一个详尽的描述，让学生更好地了解自身在处理此类问题时存在的问题。因为

分数和等级无法有效衡量一个方法的优劣性，表现不出学生处理问题时的个性化。所以，教师在做评价的时候要更多地使用一些详细描述或定性分析的方法。

与此同时，教师应该把评价结论及时地告知学生。只有让学生了解了自己在处理某一类问题时的缺点，才能在今后处理问题时避免此类问题的再次发生。而且，学生知道了自己的欠缺之后，会激发其求知欲望，会积极主动地去探求知识。这样，学生的知识就会不断拓宽和深化，就能更好地发挥研究性学习的特点。

3. 评价学生对知识的掌握程度时，要注重应用性，而不是机械记忆

计算机基础教学中很多的知识和技能在今后的学习和实践中都会被用到，具有延时价值。因此，计算机基础教学中，教师要更多关注学生能否灵活运用这些知识，而不是仅仅记在脑子里这么简单。应用性强调学生把学到的知识和技能，联系生活实际，更多地运用到实际问题的提出和解决中去。所以，计算机基础教学中研究性学习方式的评价不仅要关注学生对知识和研究结果的掌握，更多的要关注学生对知识和技能的灵活运用。

只有这样，学生才能从心理上对这门学科加以重视，同时，注意知识在学科内部和学科之间的相互联系。学生才能在学习这门课的时候，发挥其主观能动性，灵活地运用所学到的知识；在交作业的时候，把所学到的知识尽可能地展现出来。

4. 采用多元化评价，注重学生的自评与互评

计算机基础教学中很多问题需要学生组成小组来共同解决，这也是研究性学习的特点。问题解决之后，传统的教学模式下，教师往往在评价不同小组解决问题的优劣程度之后就算任务的完成。

研究性学习的评价不应由教师单方面完成，还应结合学生的自评、互评乃至家长和其他专家的评价。这样评价不仅能体现学生主体的共同需要，也能体现学生个体的需要，评价的目的才能真正达到。其中，应对学生的自评与互评给予充分的重视。因为，学习者本人由于亲身参与了学习，其体会和感受才更真实确切，同时对小组其他成员的学习情况也最了解，他们的评价更切合实际，更真实地反映学生的学习状况。

四、计算机基础教学中研究性学习评价应注意的问题

计算机基础教学中本身就有很多随机性的和开放性的问题，同时，课堂上课程的开展和进行也是很随机和开放的。在计算机基础教学中运用研究性学习方式之后，对其评价就会有一些容易疏忽的地方，再加上还没有一套完整和成熟的

评价体系，所以，在评价过程中，就应该注意以下几个方面：

1. 在保证学生学习主动性和积极性的情况下，做到及时评价

教师在做到及时评价和及时反馈的同时，要注意保护学生学习的主动性和积极性。因为，计算机基础这门课的知识点非常枯燥，都是一些死的知识点，但是，在遇到实际问题的时候，又要求学生能够灵活运用。因此，教师在做出评价之后，要及时与学生进行交流沟通，让学生知道其不足之处，应该如何来改进。通过这种方法，学生可以充分发挥其主体性，保持其对知识的求知欲望，不会让其学习的主动性和积极性受到伤害。同时，教师还要注意学生在学习和处理问题过程中出现的问题，要给出一个及时合理的答复，帮助学生解决在处理问题时遇到的问题，不至于让太多的问题把学生的积极性消磨掉。

如果还像以前传统教学过程中那样，教师只是给出学生一个成绩，指出学生的缺点，而不说优点在哪里，不给学生任何鼓励，或者，看到结果不对就全盘否定学生已做的工作，时间长了，学生学习的积极性和主动性就消失殆尽。

2. 教师在评价时要注意保持客观性，一视同仁

教师不能因为某一个问题是一个成绩好的学生解决的，或者是由一些成绩好的学生组成的小组解决的，就高度评价他们的解决方法，而忽视其不足之处。同时，当某一些问题是平时表现不好的学生解决出来的，就老是挑不足之处，而忽视他们的优点。不能对学生保持一个客观的态度，只重视成绩好的学生而忽视成绩不好的学生，这样只会影响教师在学生心中的形象，打击学生的积极性。

3. 注意根据任务难易程度的不同，合理进行评价

学生在处理问题时，有些问题属于非常简单的，一看就能马上解决，同时，在解决问题的过程中的表现和最终的效果都非常好；有些问题有一定的难度，需要学生经过思考，查找相关的资料，才能够解决，这样，学生的表现就会不尽相同，学习的效果就会不一致；还有一些问题就属于非常难的问题，教师就算给予适当地点播，也需要学生下去之后查阅更多的资料，为了不花费更多的时间，需要利用小组学习的形式，这样，学生的表现和最后的效果就完全不一致了。

因此，在这种情况下，就需要教师根据问题难易程度的不同，合理地做出评价，可以在评价之前，做出一些量表，按照科学的方法来设定量表的内容，最终给出学生一个比较客观的评价。

4. 不应忽视对教师的评价

计算机基础在不断地发展，一些知识过一段时间可能就会更新，因此，对于从事计算机基础教学的教师来讲，就需要平时花费更多的精力来学习一些知识，比如：网上出现的一些新的名词，新的技术等。同时，由于现在的学生接触电脑

的机会很多，他们就会遇到这样或那样的问题，而有的问题是需要我们教师更多地去接触网络才能解决的，所以，教师要不断地更新头脑中的知识。

同时，注意在做好学生评价的同时做好教师的评价，包括学生对教师的评价、教师的互评和教师自评等。因为，学生和其他教师能够通过教师的上课和与教师的接触，站在一个客观的角度，给出一个合理的评价。

综上所述，在计算机基础教学中运用研究性学习方式，要结合计算机基础教学的特点和研究性学习的特点，注重培养学生的研究性学习水平。同时，通过对在计算机基础教学中运用研究性学习方式的评价，找到不足之处，激励学生更多地参与其中，提高自身的实践能力，感受成功的喜悦。

参考文献：

[1] 钟启泉.研究性学习开发体制[M].上海：上海教育出版社，2003.

[2] 余清臣.研究性学习[M].北京：教育科学出版社，2003.

[3] 卢雪松，杨倩.基于网络的研究性学习探讨[J].扬州大学学报，2009(1).

[4] 卢雪松，刘奇慧.网络探究式学习的实践与思考[J].教育前沿，2010(5).

[5] 卢雪松，杨倩.研究性学习中教师角色的转化[J].计算机时代，2007(8).

本论文发表在《教育教学论坛》，2016，11(48)

基于网络平台的研究性学习模式研究

卢雪松　孙冬芹　谭程宏
（扬州大学 信息工程学院 江苏 扬州 225009）

摘　要：以培养学生的创新能力为目标的研究性学习已成为当前的研究热点。本文从计算机网络技术、学习模式以及研究性学习三者整合的角度出发，构建了基于网络平台的研究性学习模式，为推动研究性学习的广泛开展进行了有益的探索。

关键词：研究性学习，学习模式，网络

中图分类号：G420　　**文献标识码：**A　　**文章编号**

近年来，研究性学习已成为教学改革的一个热点。许多专家学者和教师在这方面做出了不少有益的探索与实践，也有部分教师将研究性学习和计算机网络结合起来，利用网络平台来开展研究性教学活动，但是大部分只是利用网络查找资料或提交学习成果，并没有充分发挥网络的功能。为此，我们深入细致地分析了研究性学习的特点，将研究性学习的主体、研究性学习的全过程等有机地和计算机网络结合起来，探索出了一个基于网络平台的研究性学习模式，并在实际教学中经过反复实践和完善，取得了可喜的教学效果，深受同行和学生们的好评。

一、基于网络的研究性学习的特点

1. 开放性

学习的内容不再局限于书本，学习的形式不再拘泥于传统的方式。学生可以选择自己感兴趣的内容、可以利用网络或走出校园、可以采取灵活多变的学习方式进行研究性学习。

2. 自主性

学生可以自主选择感兴趣的内容、按照自己的思路、采取适合自己的方式进行研究性学习，教师并没有进行干预。在整个学习过程中，学生始终处于学习的主导地位，教师只起到一个指导作用。

3. 合作性

研究性学习通常采取合作学习的形式，学习过程中小组成员之间既有分工又有合作，通过集体的力量和智慧解决问题。

4. 共享性

学生在研究性学习的过程中，可以共享搜集整理的各种资料，共同探讨解决问题的思路和想法，分享学习过程中的经验和教训，从而激发学习乐趣、提高学习效率。

5. 过程性

研究性学习不是只注重学习结果，而是强调从"做中学"。在研究性学习的整个过程中，培养学生的创新能力、合作能力、问题解决能力和表达能力等多方面的综合素养。

二、研究性学习的实施过程

研究性学习有多种组织形式。通常情况下，研究性学习的实施过程如下：

1. 宣传动员

主要向学生介绍什么是研究性学习、研究性学习有哪些特点，对学生能力的培养能起到什么作用，以及如何开展研究性学习。进行充分、有效的介绍和动员，是激发学生开展研究性学习热情的重要环节。

2. 确定课题

研究性学习的课题主要有两种来源：一是教师确定的研究课题，另一是学生自行确定的课题。对于学生自行确定的课题，师生间应进行充分的沟通，确保课题切实可行。

3. 成立学习小组

学习小组可由教师根据学生的能力特点划分，也可由学生自由组合。每个小组设立一名小组长，负责组员分工和学习安排。学习小组以 4～6 人为宜。

4. 制订研究方案

学习小组成立后，各小组应在教师指导下制订学习计划和研究方案。学习计划和研究方案必须经过充分的讨论和协商。

5. 收集整理资料

资料的收集和整理看似简单，其实很关键，也很需要技巧和智慧。资料的来源可以是查阅图书、上网搜索，也可以走访专家学者，还可以进行社会调查。获取的资料必须去伪存真，因此也需要学生具备一定的判定能力。

6. 实施阶段

学生根据收集整理的资料在学习小组内进行反复讨论交流、研究或开发，形成研究性学习成果。

7. 成果展示与交流

研究成果可以是研究报告、软件或制作的实物。学习小组可采取各种形式来展示和汇报研究成果。

8. 评价

研究性学习的评价应以过程性评价为主，综合评价学生的行为和能力。

三、基于网络平台的研究性学习模式

基于网络平台的研究性学习模式主要由网络学习平台、课题、学习资源、教师、学生和评价等 6 个模块构成，如图 1 所示。教师和学生将研究性学习的课题及各种资源在网络平台上发布和共享，通过网络平台进行交流和沟通，学习任务完成后再利用网络平台进行成果展示。在整个学习过程中，教师和学生利用网络平台开展学习评价。

1. 网络学习平台模块

网络学习平台是本模式的重要基础。网络学习平台所具有的资源共享和便捷交流两大特点为研究性学习的开展提供了强有力的保障。研究性学习的网络学习平台主要由资源模块、管理模块、交互模块、展示模块和评价模块等 5 个模块构成，如图 2 所示。

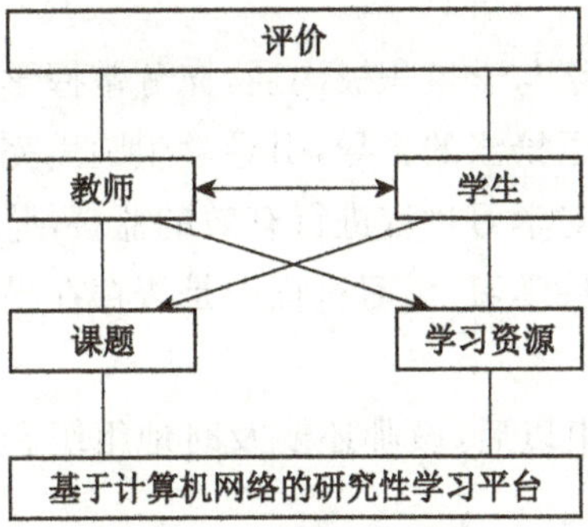

图 1　基于计算机网络的研究性学习模式图

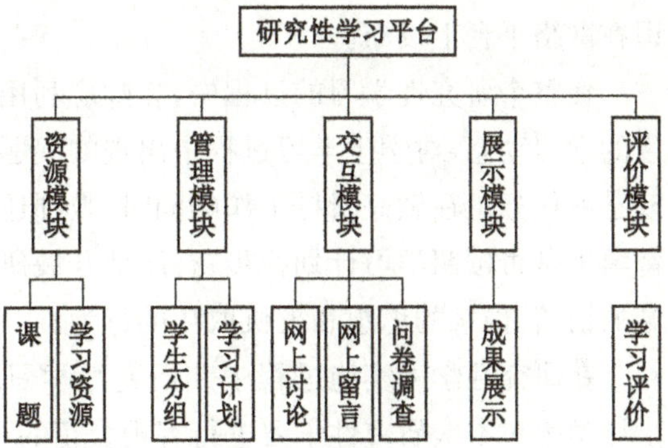

图 2　网络学习平台

教师可通过资源模块发布研究性学习课题，学生也可以提交自主选择的课题给教师审议。此外，教师可将与课题相关的背景资料在网络平台发布，学习小组也可将收集整理的资料利用网络平台进行共享。

管理模块主要实现研究性学习小组的分组和学习计划的制订。

交互模块主要为师生之间和小组成员之间提供便捷的交流平台。在这里大家可以进行在线讨论和离线留言。教师也可以利用问卷调查对学生的学习兴趣、学习状况等进行更深入的了解。

展示模块用来展示学习小组的研究成果。研究成果可以是研究报告、软件和实物制作的图片等。

评价模块则是用于对学习小组及其成员的研究性学习进行综合的评价。

2. 教师模块

尽管教师在研究性学习过程中不是处于主导地位,但是教师的指导作用发挥得怎样,直接决定着研究性学习的成败。教师模块如图3所示。

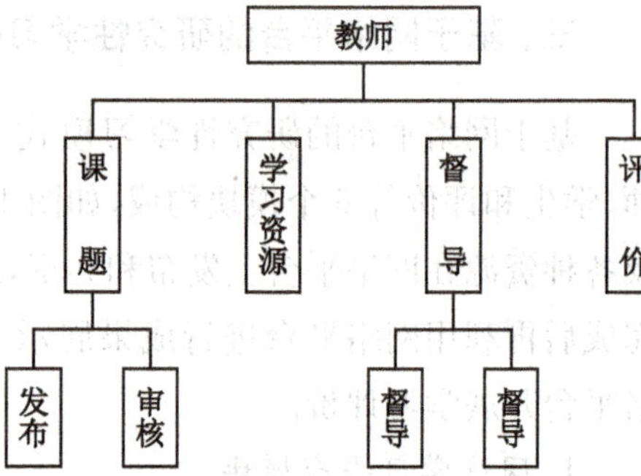

图3 教师模块

教师的首要任务是精选出若干个能激发学生学习兴趣的研究性学习课题供学生选择。因此,课题模块应具有课题的编辑和发布功能。除了教师提供的课题外,学习小组也可以自行选择课题,但这些课题必须通过教师的审核,因而课题模块还应具备课题的审核功能。

为便于学生对所选择的课题有个初步了解,教师可将与课题相关的背景知识在网络平台上发布。

在整个研究性学习的过程中,教师应利用网络与学生积极沟通,充分掌握学生的学习动态,对学生学习过程中出现的问题给予恰当的指导,引导学生圆满完成学习任务。在做好指导工作的同时,教师还应对学习过程进行有效的监督,监督学生是否按照学习计划稳步、有序地开展研究性学习,学习过程中是否存在畏难的情绪、偷懒的思想和投机取巧的行为。

在研究性学习实施过程中和研究性学习结束以后,教师还要及时地组织和指导学生对本次研究性学习进行客观公正的评价。

3. 学生模块

学生是研究性学习的主体,学生模块如图4所示。

学生可从教师公布的研究课题中选择自己感兴趣的课题,也可以自定课题,但必须与指导教师进行充分地交流和协商。

分组模块可让学生在选定课题后根据自愿原则成立研究性学习小组，每个小组推选一名组长。

计划方案模块供研究性学习小组制订学习计划和研究方案。学习计划和研究方案在教师指导下，由小组成员充分讨论后确定。

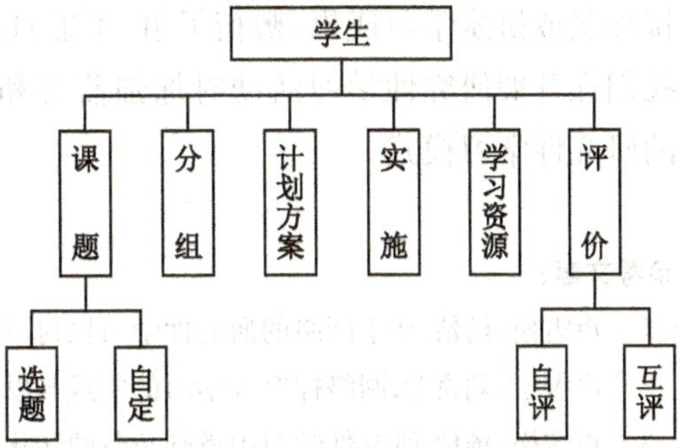

图 4 学生模块

实施模块则由学习小组根据学习计划和研究方案，充分利用网络学习平台进行资料的收集整理、学习讨论和交流。小组成员收集整理的资料可利用学习资源模块实现组内或组间的共享。

评价模块实现小组成员的自我评价和相互评价。

4. 评价模块

学习评价是研究性学习的一个重要环节。研究性学习的评价更应注重多元化的综合评价。评价的主体不仅仅是教师，还应包括学生本人和小组成员。学习评价不仅关注研究成果，更要关注整个学习过程。评价的内容可依据多元智能理论评价学生的语言修辞、数理逻辑、视觉空间、人际交往和内省等多重能力。评价模块如图 5 所示。

无论是教师还是学生，学习评价都应做到客观、公正，避免第一印象、个人感情等因素的影响。评价的结论也应及时反馈，便于学生在以后的学习中改进。

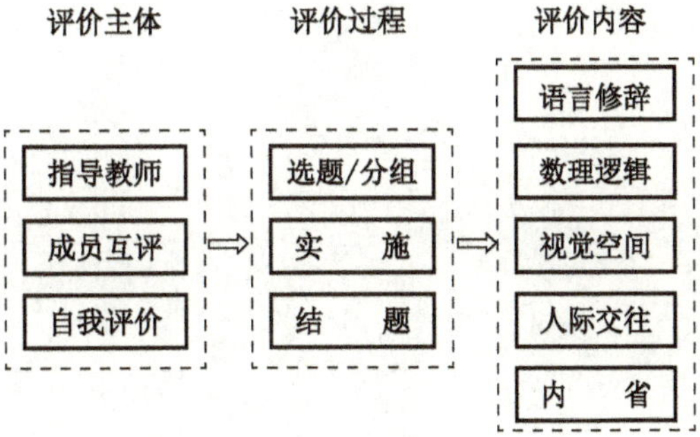

图 5 评价模块

四、结束语

基于网络平台的研究性学习模式在深入细致地分析研究性学习特点的基础上，充分挖掘网络平台的效能，使两者有机地结合，探索出了一条利用网络平台开展研究性学习的新路。与传统教学模式相比，更能有效地激发学生的学习动机和兴趣，培养学生自主学习和合作学习的能力。

在教学实践中我们发现网络平台对学生也存在一定的消极影响。一方面学生过度依赖网络，抛弃了其他获取信息的方式，如专家访谈、社会调查、实地考察、查阅图书等，丧失了综合能力培养的机会。另一方面，部分学生利用网络直接抄袭或拼凑学习成果，敷衍了事，不能真正达到研究性学习的目标。这就需要我们在开展研究性学习活动时加强监督和引导，并不断改进完善基于网络平台的研究性学习模式。

参考文献：

[1] 卢雪松，杨倩.基于网络的研究性学习探讨[J].扬州大学学报，2009(1).

[2] 卢雪松，刘奇慧.网络探究式学习的实践与思考[J].教育前沿，2010(5).

[3] 卢雪松，杨倩.研究性学习中教师角色的转化[J].计算机时代，2007(8).

[4] 余清臣.研究性学习[M].北京：教育科学出版社，2003.

[5] 钟启泉.研究性学习开发体制[M].上海：上海教育出版社，2003.

[6] Sun Duo, Lu Xuesong. An E-Learning System based on Affective Computing. CCCM 2010, 2010, 8.

[7] Sun Duo, Lu Xuesong. Research on E-Learning System based on Affective Computing. 2010 2nd IEEE International Conference on Information Management and Engineering, 2010, 4.

本论文发表在《扬州大学学报》(高教研究版)，2012

基于混合教学模式的程序设计课程教学初探

徐 晶 卢雪松 曹 进
(扬州大学 信息工程学院 江苏 扬州 225009)

摘 要：本文以C语言程序设计课程为例，初步探索将MOOC、微课、雨课堂和传统教学融合的混合教学模式。这种线上线下相结合的混合教学模式，使得师生及时交流互动，能拓宽学生视野、理清课程要点、提高学习兴趣、获取过程评价。

关键字：研究性教学，混合教学模式，MOOC，微课，雨课堂，程序设计

一、引言

研究性教学作为一种开放式教学模式，是本科院校培养人才的重要途径。各高校积极将研究性教学理念融入教学改革中，积极探讨研究性教学的理论与实践模式。我校近几年已在多个专业开展研究性教学改革，计算机公共课也在改革之列。在实践计算机公共课教学改革中，我们充分利用MOOC的优质名师资源及本校计算机教师的资源，在传统教学中使用雨课堂这一智慧线上教学工具，开展"MOOC＋微课＋雨课堂＋传统教学"混合教学模式，收获了一些启示。

二、混合教学模式的优势

1. 共享优质资源，拓宽学生视野

2012年美国一些名校率先提供了免费的MOOC课程，任何人都能从MOOC平台上免费获取名校名师的优质教学资源。2015年中国成立了高校计算机教育MOOC联盟工作组。目前，在中国高校计算机教育MOOC联盟平台"爱课程"网上，提供了9门大学计算机基础类课程、15门程序设计类课程等；在"学堂在线"MOOC平台上提供了100多门计算机大类课程。教师可以借助MOOC资源，从中精心选择相关内容，使用"雨课堂"将带有MOOC视频、语音、练习题的课前预习和课后复习资料推送至学生手机。学生不仅学习到国内外优质的学习资源，与教师共同研讨，还能直接借助手机表达观点，提出疑惑。

教师向学生推送的各种教学资源，包括教学大纲、视频、教案、课件、习题、课后拓展知识等，其中不乏名师大家编写、讲解、设计的。名师知识渊博、站在学科前沿、教学经验丰富、语言幽默风趣、表达精准到位，从而使学生领略到所学的知识不再是枯燥无味、单调孤立的。有了名师的栩栩如生的描述，不仅扩充了学生的知识面，而且拓宽了解题思路，拓宽了学生视野。

2. 观看微课视频，理清课程要点

微课是一种基于网络的新型辅助教学模式。以短小精悍的微型流媒体教学视频为主要载体，针对某个知识点或教学环节而精心设计开发的一种情景化、趣味性、可视化的数字化学习资源包。它主要围绕课程的重点、难点、易错点等进行选题，以时间短、内容精、质量高为特征，向学生传递精华内容。这种形式是适合现代大学生的行为习惯的，用碎片时间刷机，因而容易被他们认可采纳。

教师将课程中的重点、难点等内容进行创意设计，录制微课视频，使用“雨课堂”推送给学生。学生观看微课视频时，遇到问题可以结合自身情况进行反复观看，这样有利于实现知识的内化和巩固；学生也可以将问题反馈给教师，教师可以及时个别解答，也可以将问题带入课堂教学，师生就这些问题展开交流、深入讨论，达到答疑解惑之目的，真正理清课程要点，从而取得良好的教学效果。

3. 增强师生互动，提高学习兴趣

通过“雨课堂”把教师与学生的手机连接起来，师生实时互动。教师将设计好的手机版课件、预习任务、复习任务和练习题，推送到学生的手机上，便于学生课上课下随时随地进行移动学习。借助手机，学生将学习过程延伸至任何时间、任何地点，学习过程变得更加轻松、自由，学生的学习兴趣也会变得更加浓厚。

混合教学模式打破了传统教学模式受时间、场地等因素的限制，能够满足学生个性化的需求。对于那些不善表达、慢热型的学生，借助手机也能参与到交流讨论中，能够让问题得到及时解答，提高了学习效率，也提高了学生的学习积极性。

在教师课堂教学过程中，学生还可以利用“雨课堂”的弹幕功能，匿名提出疑问、观点和想法，教师会根据课堂实际情况进行解答，如遇到共性问题，教师还可实时调整授课内容。弹幕，不仅为教学提供了一个实时反馈的平台，也赋予了课堂趣味性。在课间开启弹幕，让学生聊天吐槽，放松紧张的情绪，这样也能使学生以愉悦的心情投入到后续的学习中。

4. 实时数据分析，获取过程评价

在传统教学模式中，教师一般通过课堂个别回答问题、课后作业、测验考试来获取教学效果的反馈。具体操作时存在不够科学、准确、客观的数据，课堂回答问题覆盖人数少，课后作业抄袭复制现象多，测验考试成绩反馈滞后，很难真正反映某一课堂的教学状况及学生的学习效果。而在混合教学模式中，“雨课堂”从课前预习、课内互动、课内限时测试、课后作业等层面采样数据，为师生提供全方位、多维度的数据支持，提供反映学生的学习进度和学习情况的个性化报表。

“雨课堂”的立体化数据分析，让教师了解到每个学生的学习进度、用时长短、易错点、测试成绩、互动情况，既可以实时给学生反馈学习状况，同时也让过程性评价有了较客观、准确的数据。“雨课堂”的立体化数据分析，也让教师了解到教学过程中哪些内容需要调整，哪些方法需要改进，哪个环节需要加强等，使得教师的教学获得实时反馈。同时，教师还可以发布投票功能，允许学生匿名投票，收集学生对课程内容、教学方法、效果等方面最真实的想法，有利于促进整个教学过程形成一个良性循环。

三、基于混合教学模式的教学初探

我们在计算机公共课教学中积极实践，旨在探索一条适合本校学生实际的教学改革之路。以“C语言程序设计”课程为例，将MOOC、微课、雨课堂和传统教学融合在一起，实践混合教学模式。我们在开课前及教学过程做了大量的工作，力图在教学过程中将课前—课内—课后的每一个环节都给予学生全新的学习体验。[6]

首先原有传统教学使用的材料已经远不能满足混合教学模式之所需，其次教师“单枪匹马”几乎很难完成教学任务，需要组织教学团队。我们计算机公共课教师联合计算机专业部教师，通力合作对“C语言程序设计”课程内容实现二次整合，对各章节的教学重难点进行整理，拆解知识点，对教学内容进行适度增删、选用和加工，以更加适合于混合教学的授课模式。精选各MOOC平台上的“C语言程序设计”课程的教学视频及资料；从课程的所有知识点中挑选出重点难点，设计、录制微课视频，编制教学案例、讨论问题等；专门制作适合手机屏幕的手机版PPT，既有适合学生自主学习的PPT还有教师课堂面授的PPT，导入习题、测试题等。

C语言课程中重点知识有选择结构、循环结构、函数、数组、指针、结构等；难点知识有语义符号化、数组应用（查找、删除、插入、排序）、字符串处理、函数递归调用、指针应用等。比如针对循环结构，录制了for循环、while循环、do-while循环的微课视频，研究枚举和迭代算法，编写教学案例A——趣数求解（水仙花数、黑洞数、回文数、陷阱数等）、案例B——π近似值求解、案例C——猴子吃桃。

1. 课前准备

根据现在大学生手机不离身的特点，我们除了在学校网络教学平台上，上传教学团队精心制作的教案、微课视频，教学团队精心挑选的 MOOC 资料、思考题、测试题，教学团队精心准备的教学大纲、阅读资料等外，利用“雨课堂”，通过微信平台向学生手机推送课前导学资料，其中包括手机版 PPT、学习指导、拟讨论的知识点及 MOOC 视频、微课视频等。学生根据导学材料要求，自主学习、小组合作讨论，并将疑问标注“不懂”，教师通过“雨课堂”直接掌握学生预习的进展及存在的问题，提前做好教学内容的微调整。

2. 课内实施

实施课内教学时，会自动生成本次课程二维码，学生通过微信扫描进班。教师首先将课前预习的内容进行贯穿式梳理，并针对学生存在的共性问题进行集中讲授。教师边播放 PPT，边讲解，引导学生面对面讨论，打开弹幕让学生匿名表达观点想法，以提高学生学习的参与度，在讨论中学习了新知识，在讨论中解决了疑惑，在讨论中给出了解题新思路。

为了方便学生学习，推送了适用手机版的 C 程序编译器，以满足学生随时编写、调试程序的需求。课堂教学过程中，教师将课堂 PPT 逐页发送到学生手机，帮助学生保存课件及课程回顾；课堂教学过程中，恰当引入“雨课堂”的限时测试，一般是选择题、阅读程序或完善程序题，让学生在规定时间(5～10 分钟)内完成。现场统计学生的答题正确率、答案分布，及时检验学习效果，发现存在的问题，调整授课节奏。对课内学习的知识进行测试和评价，有利于集中学生的注意力，提高学生参与的积极性。

3. 课后总结

课堂讲授结束，教学过程并未停止。教师课后向学生推送复习任务，让学生借此检验课堂学习效果，引导学生总结、巩固课堂所学。学生完成复习任务后上传结果、参与讨论，教师对其进行监控、答疑、评价。对尚未解决的疑难问题，学生随时可查看上课的 PPT，重点复习课堂中点“不懂”和收藏的内容，实现个性化学习。

教师将学生测试结果的详细数据发送到个人邮箱，利用课后时间对学生的具体参与情况和答案给出情况等进行仔细的研究，既可以对所获取的反馈信息进行总结，从而优化课程教学方案，改进教学策略；还可以个性化地指导学生。

四、结语

混合教学模式是一种线上线下相结合的教学模式，师生可以线上线下交流互动，能够发挥 MOOC、微课、雨课堂的优势，积极引导学生使用手机参与学习的全过程。目前这种教学模式仍属于探索阶段，在不同的学科实践时，还将出现新情况、新问题，有待教学工作者们根据教学实际去思考、更新和发展。

参考文献：

[1] 徐晶，周彩英，卢雪松，等.注重计算思维的程序设计课程研究性教学探讨[J].电脑知识与技术，2016(10)：150-152.

[2] 战德臣."大学计算机""MOOC＋SPOCs＋翻转课堂"混合教学改革实施计划[J].计算机教育，2016(1)：12-16.

[3] 郑小军，张霞. 微课的六点质疑及回应[J].现代远程教育研究，2014(2)：48-54.

[4] 杨芳，张欢瑞，张文霞. 基于 MOOC 与雨课堂的混合式教学初探——以"生活英语听说"MOOC 与雨课堂的教学实践为例[J].现代教育技术，2017(5)：33-39.

[5] 冯玮.做 MOOC 的学堂在线，推教学工具"雨课堂"[EB/OL].(2016-04-28) [2016-10-26].http://www.tuieoo1.com/articles/elBFNna.

[6] 周彩英. C语言程序设计[M]. 北京：清华大学出版社，2011.

[7] 刘君. "互联网＋教育"背景下"雨课堂"的教学实践——以"计算机网络"课程教学为例[J].厦门城市职业学院学报，2017(1)：44-48.

[8] 周雨青，万书玉."互联网＋"背景下的课堂教学——基于慕课、微课、翻转课堂的分析与思考[J].中国教育信息化，2016(2)：10-12.

本论文发表在《电脑知识与技术》，2018(7)

基于项目驱动的面向对象程序设计研究性教学实践

徐 晶 卢雪松 唐忠宽 曹 进
(扬州大学 信息工程学院 江苏 扬州 225009)

摘 要：本文结合我校非计算机专业面向对象程序设计课程教学的实际，以VFP课程为例，在教学项目和自主探究项目的驱动下，将教学内容以数据库、面向对象程序设计和面向过程程序设计三个模块进行研究性教学实践，旨在培养学生自主学习、独立思考能力，进一步提高学生的创新能力。

关键字：项目驱动，面向对象程序设计，研究性教学

一、背景及我校的教学现状

2000年以来，教育部先后出台“关于加强高等学校本科教学工作提高教学质量的若干意见”等文件，明确提出积极推动研究性教学，提高大学生的创新能力。[1]各高校积极将研究性教学理念融入教学改革中，积极探讨研究性教学的理论与实践模式。

为应对教学改革，我校对大学计算机课程的教学内容作了改动，安排非计算机专业学生第1学期开设大学计算机课程，第2学期开设程序设计课程。使学生通过数据结构、数据库、算法设计和软件工程等基础知识的学习，为程序设计课程的开设起到了铺垫作用。[2]

在研究性教学初步实践的基础上，我校现已在18个专业全面开展研究性教学改革，计算机公共课教学也在此列中。将研究性教学应用于面向对象程序设计课程，正好解决了非计算机专业面向对象程序设计课程(以“VFP程序设计”为例)教学中的不足，其一是课程知识点多、散，学生抓不清主次；其二单纯讲解命令、函数、属性等，理论不与实际应用相结合，学生感觉枯燥无味；其三实验课时少，学生实际操作能力差；其四考核评价方式单一，期末统考成绩比重过大，过程学习成绩依据不足。

VFP是面向对象的小型关系数据库管理系统，直接面向数据库开发，其实用

性特别强。在学生已具备数据库基本概念、算法设计思想和软件开发过程的基础上，将项目贯穿在 VFP 程序设计研究性教学过程中，这样可以让学生提高感性认识，通过理论联系实际的教学，激发学生的学习兴趣，启发学生积极思考，引导学生动手实践，在实践中探索，主动建构知识，小组合作开发小型管理项目，通过点评项目，促使学生反思，加深对 VFP 程序设计的理解，同时也提高了学生的实践能力和创新能力。[3-5]

二、基于项目驱动的 VFP 程序设计研究性教学实践

根据项目驱动教学法和 VFP 程序设计的特点，我们利用课余时间组织学生去图书馆、教学管理部门、超市、食堂等参观调研，了解数据库技术的具体应用情况。教师再将用 VFP 设计开发的教学项目展示给学生，通过介绍其功能，把 VFP 的教学内容、教学安排、上课形式及教学评价告知学生。让学生认识到基于项目驱动的 VFP 程序设计研究性教学是一个在项目驱动之下人人参与、主动发现问题、分析问题、解决问题的实践过程，在这个过程中以教师为主导、学生为主体，教师只起到引领、启发作用，学生才是教学的中心，迫使学生成为知识的主动探究者。

1. 精心设计项目，激发学生兴趣

项目驱动教学法的关键是项目。我们选择“教学管理系统”作为 VFP 程序设计的教学项目。[6]该项目的设计过程中能涵盖 VFP 的知识点，又贴近实际，学生对此十分熟悉，这样就便于学生的理解，使学生容易上手，调动了学生解决问题的积极性。教师在精心准备“教学管理系统”时，既考虑其与教学内容的紧密结合，又留有发挥余地；既考虑其操作的可行性，又让学生系统掌握理论知识；既照顾大部分学生的水平，又有拔高的空间。从而激发学生的学习兴趣，充分调动学生的主观能动性，使学生对所学的 VFP 理论知识有认同感。

2. 演示分析项目，启发学生思考

通过项目的演示分析，不仅使学生能直观了解项目所能实现的功能和使用的技术，将原本 VFP 分散的数据库、数据表、菜单、表单、程序等知识点串起来，而且使学生明确知道本学期学习 VFP 的目的及用途，启发学生思考 VFP 还能解决哪些实际问题。

这个环节对教师的综合水平提出了比较高的要求，只有教师具备了较丰富的开发经验和一定的项目整合能力，才能游刃有余地指导学生，让学生学到项目开发的经验。教师分析项目时要带有一定的艺术性，这样才能吸引学生的注意力，激发其学习讨论的热情。同时教师应事先设计一些与项目相关的富有启发

性的问题，在演示分析完毕，让学生带着问题去操作这个系统，通过对系统的使用，使学生从应用者和开发者不同的角度，去了解 VFP 的作用，了解项目所需完成的功能，启发学生独立思考，再组织学生进行讨论，对教学项目提出建议及改进方案。

3. 逐块讲解项目，引领学生探究

在讲解“教学管理系统”时，教师将其总体结构用层次图抽象出来，如图 1 所示。明确项目是由四个子项目构成的，每个子项目所涉及的知识点各不相同。“数据管理”主要涉及数据表、数据库及表单的创建，“数据查询”主要涉及查询视图的使用及代码设计，“数据统计”则涉及报表的应用，“系统工具”则是可扩展的子项目。整个项目需要菜单、程序及表单来组合。

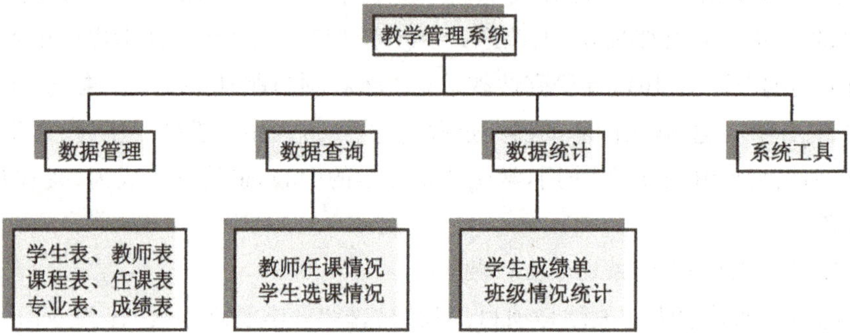

图 1 “教学管理系统”结构图

(1) 数据库模块

整个项目设计的基础是数据，在 VFP 中如何组织数据？为何创建数据库？学生通过自学能够很快创建数据表和数据库，但此时教师不仅需要引导学生用命令法和界面法操作外，还应指出将不同主题的信息保存在不同的表中，项目中多张数据表通常都不是孤立的，需建立表和表之间的关系，为了能高效率使用和管理数据表，利用 VFP 提供的数据库将多张数据表组织起来，如图 2 所示。在实际使用过程中还需不断改进。

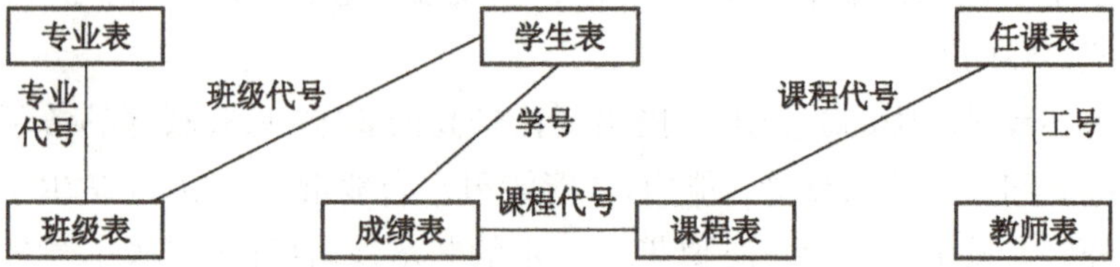

图 2 “教学管理系统”数据库表示意图

创建数据库表后，基于已有数据可以有多种应用，最常见的应用就是查询和视图，教师可以将 VFP 中创建查询的方法先行讲解，特别是 SELET-SQL 语句的使用。比如，项目中要查询学生选课情况，根据现有的表间关系可知，该查询的数据共基于 3 张表：学生表、成绩表和课程表。学生表与成绩表之间根据学号建立一对多的关系，课程表与成绩表之间根据课程代号建立一对多的关系，也即借助成绩表将学生表和课程表建立了它们的关系，可以把 3 张表中的学号、课程代号、课程名、学分和必修课查询出来存在视图中。但查询出来的数据无法让用户一目了然，因而需要借助图形用户界面，根据用户需求查询任一学生的选课情况，仅用数据表、查询等是不够的，还需要面向对象的表单、菜单等知识。

通过数据库知识点的讲解，并将其应用于具体的教学管理系统的项目中，让学生有种迫切掌握知识的需求，因为有了理论知识才能正确应用。但是由于一个项目涉及的内容比较单一，教师可以再提供“图书管理系统”“工资管理系统”“人事管理系统”等项目，并提出与这些项目相关的查询问题，让学生课后自学、上网查资料、小组探讨，分析这些项目中需要准备的数据表及要完成的查询功能，如何实现这些查询。

(2) 面向对象程序设计模块

整个项目功能的实现需要由菜单组织，菜单是项目的主要操作界面，应做到界面友好、方便使用，让学生学会进行菜单分组，设置快捷键、热键、跳过条件和注释等。一个项目是否吸引用户，不仅是菜单而应是表单，所以我们应把表单的设计作为重点。

表单作为项目与用户交互的主要界面，可以利用表单制作欢迎界面、登录界面、数据浏览界面、查询界面等。教师以教学项目中的表单为例，先行介绍面向对象中的对象、属性、事件和方法的概念，通过表单设计、运行两个状态的切换，让学生对常见属性、事件和方法进行直观了解，鼓励学生边学边用，边用边学，不断将已有的数据表、查询视图知识巧妙地应用在表单设计中。

教师需对“教学管理系统”中具有代表性的、较难的表单分析讲解，其他表单分组讨论，并请每组选派成员上台讲解，师生、生生互动，教师在这个过程中发挥指导者、引领者的作用，应及时解决疑问，使学生学思结合，培养其举一反三的逻辑推理能力。通过学习讨论，学生对知识点进一步理解，掌握了教学项目的解决要点，为解决自主探究项目打下基础。此时，教师将下半学期的自主探究项目“人事管理系统”“工资管理系统”“图书管理系统”等下达，以小组为单位，组长负责，小组成员分工协作完成一个项目。

(3)面向过程程序设计模块

面向过程程序设计的学习相对较难，由于VFP课程是在我校的文科类专业开设，所以我们把教学要求相对降低。把程序设计的顺序、分支和循环三种基本结构，及其在数据表、表单、菜单中的应用作为重点介绍。比如顺序结构用于项目的主文件中，有序进行初始环境设置、启动项目的欢迎界面、创建事件循环和恢复原来的系统环境；分支结构用于选项按钮组的Click事件代码中，根据用户选择的不同选项按钮执行不同的代码；把循环结构用于系统的登录界面，控制用户最多输错三次密码，从而控制用户的合法性；把循环结构用于根据输入的工号或姓名查询教师的任课情况。通过三种基本结构在教学管理系统中的应用，让学生理解面向过程程序设计的相关知识点，教师还可将自主探究项目中会遇到的程序设计知识点，以具体问题的形式提出，让各小组组织讨论，教师加强指导，以防止学生出现畏难情绪。

4. 点评学生项目，促进学生反思

采用项目驱动教学法不再强调项目开发的成功与否，而是强调学生在设计过程中的收获。通过以小组方式进行自主探究项目的设计，让每位学生通过对具体问题分析、讨论、解决，有助于学生理解所学内容之间的相互关系，提高了学生自主学习、独立思考能力，培养团队意识和协作能力。

项目设计完成后，每位学生都需提交各自的设计成果，采用答辩的形式在班级讨论课上进行汇报。答辩过程中，教师和其他学生可以提出看法和观点，教师此时对答辩学生的讲述和提出异议的观点进行正误的分析，及时地总结归纳，使学生不仅巩固了所学知识，而且对设计过程中出现的失误反思，积累了开发经验，提高动手创新能力。

三、我校的程序设计课程研究性教学评价

程序设计课程考核采用研究性学习评价、平时成绩和期末笔试相结合的形式，以研究性学习表现为主。具体计算公式为：

课程成绩＝研究性学习评价×60％＋平时成绩×10％＋期末笔试×30％

其中：平时成绩主要考核学生的自主学习，以单元练习与测试的完成情况为主要依据。

研究性学习评价由教师指导评价、小组成员互评和学生自我评价3个评价主体分别进行，综合得出评价成绩。[7]研究性学习评价注重学生的学习过程，从多个方面考察学生的表现。教师指导评价是由教师对小组完成项目情况进行评

定，从团队协作、功能实现、系统优化和创新意识等方面考查；小组成员互评是由小组成员根据各成员对项目实现的贡献大小进行互评，考察的是组员的参与意识；学生自我评价是由学生本人进行反思自评。

四、结语

在面向对象程序设计研究性教学中使用项目驱动教学法，将理论知识和实际应用紧密结合，让学生明确该课程的应用价值，激发其学习的积极性，利于其对知识的掌握，提高了学生分析和解决实际问题的能力，推动了学生创新能力的发展。

参考文献：

[1] 徐风生.研究性教学的理论探讨与实践[J]. 高等理科教育，2012(6)：44-48.

[2] 卢雪松，周彩英.大学计算机教程[M].北京：电子工业出版社，2014.

[3] 赵怡.项目驱动在程序设计教学中的应用[J].计算机教育，2013(4)：73-76.

[4] 彭召意，文志强，朱艳辉.以项目驱动的面向对象程序设计课程教学研究[J].计算机教育，2012(12)：95-98.

[5] 成江荣."案例引导、项目驱动"模式下的计算机综合实践能力提升策略[J].软件导刊，2015(2)：190-192.

[6] 卢雪松. Visual FoxPro 教程(4 版)[M]. 南京：东南大学出版社，2012.

[7] 龙达雅.项目教学法在 VFP 实验教学模式中的应用研究[J].计算机时代，2011(2)：61-62.

本论文发表在《电脑知识与技术》，2016(11)

计算机公共课研究性教学中教师角色的思考

徐 晶 卢雪松
(扬州大学 信息工程学院 江苏 扬州 225009)

摘 要：研究性教学是培养创新人才的重要途径。对实施研究性教学的教师，提出了更高的要求，教师角色亟待转变。本文针对计算机公共课开展研究性教学，探讨了教师角色的多样性。教师不仅是课程教学的设计者和开发者，还是课堂教学的引导者和组织者，更是实践教学的参与者和监督者，最终还是教学反馈的评价者和反思者。

关键字：计算机公共课，研究性教学，教师角色

一、引言

高等教育的任务是培养具有创新精神创新能力的高级专门人才。研究性教学作为一种开放式教学模式，是培养人才的重要途径。[1]我校在研究性教学初步实践的基础上，现已在18个专业全面开展研究性教学改革，计算机公共课教学也在此列中。

计算机公共课教学如何打破"一言堂"的传统教学模式，如何实现教学理念的更新，如何有效开展研究性教学，对教师提出了更高的要求，教师角色亟待转变。

二、教师角色转变的必要性

传统教学模式中，教师的主要职能是"传道、授业、解惑"。经过几年教学经验的积累，一些教师的教学能力基本处于线性发展状态，独立教授某门课程，教师之间的协作大多流于形式，从而导致不少教师低层次、重复性地完成"任务"。

研究性教学模式是以培养创新人才为目标，激励和引导学生主动发现问题、分析问题和解决问题，在以教师为主导、学生为主体的探究过程中获取知识、训练思维、培养能力。因而整个教学活动不仅仅局限于课堂研究性教学，还需辅以学生观看微课、视频、自主探究、合作学习、网络自测等。这就促使教师角色多样

化，教师不仅是教学过程、方法和内容的设计者和开发者，还是课堂教学的引导者和组织者，更是实践教学的参与者和监督者，最终还应是教学反馈的评价者和反思者。

三、计算机公共课研究性教学中教师角色的多样化

1. 教师是课程教学的设计者和开发者

计算机公共课(以程序设计课程为例)进行研究性教学，需要结合学生的专业特点，整合教学内容。在程序设计课程中，我们把教学内容分为语法基础、基本控制结构、模块化程序设计等几个阶梯式的阶段，根据具体教学内容，灵活运用问题式教学法、案例教学法、任务驱动教学法等，运用线上、线下混合式教学手段，激发学生的学习兴趣，注重解决实际问题的程序设计思想与方法，加强创新能力的培养。[2]

在整个研究性教学过程中，教师“单枪匹马”几乎很难完成程序设计课程的教学任务，需要组织教学团队，联合作战。在设计、整合教学内容时，既需要具有丰富教学经验的教师，构建教学的知识框架，设计出课程讨论问题、教学案例、实际操作项目等，又需要精力充沛、善于使用新技术的年轻教师，发挥计算机教师的专业特长，自行录制微课、视频，这样制作出的教学资料能与设定的教学目标、内容相吻合，而且可以根据不同专业、不同层次学生的实际情况个性化地加以修改。利用学校教学平台，把程序设计网络课程建设得丰富多彩，上传、发布教学团队精心制作的教案、微课、视频，教学团队精心挑选的思考题、练习题、测试题、开发课题，教学团队精心准备的教学大纲、评价标准、阅读资料、参考文献等。学生可以根据自身情况，围绕本阶段或近期学习进展，上网自学、讨论、自测等，可获得教学团队中相关教师的在线指导。[3]

2. 教师是课堂教学的引导者和组织者

研究性教学教师应着力于引导学生自主建构知识体系，激发学生的学习兴趣，引发和保持学生的学习动机。其中，课堂教学是关键。课堂教学不再是教师“一言堂”，而是以学生为中心，让学生参与到提问、析问、讨论、解答的各个环节中，培养学生的探究意识和质疑精神。

我们在程序设计课程的基本控制结构教学时，采用案例教学法。[2]课前在网络教学平台上将案例(如：已知三条边长，求三角形面积[4])发布，学生收集或查找各种方法(计算三角形面积)，思考用计算机语言加以描述。小组讨论时应根据提出的不同思路，指出问题，比较算法之优劣。课堂教学时采用集中讨论，每组推选代表简述讨论结果。教师不断启发和鼓励学生，引导学生积极参与讨论，

及时给出评价、总结。当然，学生自学、小组讨论时必定会遇到疑难问题，这就要求教师收集问题，将共性问题在课堂上加以分析解答，使学生及时地内化知识。个性问题可以针对性地课下或网上单独辅导，不给学生留疑惑。

作为课堂教学的引导者，教师用丰富的经验和对学科知识的宏观把握，帮助学生完成新旧知识的联结(数学知识和程序设计语言)，从而完成教学目标(顺序结构程序解决用海伦公式计算三角形面积)，还应引导学生基于知识的思维发散(三条边一定能构成三角形吗?)，使学生所学知识由点到面地转变(引入分支结构)。

研究性的课堂教学有别于传统课堂单方向灌输，以学生为主体，教师为主导，教师引导启发学生构建知识，是双向的交流，在教学活动中充满了很多不确定因素。由此可见，开展研究性教学要求教师有较强的学科知识，其次还应有高超的课堂组织管理能力。教师在课堂教学中创设学习情境、协调学习氛围，积极地对课堂教学过程进行有效的组织和把控，牢牢地把学生注意力吸引到课堂教学上来。

3. 教师是实践教学的参与者和监督者

实践教学是研究性教学不可或缺的环节。在程序设计课程中开展研究性教学，实践教学显得尤其重要。程序设计能力的提高，不是仅靠听和看，而是要通过编码、调试、纠错，在这些循环往复的过程中得来。考虑到各专业学生的特点及学生能力的不同，采取验证性、开放性、综合性多层次的实践教学模式，充分调动学生学习的积极性，实现理论实践相结合。

教师根据所教授专业学生的特点，在已准备教学材料中选出适合该班级学生水平的任务，采用独立思考、上机实践、小组讨论、师生互动等多种形式，让学生发现问题、分析问题、解决问题，逐步培养学生的综合能力。在这一过程中教师不能采用“放羊式”教学，教师要参与其中，及时发现学生学习中的 bug，辅助其 debug，不让学生知“难”而退。

特别是综合性实践教学，每个协作小组被分配或挑选好实践任务(如一元多项式运算系统、矩阵运算系统及小规模信息处理系统)后，教师须参与任务研究，严格监督，否则，学生自主进行的教学实践可能会流于形式。教师参与研讨过程，指导学生采用自顶向下、逐步细化、模块化的方法，设计系统的总体结构，可以让学生少走弯路，提高讨论的质量，同时教师的参与行为起到一定的示范效应。[5]协作小组成员进一步通过参考文献、网络等检索、探究、思考、讨论，对模块细化、选择合适的数据结构。因为每个系统需组内成员分工协作才能完成，分解任务时离不开教师的指点，每位成员根据自身水平及兴趣领取任务时，也需教师的监督和协调。在教师的参与和监督下，小组成员相互协作、相互启发、共同提高。通过这样的实践教学使学生巩固了已有知识，培养和提高学生利用理论知识解决实际问题的能力，开拓学生的视野。

4. 教师是教学反馈的评价者和反思者

研究性教学过程中注重学生创新能力的培养，教师根据每个环节的教学反馈，都应给出教学评价，取代以往的仅靠书面作业和期末考试的评价方式。在程序设计课程中对学生"学"的效果，实行以研究性学习表现为主的评价方法，研究性学习评价占60%、平时成绩占10%、期末笔试占30%。其中，平时成绩主要考核学生的自主学习，以单元练习与测试的完成情况为主要依据。研究性学习评价由教师指导评价、小组成员互评和学生自我评价三方面综合得出评价成绩。教师给每个环节都制定了评价标准，在这样的评价机制下，促使学生注重平时的学习，积极自学、查阅资料、合作学习、探究讨论、质疑答疑等。教师也能了解学生学习状况，及时调整教法和策略，必要时组织两次教学活动，以推进研究型教学的有效实施。

采用这种评价机制，对教师"教"的效果也能从中迅速反馈，促使教师对自己的教学进行评价和反思，直观、具体地总结长处，分析不足，再次研究教学内容和学生，提出改进方案。教师不断进行具有批判性的教学反思，能丰富教学经验，而且能将实践经验系统化、理论化，有利于快速提升教学水平、教学评价和总结能力，最终把学生引上创新之路。[6]

四、结语

在计算机公共课中实施研究性教学，关键在教师角色的转变。当然，教师角色转变不可能一蹴而就，这是一个循序渐进、不断修正自身的过程。既要教师主动更新观念，与时俱进地学习教育理论，提高教学理论水平和实践能力，学习本专业领域的新知识、进行教学科学研究，提高业务和科研能力[7]；也要学校和社会对教师有计划、有组织地进行培训和提高，进而促进研究性教学效果的提升，达到培养创新人才的教育目标。

参考文献：

[1] 徐风生.研究性教学的理论探讨与实践[J]. 高等理科教育，2012(6)：44-48.

[2] 徐晶，周彩英，卢雪松，等.注重计算思维的程序设计课程研究性教学探讨[J].电脑知识与技术，2016(10)：150-152.

[3] 王兴芳.基于网络课程资源的教师角色分析[J]. 教育理论与实践，2006(1)：24-25.

[4] 周彩英.C语言程序设计[M]. 北京:清华大学出版社,2011.

[5] 张宇.研究性教学中高校教师角色定位探析[J].扬州大学学报(高教研究版),2008(12):31-33.

[6] 李敏,刘红英. 研究性教学方法在计算机程序设计类课程中的运用[J].当代教育科学,2008(7):62-63.

[7] 赵新平.研究性教学中教师角色的重塑[J].教育理论与实践,2011(1):61-62.

本论文发表在《电脑知识与技术》,2017(9)

注重计算思维的程序设计课程研究性教学探讨

徐 晶 周彩英 卢雪松 楚 红
(扬州大学 信息工程学院 江苏 扬州 225009)

摘 要：培养计算思维是培养复合型创新人才的重要内容之一。本文结合我校非计算机专业程序设计课程教学的实际，以C语言程序设计课程为例，整合教学内容，对基本语法的问题式教学、基本控制结构的案例教学及模块化设计的任务驱动教学等研究性教学法进行探讨，旨在培养学生的计算思维能力，进一步提高学生的创新能力。

关键字：计算思维，程序设计，研究性教学

一、背景

1. 计算思维

"计算思维"一词早在2006年美国卡内基梅隆(CMU)的周以真教授就给出了定义，其本质是抽象和自动化。周教授强调计算思维不仅属于计算机科学家，而应是每一个人的基本技能。[1]2010年我国九校联盟会议也发表声明指出，培养复合型创新人才的一个重要内容就是要潜移默化地培养学生养成一种新的思维方式——计算思维。[2]

2. 研究性教学

高等教育的任务是培养具有创新精神创新能力的高级专门人才。研究性教学作为一种开放式教学模式，是本科院校培养人才的重要途径。2000年以来，教育部先后出台"关于加强高等学校本科教学工作提高教学质量的若干意见"等文件，都明确提出积极推动研究性教学，提高大学生的创新能力。[3]各高校积极将研究性教学理念融入教学改革中，积极探讨研究性教学的理论与实践模式。

由此可见，在当今信息技术时代，培养学生的计算思维能力是培养具有创新能力的人才的必要条件。在积极实践研究性教学改革过程中，不断渗透计算思维的思想，培养学生计算思维能力，是一项非常有意义的重要任务。

二、我校计算机基础教学的现状

为应对高校计算机基础的教学改革，我校对计算机基础课程的教学做了改动，非计算机专业学生第 1 学期先行开设大学计算机基础课程，第 2 学期开设程序设计课程。这样使新生在了解计算思维的概念后，能有意识地使用计算思维去思考问题、去解决一些基本问题，同时对后续开设的程序设计课程有一定的铺垫作用。

我校在研究性教学初步实践的基础上，现已在 18 个专业全面开展研究性教学改革，计算机公共课教学也在此列中。将研究性教学改革应用于程序设计课程，正好解决了目前非计算机专业程序设计课程教学过程中尴尬局面，其一是教学过程中偏重语法讲解，内容多、晦涩难懂；其二实验课时少，学生编程能力和调试能力差等。

程序设计课程正好也是训练学生计算思维能力的一个重要平台。因而，如何在程序设计课程的研究性教学中训练学生的计算思维能力，又如何利用学生的计算思维能力促进程序设计课程的教学改革，则是我们计算机公共课教学工作者要积极思考并付诸实践的重要课题。

三、注重计算思维的程序设计课程研究性教学探讨

我们在非计算机专业开展注重计算思维的程序设计课程(以“C 语言程序设计”课程为例)研究性教学，是以培养创新人才为目标，激励和引导学生主动发现问题、分析问题和解决问题，在以教师为主导、学生为主体的探究过程中运用计算思维的方法获取知识、训练思维、培养能力。

根据计算思维和研究性教学的特点，我们从本校实际情况出发，实施 C 语言程序设计课程研究性教学以课堂研究性教学为主，且又不仅仅局限于课堂中，辅以学生自主探究、合作学习、网络自测、观看视频。对教学内容进行整合，将课程内容分为几个阶梯式的程序设计阶段，依次是语法基础、基本控制结构、模块化程序设计等。教学过程中，根据具体教学内容灵活运用适合于研究性教学的方法和手段，如问题式教学法、案例教学法、任务驱动教学法等，激发学生的学习兴趣，注重解决实际问题的程序设计思想与方法，注重计算思维能力的培养。

1. 基本语法的问题式教学，培养计算思维能力

问题式教学通过提出一系列问题来组织教学内容，把问题贯穿于教学过程的始终。古人云“学起于思，思源于疑”，问题、疑问是思维的“启发剂”。我们首先要创设问题情境，激活学生思维；交流讨论，启发学生反向思维；解决疑问，学

会计算思维的方法。

C语言的基本语法、基本控制结构本身就蕴含着重要的计算思维。[4]我们通过不断设问、反问,来逐步分析、挖掘、探索C语言语法的知识内涵,让学生领悟语法定义的目的、形式和使用方式。这样让学生既学到了C语言基本语法,又有利于在使用过程中少犯错误,即使出现语法错误也能快速找出根结所在。

示例问题:将华氏温度转换成摄氏温度。转换公式:$C=5.0/9*(F-32)$,其中F为华氏温度。

讲解示例,首先设问"如何告诉计算机所要完成任务?",当然用符号表示(即符号化),这是一次抽象的过程。再问"直接输入转换公式,计算机能识别公式中的符号吗?",演示发现系统会报错,无法识别F和C。接着问"怎样让系统接受未知的数据?"及"在C语言中如何'介绍'新数据?",此时让学生去自学、讨论数据对象的命名规则及基本数据类型,并带着问题"为何不能将形如int、1st、W. Join作为对象名(用户标识符)? int和Int在有何区别?"去思考。通过讨论最终确认,使用"float F,C;"来声明两个实型变量F和C。这又一次的抽象使学生不仅学到了知识,而且还体会计算思维的确定性和形式化。

声明变量后,设问"能运行并得到正确结果吗? 答案是多少?",此时让学生手算或心算,有人发现F的值未知,无法计算。但教师演示系统却未报错,提问"为什么?"学生带着好奇,教师道出原因,让其进一步了解变量的含义。为得到正确结果,需要先为F赋值,设问"怎么赋值?",学生回答"$F=50$",教师给予肯定的同时反问,这样系统每次运行得到的结果会怎样? 让学生发现这样的程序不具备通用性,由此引出C语言的输入输出库函数。

以问题为中心的教学示例中,将学生思考、讨论和教师讲解、点评有机地结合起来,师生在互动中学习、探究,教师引导学生积极主动地获取知识,学生通过基本语法的学习也培养了计算思维能力。

2. 三种控制结构的案例教学,强化计算思维能力

案例的选取是案例教学中的关键因素,[5]选取的案例所反应的知识点要丰富,具有针对性、启发性和扩展性,应由简单到复杂。针对结构化程序设计思想中的顺序、选择和循环三种结构,通过抽象问题、分组讨论、集中讨论和总结反思等环节,使学生在案例分析的过程中体会计算思维的特征,强化计算思维能力。

案例1,已知三条边长,求三角形面积。[6]

学生课前准备案例时,收集或查找各种计算三角形面积的方法。在小组讨论时每位学生给出不同的解题思路,相互间指出问题,比较哪种算法描述更简洁。课堂教学时采用集中讨论,每组推选代表简述讨论结果,由教师和其他组学

生给予评价。教师在教学过程中不断启发学生、鼓励学生，同时给出总结，比如该案例使用海伦公式计算是较方便的方法，使用语言描述算法时注意的语法规则。如果有小组提出“三边能否构成三角形”问题，则应大力表扬，促使学生提高思维的缜密性和严谨性，同时顺理成章地引入分支结构。

案例 2，比较两位学生的成绩，输出最高分。如果人数扩展到 3 人、N 人，如何找出最高分？

案例第 1 问解决思路非常清晰简洁，使用 1 次双分支结构即可，至少两种描述方法：if-else 和 switch-case 结构。当比较人数扩展到 3 人时，和学生探讨出多种描述算法，既可以使用嵌套的分支结构，也可两次使用分支结构。通过讨论可以开阔学生的思路，又促使学生主动思考，鼓励思维的多样性。案例的最后一问是难点，教师应给予指点，让学生带着问题“N 个成绩如何存储？使用 N 个简单变量可行吗？N 个成绩需要比较多少次？”去查资料、思考，有思路也有困惑。“N 个成绩比较 $N-1$ 次找出最高分”答案是肯定的，但数据存储是难点。一种思路是用数组，引入数组的概念，为下一章做好铺垫；另一种思路依旧用简单变量，但用 N 个简单变量是不现实的，引导学生纵向思考，每次存放一个成绩，重复 N 次即可，引入循环结构。解决方案是用两个变量，擂台思想，循环 $N-1$ 次就能找出 N 个中的最高分。

通常我们设计的教学案例都不是很复杂，让学生努力一下能解决，但是要具备多样性和扩展性，让学生从不同角度认识问题，用不同方式描述算法，用不同方法实现问题求解。用程序设计语言描述、解决问题，正是将人的日常思维转换到计算机思维的过程。

3. 模块化设计的任务驱动教学，提高计算思维层次

任务驱动教学是一种建立在建构主义学习理论基础上的教学模式，[7]它以教师为主导、学生为主体，教、学双方都围绕若干项任务展开，在求知欲的驱动下，学生采用自主探究和协作学习方式，根据对任务的理解，运用共有知识和已有经验提出解决方案、完成特定任务。

将任务驱动教学法应用于程序设计课程教学的后半期，此时学生已具备一定的程序设计基础知识和计算思维能力，教师把精心准备的小系统（如一元多项式运算系统、基本算术运算测试系统、矩阵运算系统及小规模信息处理系统）的开发任务，分配给每个协作小组，也可让小组（或组长）从若干任务中挑选。

每个小组接到不同任务后，结合系统设计要求，采用自顶向下、逐步细化、模块化的方法，设计系统的总体结构，包括系统的基本处理流程、组织结构、模块划分、功能分配、接口设计和数据结构设计等。比如一元多项式运算系统，其设计

要求是实现一元多项式的加、减、乘、除运算。从表面上看系统应由 1 个主模块和 4 个子模块组成，起主导作用的教师要引导学生运用计算思维的关注点分离、抽象和分解的方法进行分析。为了能进行运算，首先要输入一元多项式，运算结束后要输出一元多项式，增加输入、输出两个子模块。在实现四种运算时，引导学生使用计算思维的约简、嵌入、转化等方法，将其转化成合并同类项、降幂排列、删除系数为 0 项等问题，又需增加 4～5 个功能模块。在任务驱动下，协作小组成员通过参考书、网络等自主检索、探究、思考、讨论，对每个模块进一步细化，确定每个模块的具体功能，画出系统的组织结构图和基本处理流程。在设计数据结构时，小组成员讨论是从已会的一维、二维数组中选择，还是从未学的结构数组、链表中选择，既要考虑能便于数据的处理，又要考虑组内成员的水平，因为每个系统需组内成员分工协作才能完成。组长此时可以协调，先用一维数组实现，后期也可在素质较高的学生带领下使用链表等实现，这样小组成员相互协作、相互启发、共同提高，体现团队合作的理念。

每位成员领取分解的任务后，根据共同确定的数据结构和模块接口的描述，对具体子模块进行详细设计，给出详细的算法描述。然后，分组讨论每位成员的算法可行性，以及与其他子模块之间的调用关系，如遇到解决不了的问题，教师可参与讨论，给予一定指导，调动大家的积极性。算法确定后，每位学员根据算法编写代码并写出设计报告。协作小组成员再集中交流各自完成的情况，由组长集成系统代码，组员一起参与调试过程，发现问题解决问题，共同进步。每位学员按照报告模板提交各自的设计成果，采用答辩的形式在班级讨论课上进行汇报。答辩过程中，教师和其他学生可以提出看法和观点，教师应对答辩学生的讲述和提出异议的观点进行正误的分析，因为学生为了完成这项任务都是深思熟虑的，教师及时地分析总结归纳，不仅使学生对所学知识进行巩固，而且进一步扩展学生的计算思维能力。

采用任务驱动教学法不再强调系统开发的成功与否，而是强调学生在系统设计过程中的收获。每位学生通过对具体问题分析、讨论、解决，不断训练自己的计算思维能力，通过以小组方式进行一个小规模系统的设计，将学生的计算思维能力提高了一个层次。

四、结语

在程序设计课程研究性教学过程中不断渗透计算思维的思想，更加利于学生对知识的掌握，同时利于提高计算思维能力，推动学生创新能力的进一步发展。我们从学校实际出发，提出整合教学内容，对基本语法的问题式教学、基本控制结构的案例教学及模块化设计的任务驱动教学等研究性教学法进行探讨，以期使教师能够摆脱教材束缚，将理论与实验课时、课内和课外充分利用，更好地发挥教学的自主性，促进学生的计算思维能力的提高。

参考文献：

[1] Jeannette M. Wing. Computational Thinking[J]. Communications of the ACM, 2006, 49(3): 33-35.
[2] 何钦铭，陆汉权，冯博琴. 计算机基础教学的核心任务是计算思维能力的培养[J]. 中国大学教学，2010(9)：5-9.
[3] 徐风生. 研究性教学的理论探讨与实践[J]. 高等理科教育，2012(6)：44-48.
[4] 徐新海，林宇斐. 注重计算机思维的启发式C语言语法教学[J]. 计算机教育，2014(9)：1-4.
[5] 唐芳. 案例教学法与任务驱动教学法的比较[J]. 顺德职业技术学院学报，2011(10)：36-37
[6] 周彩英. C语言程序设计[M]. 北京：清华大学出版社，2011.
[7] 牟琴，谭良，周雄峻. 基于计算思维的任务驱动式教学模式的研究[J]. 现代教育技术，2011(6)：44-49.

本论文发表在《电脑知识与技术》，2016(10)

C语言程序设计研究性教学的实施

宋春来
（扬州大学 信息工程学院 江苏 扬州 225009）

摘　要：C语言程序设计课程在普通高校计算机课程中占有重要的地位。本文从教师的主导地位、学生的主体地位、学生相互合作、多元评价体系等诸多方面探讨了研究性教学在C语言课程学习中的必要性。

关键词：C语言程序设计，研究性教学，教学模式

C语言程序设计是理工科学生重要的一门专业基础课，学好这门课，可以为后续的一些课程打下坚实的基础。但是对于初学者来说，复杂的概念、繁杂的规则、各种算法等往往都会成为学习的拦路虎，使学生对学习产生畏难情绪，从而丧失学习的热情。如何使学生掌握C语言学习的技巧，使学生从听得懂不会做到听得懂也能做，这是每个任课教师都需要认真研究的课题。为了解决在C语言教学中出现的种种问题，笔者将研究性教学模式引入到教学活动中，大胆地进行了教学模式、教学内容、评价体系等诸多方面的改革，取得了很好的教学效果。下面，笔者就结合自己的教学经验，谈谈研究性教学方法在C语言程序设计教学中的实施。

一、研究性教学的概念和意义

研究性教学是指在教学过程中，学生在教师指导下，通过以“自主、探究、合作”为特征的学习方式对当前教学内容的主要知识点进行自主学习、深入探究并进行小组合作交流，从而较好地达到掌握知识运用知识的目的。研究性教学模式不仅可以较深入地达到对知识技能的理解与掌握，更有利于创新思维与创新能力的形成与发展，即有利于创新人才的培养。在此过程中，能否取得成就的关键是，学生在学习过程中的主体地位是否能得到比较充分的体现，同时还需要有教师方面的引导、帮助与支持。换句话说，研究性教学模式的成功实施涉及两个方面——既要充分体现学生在学习过程中的主体地位，又要重视发挥教师在教学过程中的主导作用。离开其中的任何一方，研究性教学都不可能取得良好效

果。可见,“主导—主体相结合”是这种教学模式的基本特征。

二、教师主导地位的体现

在研究性教学模式下,教师的主导地位同样不可或缺,正所谓“师傅领进门”。每章在介绍新的知识点的时候,我都会结合若干个例题,使学生了解基本概念,对相关的数据结构和算法有一定的了解,然后再布置相关的例题让学生进行自主学习。比如,排序操作是程序设计中重要的算法,要求学生熟练掌握冒泡排序算法,选择排序算法,直接插入排序算法,归并排序算法等。我的教学方法是选择冒泡排序、选择排序、归并排序进行课堂讲解,而把直接插入排序作为研究性教学作业留给学生。在课堂上,教师充分利用多媒体教学软件,动画演示排序的过程,提高教学的趣味性和形象性,使学生对排序有直观的感受,然后结合流程图写出程序。在具体编写程序的时候,教师可以故意留几个错误,然后进行课堂提问,让学生找出程序中的错误。在查找错误的过程中,一方面加深了学生对算法的理解,另一方面也提高了学生调试程序的能力。教师的主导地位还体现在当学生讲解完直接插入排序算法以后,我会根据他的讲述内容进行提问,比如“当插入一个最大数的时候程序如何运行”,“当插入一个最小数时程序如何运行”,“如果去掉一个临时单元程序会出现什么问题”等,这些都能够使学生更透彻地理解程序。

三、学生主体地位的体现

研究性教学要充分体现学生的主体地位,让学生更多地去做,理论和实践相结合。在传统的教学过程中,老师讲得多,学生练得少,导致学生对许多概念都似是而非,不能深刻理解老师讲的知识点,事倍功半。在研究性教学过程中,一定要让学生上机前自己编写程序,上机进行调试,当出现自己不能解决的问题时,再请教老师或同学。看到自己编写的程序能够最终运行出正确的结果,一定能够充分调动学生学习的积极性,从而建立良好的教学循环。结合上述例子,我讲完几个排序算法以后,要求学生自学“直接插入排序”,理解算法的思想,编写程序上机调试成功并做好 ppt,在课堂上进行讲解。学生领到这个作业以后,第一步就是上网或者到图书馆里去查找资料,算法的思想很好理解,但是要将算法转换为 C 语言的程序,还需要费一番周折。这一步非常锻炼学生的实践能力和自主学习的能力,既需要学生用到前面所掌握的知识和程序调试技巧又需要学生真正理解算法的思想。这些都需要他们花大量的时间去研究。

四、学生相互合作的体现

研究性教学模式中，学生的自主学习比重大大增加，很多知识点的掌握都需要学生自己去学习、巩固和消化，但是由于个体学习能力的差异，可能有的同学会跟不上教学的进度。这时就需要将学生有效地分为若干个小组，互相学习，互相帮助，共同进步。在具体分组的时候，一方面要考虑学生本人的意愿，另一方面也要考虑到学生学习的能力，将好中差学生合理地进行分配。具体实施方法是这样的，根据平时小测验的结果，将学生分为上中下三类，然后在每类中各取几位同学构成一个小组。学生自主学习后，利用一节公开课检验他们的学习情况。每组同学中我随机的抽取一名同学上讲台进行讲解，他的讲解得分代表整个小组的得分，这样一来，每个同学都会在平时很努力地去学习，不懂的一定会去问其他同学，其他同学也会很热情地给他讲解，就可以有效地避免一组中有的学生不学，试图蒙混过关的情况。当某个同学讲解完毕以后，其他小组的同学可以提问。每个小组最后的得分是由其他小组打的分算出来的。对于更复杂一点的程序，相互合作就显得更重要了。当老师分配了任务以后，由小组长进行模块的划分，指定每个同学具体负责的模块，大家共同协作完成总体目标。

五、多元评价体系的体现

在传统的教学模式中，学生最后的成绩是期末考试成绩占主要地位，平时成绩占次要地位。而在研究性教学过程中更注重平时成绩。通过作业，平时测验，小组得分，创新性，期末成绩多元化的方式来评价学生的学习成绩，更看重学生自主学习能力的培养以及学生实践操作能力的培养。我们采取的比值是平时成绩占百分之七十的比重，而期末考试占百分之三十的比重。

六、结束语

通过我们历年研究性教学的实施可以看出，采用这一种教学模式，学生的积极性得到了很大的提高，编程能力有了长足的进步，既培养了学生自主学习的能力，又培养了学生共同合作的精神，可谓一举数得。当然，在我们的研究性教学过程中，还有许多需要改善的地方。今后，我们将继续实施研究性教学，多多培养合格的编程人才。

参考文献：

[1] 谭浩强.C程序设计(第三版).北京:清华大学出版社,2005.

[2] 候建花，杨长青."C语言程序设计"实验教学的改革与实践[J].计算机教育，2010(1)：114-115.
[3] 袁驷.改进教学模式切实提高教学质量[J].中国大学教学，2009(1)：11-13.
[4] 朱迅."C语言程序设计"教学的讨论[J].软件导刊，2010(8).

本论文发表在《科技经济导刊》，2016(28)

启发式教学在 VFP 查询学习中的应用

宋春来

(扬州大学 信息工程学院 江苏 扬州 225009)

摘　要： SQL 是 Structured Query Language(结构化查询语言)的缩写。查询是 SQL 语言的重要组成部分，是 VFP 课程学习的重点和难点。本文通过案例教学法简述启发性教学在 Select-SQL 语言教学中的实施。

关键词： VFP 语言程序设计，Select-SQL，启发性教学，案例教学

Visual FoxPro 是计算机优秀的数据库管理系统之一，正如其名称中的"Visual"一样，它采用了可视化的、面向对象的程序设计方法，大大简化了应用系统的开发过程，并提高了系统的模块性和紧凑性。计算机数据库系统以其开发成本低、简单、方便用户等优点得到了迅速推广。

SQL 是 Structured Query Language(结构化查询语言)的缩写。Select-SQL 是 SQL 语言的重要组成部分，但不是全部，SQL 还包含数据定义、数据操纵和数据控制功能等部分。SQL 已经成为关系数据库的标准数据语言，所以现在所有的关系数据库管理系统都支持 SQL。SQL 语言具有如下主要特点：(1)SQL 是一种一体化的语言，它包括了数据定义、数据查询、数据操纵和数据控制等方面的功能，可以完成数据库活动中的全部工作；(2)SQL 语言是一种高度非过程化的语言，它没有必要一步步地告诉计算机"如何"去做，而只需要描述清楚用户要"做什么"，SQL 语言就可以将要求交给系统，自动完成全部功能；(3)SQL 语言非常简洁；(4)SQL 语言可以直接以命令方式交互使用，也可以嵌入到程序设计语言中以程序方式使用。

SQL 的核心是查询。SQL 语言的查询命令也被称作 Select-SQL 命令。查询就是用 Select-SQL 语句从指定的表或视图中提取满足条件的记录，然后按照想得到的输出类型定向输出查询结果，诸如浏览窗口、报表、标签、表等。查询以扩展名为 QPR 的文件保存在磁盘上，是一个文本文件。

笔者根据多年的教学经验发现，Select_SQL 语言的分组以及提供的两次筛选都会成为初学者学习的拦路虎，使学生对学习产生畏难情绪，从而丧失学习的

热情。如何使学生掌握 Select—SQL 语言学习的技巧，使学生从听得懂不会做到听得懂也能做，这是每个任课教师都需要认真研究的课题。为了解决这个问题，笔者将启发性教学模式引入到教学活动中，大胆地进行了教学模式、教学内容、评价体系等诸多方面的改革，取得了很好的教学效果。下面，我就以案例来谈谈启发式教学方法在 VFP 查询中的实施。

例如，我们想设计下面这个查询："已知在学生(xs)表中含有学号(xh,C)、姓名(xm,C)、班级编号(bjbh,C)、系代号(xdh,C)和专业代号(zydh,C)等字段，专业(zy)表中含有专业代号(zydh,C)和专业名称(zymc,C)等字段。基于 xs 表和 zy 表查询"01"年级每个专业的女生人数和总人数。要求输出 zydh、zymc、年级、女生人数和专业总人数，查询结果按女生人数从高到低排序(假定 bjbh 的前两位代表年级)"。问题 1："两张表基于哪个字段建立连接?"问题 2："如何筛选出'01'年级的学生?"问题 3："题目中出现的每个专业，该如何操作?"问题 4："如何统计专业的总人数和女生人数?"问题 5："如何表示降序?"。学生解决这 5 个问题的过程也就是自主学习的过程，通过这 5 个问题的解决，可以使学生更透彻地理解 Select-SQL 语句，提高自主学习的能力。对第一个问题，启发学生表在建立连接时一般是基于同名字段来建立连接，于是可以写出下面的语句"FROM sjk! xs INNER JOIN sjk! zy ON Xs.zydh＝Zy.zydh;"；对于第二个问题，启发学生 bjbh 的前两位代表表示年级，想筛选出"01"级的学生并不需要分组就可以做到，于是写出下面的语句"WHERE left(xs.bjbh,2)＝"01""；对于第三个问题，启发学生既然要按照每个专业来统计人数，就需要按照专业来分组，于是写出如下语句"GROUP BY Xs.zydh;"；对于第四个问题，启发学生由于按专业分组了，那么每一组的人数就可以通过计数来统计出来，而在这一组中的女生人数有一条记录算一个，而男生不计数，据此写出如下语句"SELECT Xs.zydh, Zy.zymc, left(xs.bjbh,2) as 年级, sum(iif(xs.xb＝"女",1,0)) as 女生人数, count(*) as 专业总人数;"；对于第五个问题，启发学生由于默认的排序顺序是升序，所以如果是降序，要写上降序的关键字，据此写出如下语句"ORDER BY 4 DESC"。将上述 5 个问题的模块搭建起来，就可以得到完整的 Select-SQL 语句了，如下"SELECT Xs.zydh, Zy.zymc, left(xs.bjbh,2) as 年级, sum(iif(xs.xb＝"女",1,0)) as 女生人数, count(*) as 专业总人数 FROM sjk! xs INNER JOIN sjk! zy ON Xs.zydh＝Zy.zydh WHERE left(xs.bjbh,2)＝"01" GROUP BY Xs.zydh ORDER BY 4 DESC"。更进一步提问，"01"年级学生的筛选可以放到分组后的满足条件里吗? 学生自主思考并分组讨论，有些学生会写出"having left(xs.bjbh,2)＝"01" "这样的语句，但是和上面的 Select 语句查询结果不一样。于是启发学生，having 语句用于分组后的筛选，既然对年级进行筛选，那就需要对年级进行分组，然后才能完成正确的筛选。经过启发，大多数同学都能写出正确的 select-SQL 语句"SELECT Xs.zydh, Zy.zymc, left(xs.bjbh,2) as 年级, sum(iif(xs.xb="女",1,0)) as 女生人数, count(*) as 专业总人数 FROM sjk! xs INNER JOIN sjk! zy ON Xs.zydh=Zy.zydh GROUP BY Xs.zydh ,3 having left(xs.bjbh,2)="01" ORDER BY 4 DESC"。

通过该案例的讲解，采用启发式教学，使同学们深刻理解 where 和 having 筛选的区别，掌握 Select-SQL 语句设计的方法。既培养了学生自主学习的能力，又培养了学生共同合作的精神，可谓一举数得。今后，我将继续在教学中应用启发式方法，培养更多优秀的人才。

参考文献：

[1] 王利，娄不夜.全国计算机等级考试二级教程——Visual FoxPro 数据库程序设计(2011年版).北京：高等教育出版社，2011.

[2] 杨长辉.案例分解与任务驱动相结合的 VFP 教学方法[J].科教文汇，2009(6)：150.

[3] 李佐军.浅谈非计算机专业 VFP 程序设计案例式教学[J].临沧师范高等专科学校学报，2009，18(2)：101-103.

[4] 程春玲，张少娴，陈蕾.基于计算思维能力培养的数据库课程教学研究[J].中国电力教育，2012(8)：80.

本论文发表在《当代教育实践与教学研究》，2018

在 VFP 表单设计中应用研究性教学

宋春来
（扬州大学 信息工程学院 江苏 扬州 225009）

摘　要： VFP 语言及程序设计是我校非计算机专业学生学习的一门重要课程，也是全国高等学校计算机等级考试的考试内容之一。本文以设计带有命令按钮的表单为例，探讨了如何在 VFP 的教学过程中应用研究性教学思想，以便达到更好的教学效果。

关键词： VFP 语言及程序设计，研究性教学，表单设计，案例教学

随着计算机技术的发展，其主要应用已从科学计算转变为数据处理，不需要进行复杂的科学计算，而是要进行大量数据的存储、查找、统计等工作，如教学管理、人事管理、财务管理等。数据库技术就是目前最先进的数据管理技术。Microsoft 公司推出的 Visual FoxPro 就是一个可运行于 Windows 平台的数据库开发系统，也是目前微机上最优秀的数据库管理系统之一。目前，很多高校都开设了 VFP 课程，并且，它也是全国高等学校计算机等级考试的考试课程之一。下面，笔者结合自己的教学经验，谈谈如何将研究性教学思想应用在表单设计中，提高学生的思维能力，实验能力，最终取得较好的教学效果。

一、研究性教学和案例教学

研究性教学是教师指导学生从自然、社会和日常生活中选择、确定与学科相关的专题进行研究，使学生在独立的主动探索、主动思考、主动实践的研究学习过程中，吸收知识、应用知识、解决问题，获得新颖的经验和具有个性特征的行为，从而提升自身各方面素质，培养创造能力和创新精神的一种教与学互动的实践活动。

研究性教学方法包括问题教学法、活动体验法、实验探究法、案例分析法。其中案例教学法初创于哈佛商学院，具体来说就是运用案例进行教学，由教师或学生提供案例作为教学剖析的对象，大家一起通过对案例的分析、讨论、评价，寻找对象，体验和感悟案例情境，吸收案例讨论有价值的思想、观点、方法，内化为

自己所学的知识,增强运用所学知识解决问题的能力。

二、在 VFP 表单设计中应用研究性教学

1. 教学目标

了解命令按钮的功能特点、使用方法、掌握命令按钮的常用属性,会设置简单的代码以便完成预期的功能。能够触类旁通,了解其他控件的设置方法,培养自己的动手能力、分析能力、解决问题的能力。

2. 教学内容

要求学生能够设计出一个具有 5 个命令按钮的表单,5 个按钮的标题分别是"第一条""上一条""下一条""末一条""退出"等。当单击"第一条"按钮时,可以使表中记录指针移到第一条记录上,并在表单上实时显示第一条记录的内容。当单击"上一条"按钮时,可以使表中记录指针移到上一条记录上,并在表单上实时显示上一条记录的内容。当单击"下一条"按钮时,可以使表中记录指针移到下一条记录上,并在表单上实时显示下一条记录的内容。当单击"末一条"按钮时,可以使表中记录指针移到最后一条记录上,并在表单上实时显示最后一条记录的内容。当单击"退出"按钮时,可以关闭表单。更进一步,要求学生设置表单的背景图片,将按钮的文字标题改为图片标题,并为按钮设置提示信息,从而生成一个图文并茂又具有实际功能的表单。如图 1 所示。

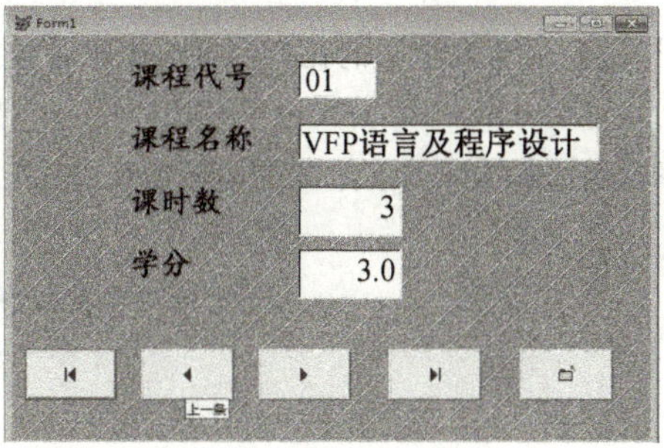

图 1

3. 教学过程

教师首先将学生分成若干个小组,每个小组独立完成老师指定的任务,提交最终的设计成果。课堂上,教师引入问题"当我们从数据环境中拖动字段到表单上以后,运行只显示出第一条记录的内容,如果我们想显示其他记录怎么办?",等待学生思考以后,告诉同学们可以用命令按钮来完成记录指针的移动。引导学生考虑在表单上应该设计几个按钮,分别应该完成哪些功能。随后回顾复习

先期学过的知识，比如记录指针移动的命令，再比如分支语句的使用……在4个移动记录的按钮中任选一个作为范例讲述命令代码的编写，然后请同学们分小组讨论其他代码的编写，并上机编写完成，直至运行成功。教师提出下一个问题“当记录指针已经移到第一条记录上时，上一条和第一条两个按钮应该不可用，如何使这两个按钮不能响应用户引发的单击?”，引入“enabled”属性的介绍并编写对应的代码，随后抛出问题“当记录指针已经移到最后一条记录上时，下一条和末一条两个按钮应该不可用，如何使这两个按钮不能响应用户引发的单击?”，由同学们自行讨论并编写代码。最后，请同学们独立思考如何将文字按钮改为图片按钮并设置提示信息。要使表单美观大方，还应该注意控件的对齐以及文字大小，控件大小等的设置，这一部分可以让同学们学习“布局”工具栏的使用，多个控件的选择等操作。

3. 结束语

通过开展研究性教学，学生在教学过程中参与其中的机会大大提高，由于问题贯穿在这节课的始终，学生的思考多了，课堂教学互动多了，会意识到自己才是学习的主人。教师的鼓励、欣赏和期待会对学生起到潜移默化、润物无声的效果，从而激发他们的积极情感。教学内容始终与解决设计问题相联系，学生可以在轻松的氛围中学到专业知识，因此值得大力推广。

参考文献：

[1] 唐芳.案例教学法与任务驱动教学法的比较[J].顺德职业技术学院学报，2011(10)：36-37.

[2] 胡效亚.研究性教学案例选编[M].南京：江苏教育出版社，2012.

本论文发表在《科技经济导刊》，2017(11)

研究性教学在 VFP 数据库设计中的应用

宋春来
(扬州大学 信息工程学院 江苏 扬州 225009)

摘　要： Visual FoxPro(VFP)关系数据库系统是全国高等学校计算机等级考试科目之一，是新一代小型数据库管理系统的杰出代表。本文探讨了如何在 VFP 数据库设计中应用研究性教学。

关键词： VFP 语言，研究性教学，数据库系统

VFP 是新一代小型数据库管理系统的杰出代表，它以强大的功能、完整而又丰富的工具、较高的处理速度、友好的界面以及较完备的兼容性等特点，深受广大用户的欢迎。目前，VFP 是用户收集信息、查询数据、创建数据库系统、进行应用系统开发较为理想的微机数据库管理系统。笔者认为，在 VFP 的教学中，数据库设计是一个很重要的教学点。只有采用较好的数据库设计，才能迅速高效地创建一个设计完善的数据库，为访问所需信息提供方便。下面，我就结合自己的教学经验，谈谈如何将研究性教学思想应用在数据库设计中，以便提高学生的思维能力、实验能力、最终取得较好的教学效果。

设计数据库有 5 个步骤：明确建立数据库的目的、确定需要的表、确定表中字段、建立表之间的关系和改进设计。

一、明确建立数据库的目的

这一步主要是进行需求分析，以便确定数据库中需要保存哪些信息。例如，用户需要录入哪些信息，需要从数据库中得到怎样的结果，可以启发学生从信息需求、处理需求、安全性和完整性要求三方面着手来分析。信息需求即是用户要从数据库中获得的信息。比如我们在建立“教学管理数据库”时，应该提供教师、学生、课程、任课、班级、专业、成绩等与教学管理有关的信息。处理需求指需要对数据完成什么处理功能及处理的方式。安全性是指数据的保密性控制，例如用户需要验明身份后才能进入系统，对某些特定的数据限定使用权限，对不同的操作采用不同的保护级别，采用密码方式存放数据等。完整性控制指利用某些

条件判断来排除不正确的数据，它包括正确性、有效性、相容性的控制。

二、确定需要的表

这是数据库设计过程中技巧性最强的一步。以教学管理数据库为例，要涉及教师、课程和任课等情况，如果把教师、课程和任课信息放在一张表中，就势必会造成信息的重复。而大量信息的重复会导致以下后果：录入工作量增大，重复数据的录入又会造成数据的不一致性，容易出现孤立记录。因此，要尽量避免在一张表中存储重复的信息。在本例中，可以设置三张表分别存放教师、课程和任课的信息。这一步在课堂上可以先展示一张包含教师、课程、任课信息的一张表，然后让学生找出表的不足之处，再启发学生回答重复信息带来的后果。

三、确定表中字段

第一是要确保每个字段都直接和表的主题相关。例如课程表中应含有课程号、课程名、课时数、必修课、学分等字段。教师表中应含有教师号、教师名、性别、工龄、出生日期、职称、教师简历、教师照片等字段。第二是以最小的逻辑单位存储信息。如果一个字段中结合了多种信息，以后要获取单独的信息就会很困难。第三是不要包含可推导得到的字段。例如，在工资表中包含了基本工资、岗位工资、职务津贴，公积金，水费、电费等字段，就不必有应发工资字段，因为应发工资可以通过以上字段计算出来。第四每张表都必须确定主关键字段。它用以唯一确定存储在表中的每个记录。例如教师表中的主关键字是教师号，课程表中的主关键字是课程号，任课表中的主关键字是教师号和课程号两个字段。这一步可以先让学生思考一下表应该包含哪些字段，然后大家共同讨论，增加需要的字段，去掉不必要的字段。

四、确定表之间的关系

VFP 用表来存储数据，在每张独立的表中存储的数据之间有一定的关联。我们可以利用相互关联的数据来查找数据库中有联系的信息。例如，我们需要查找教师的任课信息，教师号是教师表的主关键字，也是任课表中的一个字段。我们把教师表中的教师号称为是主关键字，而任课表中的教师号称为外部关键字。通过教师号可以建立教师表和任课表的关系。两表之间的关系一般有三种：一对一关系、一对多关系和多对多关系。一对一关系是指 A 表的一条记录在 B 表中只能对应一条记录，而 B 表的一条记录在 A 表中也只能对应一条记录。这种关系用得很少，一般用于字段项太多或其他特殊情况下。一对多关系是指

A表的一条记录在B表中对应多条记录，而B表的一条记录在A表中只对应一条记录。我们称A表为主表，B表为子表。以教学管理系统中教师表和任课表为例，教师表和任课表之间就是一个一对多关系，教师表是主表，任课表是子表。同样的道理，课程表是主表，任课表是子表。多对多关系是指A表的一条记录在B表中可以有多条记录与之对应，而B表的一条记录在A表中也有多条记录和它对应。多对多关系在实际应用中经常出现。比如教师和课程表之间就存在多对多关系。每个教师可以上多门课程，每门课程可以由多个教师上，一般在处理多对多关系时，要建立第三张表，将一个多对多关系分解为两个一对多关系，这第三张表就称为纽带表。比如在教学管理系统中，任课表就是教师表和课程表之间的纽带表。在这一步中，请学生思考各个表之间的关系，找出每张表的主关键字，必要时设置纽带表。

五、改进设计

这一步主要是检查数据库是否满足了用户的需求，查找错误，完善设计。比如是否为每张表都选择了主关键字，设计的表中字段是否全面，是否包含了大批冗余的数据，是否存在保持了大量空白的字段，是否从现有的表中可以得到所需的数据。经过反复的修改和完善，最终我们可以得到教学管理数据库系统的原型。

以上我们简述了数据库的设计过程。当然，这个系统设计的比较简单，离实际的应用还有一定的距离。我们研究性教学的目的就是让学生掌握数据库设计的一般方法，能够动手进行设计，多多思考，和老师有效互动，真正成为学习的主人。

参考文献：

[1] 王珊.数据库系统概论(第4版).北京：高等教育出版社，2006.

[2] 严明.Visual FoxPro教程(2010年版).苏州：苏州大学出版社，2010.

[3] 教育部考试中心.全国计算机等级考试二级教程——Visual FoxPro数据库程序设计.北京：高等教育出版社，2011.

[4] 边小勇，盛玉霞.计算机语言类课程教学法研究与实践.计算机教育，2007(21).

本论文发表在《课程教育研究》，2017(14)

Visual FoxPro 语言的研究型教学模式实践

孟纯煜　卢雪松
（扬州大学 信息工程学院 江苏 扬州 225009）

摘　要：由于课堂传统教学模式存在问题，本文以“Visual FoxPro 语言程序设计”这门课程的教学实践为例，相比传统的课堂教学，构建了研究型的教学模式，介绍了该模式在课堂中的具体应用，在该教学模式下，学生自主学习能力得到了提高，课堂教学质量得到了保障。

关键词：Visual FoxPro 语言，研究型，教学模式，计算机
中图分类号：G642　　　　**文献标识码：**A

一、引言

数据库技术是日常生活、工作中普遍使用的计算机数据处理技术，是当今大学生信息素养必须掌握的核心内容之一。“Visual FoxPro 语言程序设计”这门课程是融数据库基本理论、数据库管理系统和数据库应用程序开发为一体，既注重基础理论，又强调实践应用，相比传统的课堂教学，本课程目前的教学进行了一定的改革，采用研究型的教学模式，布置研究课题给学生，鼓励学生自主探究，激发学生的学习思维，让学生带着任务开展课堂活动，实施了这种研究型的教学模式，教学效果有所提升，教学质量得到保障[1-2]。

二、原有模式及存在问题

“Visual FoxPro 语言程序设计”课程是针对我校文科类专业开设的一门计算机语言课，在原有的以教为中心的教学模式下，一方面，整个授课过程是教师在讲台上照本宣科、满堂灌，学生被动接受，造成了听课效率并不高；另一方面，我们教师只是将教学目标定位在单一的“教”的层面，而对学生的“学”缺乏足够的重视，学生到底有没有真正地掌握并运用，我们不得而知。这些都导致大学生的计算机应用素质与能力不高，这对实现复合型人才的培养目标是非常不利的。我们的课程教学必须改革，贯彻现代化的教育理念，培养大学生自主学习、探究

学习以及协作学习的能力。

三、研究型教学模式的构建

研究型的教学模式，实质上是将传统教学和翻转课堂相结合，根据我们的实际需求，部分原理性内容以教为主，将部分适合自主探究的内容以课题的形式预先布置给学生，让学生提前预习相关知识，以小组合作的方式分工协作。其间，教师对学生的学习要提供实时反馈，对学生的学习过程随时进行修正，引导学生自主、探究、协作完成研究课题[3-4]。

四、具体应用

第一次课，教师先进行学习动员，重点讲解第 1 章数据库的特点，介绍数据模型，然后布置课后阅读书目及范围，同时将研讨题目：数据库技术应用情况布置下去。将学生按班级人数分组，确保每组人数在 6 人左右，每组设立一个组长，每组男女生搭配，能力不同者搭开。第一次每组研讨题目相同，具体内容每组可以从不同的角度去阐述，主要是先让学生熟悉这种教学模式。在课后时间，教师利用学校的网络教学平台和学生互动，解决他们自主学习过程中遇到的问题，时间到了，课堂就交给这几组同学，进行第一次的交流展示。其间，一组展示时，其他组同学和教师可以提问，最后，由教师总结。

有了第一次的经验之后，接下来的研究型教学就按照这样的步骤推进：课内老师先讲解部分重点、难点，布置阅读材料，布置研讨题目，每组可以布置不同的研讨题目，学生课后按组分头完成组内研究课题，组内成员分工合作，过程中，遇到障碍可及时联系求助于教师，到了交流展示时间，课堂就交给学生，教师在其中穿针引线，提高总结。

五、效果分析

1. 优点

(1) 激发了学生的学习兴趣，锻炼学生自主学习的能力。学生组建合作小组，每个成员任务分工不同，也锻炼了学生之间的沟通和协调能力，为今后走上工作岗位提前做了准备。

(2) 优化了课堂结构，活跃了课堂气氛，从而提高了教学质量。

(3) 考核形式多元化，教师将理论考核和研究实践考核相结合，更为全面地检验了学生的学习效果。

2. 不足

(1) 习惯了传统教学模式的学生，他们更愿意被动地接受老师的传输，自主探究被看作了负担。

(2) 学生的其他课程也开设了研究型教学，需要探究的内容很多，他们的任务确实也比较繁重。

六、结语

高校计算机教育不但是培养大学生计算机文化的教育，而且是培养大学生综合能力的素质教育，针对不同专业的学生，可以实施不同的教学模式，教师要对教学手段和教学内容不断改进，合理设置教学情境和教学方法，逐步建立起自主研究型的学习模式，更加突出学生在教学过程中的主体地位，通过本门课程的教学改革，推动高校计算机教育的健康持续发展！

参考文献：

[1] 孟纯煜.信息化条件下高校计算机专业课程教学模式探讨[J].科技创新导报，2015(19)：179-180.

[2] 孙培岩.高校计算机应用基础课程教学改革探索[J].产业与科技论坛，2016，15(17)：152-153.

[3] 张苗苗.浅谈大学中的教学模式[J].文理导航，2016(9)：5.

[4] 颜一鸣.微课与翻转课堂中的学习活动设计——以《电子元器件与电路基础》为例[J].中华少年，2016(27)：234-235.

大学计算机基础课研究性教学初探

唐忠宽[1] 卢雪松[1] 黄春娟[2]
(1. 扬州大学 信息工程学院 江苏 扬州 225000;2. 扬州大学 广陵学院 江苏 扬州 225009)

摘 要:“大学计算机基础”是一门理论性和实践性都很强的课程,然而面对日新月异的计算机应用技术,很多学校都遇到了如何在有限的课时内,既能让学生跟上时代的步伐掌握新技术、新理论,又能切实提高其实际操作能力的难题。该文从日常实际需求出发以计算机硬件配置的选择为例,开展了计算机硬件系统内容的研究性教学尝试,学生普遍表现出了浓厚的学习兴趣和极大的学习热情,收到了良好的教学效果。

关键词:研究性教学,大学计算机基础,硬件系统

一、“大学计算机基础”教学现状分析

随着信息产业和技术在社会生活各领域的不断推广和深入应用,国内高校的非计算机专业都开设了计算机基础课程,然而受制于各种因素,大部分高校目前仍然采用的是传统的教学模式,即都是以教师先在教室使用 PPT 讲理论,过几天再去上机操作,但是到了机房的时候学生可能已经将大部分理论课的内容忘记了,造成实验课效率极低,学生的动手能力提高缓慢,甚至连理论知识的学习也受到影响。

上述现象出现的根本原因是传统模式下学生只能被动地接受课程。教师讲什么,学生就听什么、学什么,只能按照教师事先规划好的课程内容和进度进行学习,几乎没有什么选择的空间。教师完全占据课堂的主导地位,扮演了指挥者的角色,而学生仅是教师意图的体验者,缺乏对课程内容独立思考和选择的空间,长此以往必然导致学生对课程失去兴趣,上课不再认真听讲,开小差,玩手机甚至于埋头睡觉,教学效果越来越差。最后教师为了保证一定的通过率,不得不采取降低试卷难度,提高平时成绩的比例等非常手段,长久以往只能使人才培养质量越来越低,背离教育的初衷。

结合大学生的实际我们发现,他们正处在青春发育期,心理生理正逐渐成

熟。这个时期的学生有其特有的生理心理特点，比如强烈的好奇心和表现欲等。[1]这些特征表现在学习过程中就是浓厚的求知欲和实践欲，而研究性教学正好可以使他们充分发挥优势，发掘各人的学习潜力，培养创新能力，达到增强学习效果，实现自我价值的目标。

二、研究性教学的优势分析

研究性教学从以认知为基础的建构主义教育理论发展而来，传承了建构主义教育观的两个核心理念：一是学习是基于发现而不是信息的传递，知识不是由教师向学生传递的，而是通过学生的自我建构来获得的，学生才是学习的主体；二是理解依赖于个人经验，要想让学生学到真正的知识，必须创设情境，让学生在真实情境中自主探究[2,3]。它是一种让学生根据现有的知识去主动寻找解决问题的方法和步骤，从而培养学生的创新和探究能力，提高其实践动手技能的教学模式。

研究性教学需要将课堂的主动权在教师和学生之间进行一次重新分配，适当地提高学生选择的权利，让他们参与到课程内容的规划中。对于实践性较强的内容辅以现实、生动、有意义的案例，给学生身临其境的体验，从完全被动地接受理论转入到主动探究理论，主动学习知识、思考问题的过程中，不再依靠教师强灌硬压，将教师的压力在无形中转变成学生自己的动力，从而完成整个知识体系的建构。这必将极大地提高学生学习的积极性、主动性，学生的学习效果会明显增强，同时也会使教师和学生相处得更为融洽，在愉快的学习氛围中掌握知识。

研究性教学对教师自身的业务素质也提出了新的要求。教师不能再千篇一律的重复一本教材，而应该重新规划整个授课过程。在课前要查阅大量的资料，以便设计恰当的教学案例来诱发学生的学习兴趣，这些案例既要是经常发生的，同时也不能超出学生的能力范围；在课上不再是单纯的提问者，需要参与学生问题的讨论，对学生遇到的困难要指明解决问题的方向或步骤，评价他们所取得的成果，并给出下一步的研究任务等。这些客观上都要求教师在平时要涉猎更多的课程相关知识，提高自身的业务能力，只有这样才能更好地给学生以高屋建瓴的指导，才能帮助学生完成知识的理解和深化。

三、“大学计算机基础”研究性教学的设计与实施

“大学计算机基础”是一门理论与实践性都很强的课程，其内容包括计算机硬件系统、软件系统、多媒体与数据编码、网络与信息安全等。[4]教师在授课过程

中可以根据内容的特性选择不同的教学方式，对于基础理论和原理性的内容比较适合课内讲授及课后的习题练习，因此可以使用传统的教学模式；而对于应用型的章节，可根据实际情况选择性地对其中部分内容开展研究性教学实践，下面以计算机硬件系统的授课为例来分析研究性教学的过程。

计算机硬件部分的内容实践性很强，教学大纲设计该部分内容需要约 6 课时。如果采用多媒体授课方式，在教室使用 PPT 告诉学生硬件的组成，各部分的功能等，因为受实验室的条件限制无法让学生拆开主机箱查看，学生很难有直观的认识，再加上本课程并非专业课，学生此前对计算机硬件也毫无了解，很可能就此对这门课程失去兴趣。鉴于这样的情况我们可以从学生的实际情况出发设计一个案例：假设现在我要买一台计算机该需要什么配置呢？大学生在平时的学习中经常需要使用计算机，因此这样的问题对他们是很有实用价值的，可以激发他们的探究热情。具体实施过程如下：

1. 基础知识介绍

教师可以先使用 2 节课简述计算机的硬件系统包括主机和外部设备。主机又包括 CPU 和内存，外部设备有外存、显示器、键盘、鼠标、打印机等，各部分的功能也做简单的叙述，让学生先对计算机的每个部分有初步的印象。

2. 学生分组和任务布置

生活中不同的人在使用计算机的时候需求是各不相同：有办公应用为主型、科学研究为主型、多媒体设计为主型、游戏娱乐为主型等，不同应用场景所需要的配置也会有较大的差异。基于此我们可以将学生分为多个组，每组设定相同的预算金额，时间定为一周。每组安排 6 至 8 人负责一种应用需求的硬件配置，组内各人的具体分工可以由组长来安排，或者让大家自由选择，通常 CPU 的选择安排 1～2 人，存储器 1～2 人，主板 2 人，电源、显示器等 1 人。然后各人根据分工可以通过上网检索、去电脑市场实地调研、组内讨论等多种方式开展调查研究。面对众多的产品，在选择时要求各小组必须充分了解这些硬件的性能参数、技术特征、适用对象等，同时组内各成员必须要充分讨论，保证在预算范围内做到整机性能的平衡，而不会出现因某一硬件性能较落后，拖累整机速度。这样的分配既要求各人能够独立地进行思考和研究，同时还要注意与同组成员的配合，既增强了学生的科研技能也培养了他们与人沟通协调的能力。做好相应的方案后各组需要给出足够的理由，合并研究过程中遇到的问题及采取的解决办法一起撰写报告以便班级讨论时陈述，如果组内遇到困难时教师应及时给予指导。

3. 集中讨论

使用 3 至 4 节课的时间让各小组轮流汇报本组针对具体需求所选择的硬件

配置，并给出相应的参数、价格、理由。教师和其他小组成员对可能不合理之处提出疑问，并一起参与评价讨论。最后再由教师对各组的方案进行集中的归纳和总结，指出不足之处和改进方向。广泛深入地讨论可以让各小组互相取长补短，对各自的方案进行重新修订，使得自己的方案达到更高的性价比，同时在大纲规定的课时以内也强化了学生对计算机硬件系统各组成部分的理解，达到事半功倍的效果。

4. 成绩评定

研究性学习的成绩评定可以由教师指导评价、小组成员互评和学生自我评价3个评价主体分别进行。[5]在各组完成最终方案以后提交完整的的报告，并在报告中明确各组员的分工情况，为保证成绩的合理性和公平性，各组员之间的互相评分及各人的自评结果直接发送给教师，教师采取去掉最高分和最低分后取平均值作为各人的最终成绩。

四、结束语

针对实践性较强的课程内容采用研究性教学不但可以让学生学到课本内的知识，而且可以充分发挥他们的主观能动性去获取课外的知识作为补充，既培养了学生的积极思考的能力，同时也让他们在获得感性认识的同时增强了自己动手能力和沟通协调技能，可以说是一举多得。

参考文献：

[1] 谢秉智.积极推进研究型教学提高大学生创新能力[J].辽宁教育研究，2005(6)：55-57.

[2] 王毅，王晓丹，王晓楠.计算机硬件技术基础课程研究型教学模式的探索与实践[J].计算机工程与科学，2014，36(A2)：307-311.

[3] 邹逢兴.关于创新计算机硬件技术基础课程教学的实践和思考[J].计算机教育，2004(3)：81-84.

[4] 卢雪松，周彩英.大学计算机教程[M].北京：电子工业出版社，2014.

[5] 徐晶，卢雪松，唐忠宽，等.基于项目驱动的面向对象程序设计研究性教学实践[J].电脑知识与技术，2016，12(31)：164.

微课在探究性教学模式中的应用

王　静　卢雪松
(扬州大学 信息工程学院 江苏 扬州 225009)

摘　要：在高校教学改革和教育信息化的背景下，提出微课与探究性教学模式相结合的观点，分析微课适用于探究性教学模式的相关特性，并阐述在探究性教学模式的五个教学环节中融入微课的具体实施方案。

关键词：微课，探究性教学模式，自主学习
中图分类号：G642　　文献标志码：A

一、引言

在网络 Web 2.0 时代，随着信息与通信技术的快速发展，我们已经进入互联网的微时代。微博、微信、微媒体等正以极快的速度改变着人们的生活，而微课这一教育领域的新秀，正以深度融合现代教学理念和信息技术的自助式学习的特点成为国际教育界关注的焦点。

《国家中长期教育改革和发展规划纲要（2010—2020 年）》总体工作方针中明确提出"要把改革创新作为教育发展的强大动力，把提高质量作为教育改革发展的核心任务"[1]。《教育信息化十年发展规划（2011—2020 年）》提出"通过优质数字教育资源共建共享，信息技术与教育全面深度融合，促进教育教学和管理创新，助力破解教育改革和发展的难点问题"[2]。在高校教学改革和教育信息化的背景下，如何将微课这一新型资源与探究性教学模式相结合，避免以往网络课程"重建设轻应用"的通病，使其真正做到为学生"学"和教师"教"所用，这将是本文所要探讨的问题。

二、微课是否适用于探究性教学模式

微课是近些年兴起的一种多媒体网络教学模式。它是指为使学习者自主学习获得最佳效果，经过精心的信息化教学设计，以流媒体形式展示的围绕某个知识点或教学环节开展的简短、完整的教学活动。

对于学生而言，微课能更好地满足学生对不同学科知识点的个性化学习，按需选择学习，既可查缺补漏又能强化巩固知识，是传统课堂学习的一种重要补充和拓展资源。特别是随着手持移动数码产品和无线网络的普及，基于微课的移动学习、远程学习、在线学习、泛在学习将会越来越普及。微课既是一种新型的学习方式，更是一种可以让学生自主学习，进行探究性学习的平台。

微课作为一种半结构化，易于更新、扩充和组合的新型教学资源[3]，既可作为课堂教学的补充，又体现了建构主义的思想。微课所提供的情境化、自主化和合作化的学习环境，与探究式教学模式所主张的体验式学习、自主学习和合作学习的观点非常契合。微课融入教学将有利于探究式教学模式的有效实施，有利于学生分析能力和创新能力的形成和发展。

三、微课如何应用于探究性教学模式

1. 探究性教学模式

探究性教学模式[4,5]是指在教学过程中，要求学生在教师指导下，通过以“自主、探究、合作”为特征的学习方式对当前教学内容中的主要知识点进行自主学习、深入探究并进行小组合作交流，从而较好地达到课程标准中关于认知目标与情感目标要求的一种教学模式。其中认知目标涉及与学科相关知识、概念、原理与能力的掌握；情感目标则涉及思想感情与道德品质的培养。

区别于以教师为中心、以知识掌握为本、以知识结构为驱动的传统教学，探究式教学以学生为中心，以能力发展为本，以问题或任务为驱动开展教学活动。

2. 将微课应用于探究性教学模式的五个教学环节

(1) 创设情境——通过微课呈现情境

探究式模式的教学总是围绕课程中的某个知识点而展开。该环节由教师根据教学目标的要求和教学的进度来确定，其基本任务是利用学生熟悉的事物或事件，创设一个包含学习对象的情境。

微课具有短小精悍、主题突出的特点。作为微课主要载体的教学视频一般在10分钟左右，针对某一个知识点进行教学，内容精简、主题突出，满足了学习者利用碎片时间根据自身需要选择相应的微课进行自主学习的需求。为了在短时间内达到良好的学习效果，教师可制作采用问题式或案例化教学方法的微课，创设与此学习对象相关的学习情境，引导学生进入目标知识点的学习，有助于激发学习者的学习兴趣和动力。

(2) 启发思考——通过微课提出问题

在明确学习对象后，为了使探究式学习切实取得成效，需要在探究之前向全班学生提出若干富有启发性、能引起学生深入思考，并与当前学习对象密切相关的问题，以便全班学生带着这些问题去探究。

教师需要对复杂的知识内容进行分解，打包成难易适中又相互联系或层次递进的知识模块，并为每个模块设计出有启发性的、开放性的问题或任务，这些问题或任务可以微课的形式提供，进一步引导学生思考和探究，并完成知识信息的内在深化，使得学生在分析问题、解决问题的过程中建构知识，发展能力。在此过程中教学双方实现了角色转换，知识信息传播也由传统的单向输出转变为双向构建。

(3) 自主(或小组)探究——微课提供丰富的学习资源

探究性教学模式因为采用“自主、探究、合作”的学习方式，所以在教学过程中特别强调学生的自主学习和自主探究，以及在此基础上实施的小组合作学习活动。一节课的教学目标主要靠学生个人的自主探究加上学习小组的合作学习活动来完成，因此，本环节成为探究性教学模式中的关键教学环节。

不同学科所使用的认知工具有所差异，微课在此环节发挥了重要作用。根据教师创设的情境和提出的问题，学生能够通过微课平台自主地查找、整理和利用各种资源。每个学生在自主探究过程中所获取的资源不完全相同，针对同一问题他们就可能会采用不同的解决方案，甚至得到不同的结论。

(4) 协作交流——微课提供大范围的网络讨论

本环节是与前面的自主探究环节紧密相连的。学生只有在经过了认真的自主探究、积极思考后，才可能进入高质量的协作交流阶段。也就是说，协作交流一定要建立在自主探究的基础之上，才能为学生提供思路交流、观点碰撞、成果分享的平台。

基于微课平台的自主探究环节后，因每个人获取的资源不同，在交流讨论的过程中就会产生更多的思想碰撞，从而更大程度地开拓学生的思维。在课内讨论中不能深入展开的问题，学生可以在课外通过微课平台将讨论延续下去，并能在更大的范围内与更多的人进行互动。

(5) 总结提高——微课有助于学生自我总结

教师引导学生对问题进行回答与总结，对学习成果进行分析归纳，并可联系实际，对当前知识点进行深化、迁移与提高。

学生通过制订个人学习计划，跟踪在微课平台中的学习轨迹，并结合其他学习者的反馈，能够完成对某一阶段学习的进度和深度，进行自我总结和评价。

四、总结

微课是一种以微视频为主的整合多种教学资源的新型教学与学习模式，有着广阔的教育应用前景，随着信息技术的不断进步，微课在相关的研究和教学领域中必将获得长足的发展。在我国，目前微课相关理论、概念还不成熟、不确定，在实践中还存在众多亟待解决的问题。同样，微课在探究性教学模式中的运用任重道远，如何将这一模式更好地应用于课堂教学，更有效地提高教学效果，还有很多值得探讨与研究的地方。

参考文献：

[1] 刘志峰，周杨.信息技术在研究性课程中“导学”功能应用研究[J]. 电脑知识与技术，2014，10(32)：7810-7817.

[2] 张云勤.大学英语微课程教学实践探究[J].韶关学院学报，2014，35(3)：189-192.

[3] 胡铁生. “微课”：区域教育信息资源发展的新趋势[J]. 电化教育研究，2011(10)：61-65.

[4] 马洪伟，殷为民.土木工程施工课程的探究性教学研究[J]. 当代教育理论与实践，2014，6(6)：66-67.

[5] 汪建军，刘青，毛长丹.探究性教学模式在大学物理设计性实验中应用[J]. 浙江万里学院学报，2012，25(1)：1-3.

本论文发表在《教育教学论坛》，2015，12(52)

以计算思维为导向的混合式学习模式的研究与实践

王 静[1] 卢雪松[2] 杨晓秋[3]

(1. 扬州大学 信息工程学院,广陵学院;2. 扬州大学 信息工程学院;

3. 扬州大学 广陵学院 江苏 扬州 225009)

摘 要: 混合式学习(B-Learning)将传统课堂学习(C-Learning)和网络学习(E-Learning)的优势相结合,是高校教学改革的重要研究方向。本文在混合式教学中引入计算思维的理念,设计以计算思维为导向的混合式学习模式,并在本校的计算机基础课程中进行教学实践和效果分析,以期为其他研究者开展混合式教学实践和研究提供借鉴。

关键词: 混合式学习,计算思维,学习模式

中图分类号: G642 文献标志码:A

一、引言

随着物联网、云计算、大数据等新概念和新技术的出现,各个学科领域发生了一系列的变革,改变了人们对计算与计算机的认知。新时期下的计算机应用能力培养,仅仅掌握几项具体的应用技能是远远不够的,必须对计算以及计算机科学的思维形式有较为深刻的理解。加强对计算思维的严格培养,才能使学生走向社会后,具有良好的应用计算机解决问题的思维习惯。

如何在计算机教学中融入计算思维理念,培养学生计算思维能力,成为计算机教学研究的焦点和改革的突破点。随着构建终身学习型社会理念的提出以及网络多媒体技术的高速发展,教育领域产生并发展了新的教学理念——混合式学习。在这一新的教学理念的指导下,我们对本校的计算机基础课程进行教学方式的改革与创新,以完善现阶段教学中存在的一些问题,提升教学效果。

二、混合式学习及计算思维

1. 混合式学习

随着 E-learning 在教育领域的扩展和作用延伸,推动了教育理念的革新,思

想的变革与发展。基于 E-learning 的理念，教育领域产生并发展了新的教学理念——混合式学习[1]。混合式学习就是“一种将面授教学与基于技术媒介的教学相结合而构成的学习环境”[2]，它借助面授教学与基于技术媒介的教学这两种学习模式的优势来重新组织和实施教学活动，以达到提高教学效率的目标。在国内教育技术界，北师大何克抗教授认为，混合式学习“就是要把传统学习方式的优势和 E-learning 的优势结合起来”[3]。

新媒体联盟 2015 地平线报告高等教育版，在短期趋势中也提出了混合学习的广泛应用[4]。“混合式学习”(Blended Learning)是在线学习和面授相结合的学习方式，从本质上讲，混合学习是把传统学习方式的优势和网络化学习(E-learning)的优势结合起来进行教学。也就是说，在教学中既要发挥教师的引导、启发、监控教学过程的主导作用，又要充分体现学生作为学习主体的主动性、积极性和创造性。它借助面授与网络这两种学习模式的优势来重新组织教学资源、实施学习活动，把这两者结合起来，使两者的优势互补，以达到最佳的学习效果。

2. 计算思维

2006 年 3 月，美国卡耐基梅隆大学教授、美国基金会(MSP)计算机和信息科学与工程部(CISE)主任周以真(Jeannette M. Wing)教授，在美国计算机权威刊物《Communications of the ACM》上，首次系统提出了计算思维的概念[5]。周教授认为，计算思维是运用计算机科学的基础概念进行问题求解、系统设计，以及人类行为理解等涵盖计算机科学之广度的一系列思维活动。计算思维概念一经提出，立即得到我国各界的广泛关注，计算思维的思想迅速在科技界与教育界蔓延开来，改变着当今社会中广泛认同的一些理论和认识。

三、以计算思维为导向的混合式学习模式的设计

随着信息技术在教育中应用的不断普及与深化，学校的学习环境与学习方式正在发生着巨大的变化，特别是大学教育阶段，充分整合各类平台与资源，形成全方位立体化教学，为混合式学习的展开提供了必要的硬件支持。大学阶段的学生在智慧、情感、认知等方面都达到相当成熟的水平，具有相对较高的知识经验水平和比较充分的学习经历，有一定的自主学习能力，能够较好地把握学习进度，为混合式学习的实现提供了保障。

以计算思维为导向的混合式学习模式，是学生在混合式学习环境中，通过教师对各种学习资源与学习环境的优化，对学习活动的组织、监督以及对学习过程的帮助，运用计算思维的方法进行知识与方法的获得、知识内容的拓展迁移与内化的学习过程模式。它以计算思维理念为指导，综合运用计算思维方法，让学生

在教师的辅助下自主完成知识的建构，提高学习效率、优化学习效果，并最终提升学生计算思维能力的新型学习模式。

以计算思维为导向的混合式学习模式以任务为主线将学生和教师连接起来，结合计算思维的方法，教师对学生的学习过程进行直接的指导、监控和评价，辅助和引导学生运用计算思维的方法有效地进行知识的建构与内化过程。通过一系列计算思维方法，如递归、关注点的分离、启发式推理、仿真解决抽象问题、抽象解决分离任务、简约任务、转换任务等，在设计好的问题和混合式学习的立体化环境中，达到高效率的明确任务并完成任务，达到知识的迁移与内化，最终获得计算思维以及创新能力的提升。

四、以计算思维为导向的混合式学习模式的实施

在以计算思维为导向的混合式学习模式中，整个学习过程主要由学习准备、明确任务、完成任务、共享交流和能力提升等环节构成。与此相对应的，教师的辅助环节主要围绕组织和实施学生的学习活动展开，包括教学准备、设计并呈现任务、实施任务以及总结评价等。

1. 学习准备，明确任务

在大学计算机基础课程学习中，学生应首先了解计算思维的基本概念与方法；教师应熟悉计算思维的基本概念与方法，同时要保证学习环境的友好、优秀，学习资源的有效、优质。学生与教师共同对问题进行提炼。

我们以排序算法为例。学习排序首先要了解什么是排序，进而了解排序中所涉及的关键动作，这些关键动作可以通过什么样的方式来实现等。这样反复地启发式推进，逐步得到解决问题的关键，即比较与交换是排序算法中的关键。

在上述问题提炼的过程中，教师利用计算思维的启发式推进、关注点分离等方法，帮助学生分析收集整理的学习资源，一步一步地自我启发，循序渐进，最终得到排序问题解决的关键。

2. 解决问题，完成任务

该环节学生在教师的辅助下继续补充、整理和分析学习材料，并进行深入的研究，同时学生之间相互协作，最终获得问题的解决。

我们以“十个不同随机自然数的从小到大排序”这一问题的解决为例。上一环节，学生在教师的指导下，了解到排序算法的关键是比较和交换的正确完成。这一环节运用计算思维中递归思想和关注点分离的方法，我们将十个不同随机自然数的排序问题进行分解。关注点先由十个不同随机数的比较排序转换为两个不同随机自然数的大小比较和排序问题，进而拓展最基本的排序算法至十个

不同随机自然数的从小到大排列，完成一趟排序使十个自然数中最大的一个排至数据列的最末端。按照相同的方法，将十个不同自然数中第二大的数交换至倒数第二个，以此类推，第三大的数交换至倒数第三个，直到完成十个不同自然数的排序。学生按照相同的原理最终获得十个不同随机自然数的从小到大排序过程的流程图。

在教师的辅助指导下，学生之间需要进一步的交流协作，充分运用计算思维的方法深入分析问题，分别对自己解决问题的方法提出质疑并校验，最终获得十个不同随机自然数的排序问题的精确解决方法。学生通过运用计算思维进行问题分解、构建数学模型并解决问题，充分发挥了学生的学习主观能动性，可有效地促进学生对知识的建构，优化学习效果，对提高学生的解决问题能力、计算思维能力有显著的促进作用。

3. 共享交流，知识拓展

为了使学生拓展知识范围，进一步掌握同类问题的解决方法，学生在教师的组织和帮助下巩固练习、交流共享研究型学习成果，通过学习其他解决方法，拓展学生的思维空间。该环节的关键在于学生在教师的协助和指导下，更深层次地分析问题，挖掘学习资源及其他相关信息巩固学习成果，并与其他学生进行共享，最终达到举一反三，拓展思维空间，提高计算思维能力。

在大学计算机基础课程的学习过程中，学生可通过课程学习网站了解所有学生的问题解决策略及方法，教师组织学生之间进行小组协作和成果交流，学生之间相互学习。在对排序问题解决的过程中，学生充分发挥自己的想象，深入学习探究，形成了多种不同的排序方法，涉及如简单选择排序、冒泡排序、简单插入排序等多种排序算法。

通过学生的巩固练习和学生之间的交流，学生不仅能够很好地掌握自己发现的解决排序问题的方法，也了解了其他有效解决排序问题的策略和方法，增强了学习效果，拓展了思维空间，对学生计算思维能力的培养起到了推动作用。

4. 反思评价，能力提升

该环节中，学生与教师就整个学与教的过程进行总结、评价和反思，运用计算思维的方法对学习过程中的关键点进行总结性概括，为学生今后的学习过程和教师有效的教学辅助提供指导。学生通过反思自己的学习过程，整理知识点，形成知识体系，构建有特色的一套学习方法和学习模式，达到知识内化并能够熟练应用于解决实践问题，获得解决问题能力、计算思维能力与创新能力的提升。

在大学计算机基础教学的过程中，教师对学生的学习过程进行过程性评价，学生可以回归学习网站自主监控到自己学习过程中每个环节的评价结果。学生可参考教师的实时评价，反思自己的学习过程，发现学习过程中的优点及出现的问题，发扬优点，及时解决问题，为今后学习过程的高效展开提供指导。教师可通过对学生学习各个关键环节的学习信息的提取分析和总结评价，反思整个教学指导过程中的优点与不足，为以后的教学指导过程有效地展开提供参考。

在以计算思维为导向的混合式学习模式中，教师不再是知识的传授者，而是学习资源的主要选择、重组和优化者，是学习环境高效性的主要维持者，学生学习活动的设计、组织、实施和监督者，学生学习的辅导者。该模式充分体现了学生的学习主体性，发挥了学生的学习主观能动性，学生能够积极主动地收集、选择、重组和优化各类学习资源，并深入学习和交流，获得问题的解决方法。在教师的组织和指导下，通过多种形式的巩固练习和共享交流，促进知识的内化和思维空间的拓展，有意义地建构知识体系，使知识能够被熟练地应用于解决实际问题，提高了学生的问题解决能力。在总结和反思整个教学过程中，梳理知识内容，构建或完善具有个体特色的学习模式。

五、总结

在以计算思维为导向的混合式学习模型指导下展开的计算机基础课程教学，不但提高了学生的学习积极性，更重要的是有效地提高了学生的计算机应用技能、问题解决能力和计算思维能力等，培养学生初步形成正确的“思维”方法，有效地提高了学习者的综合能力和素质，也为我们今后进一步深入立体化混合式教学改革提供了相应的理论依据。

参考文献：

[1] 曾苗苗.基于混合学习的“现代教育技术”公共课教学方式改革研究[J].中国教育信息化，2012(21)：57-59.

[2] Graham，C. R. Blended learning systems：definition，current trends，and future directions. In Handbook of Blended Learning：Global Perspectives，Local Designs[M]. CA：Pfeiffer Publishing，2006.

[3] 何克抗.从 Blending Learning 看教育技术理论的新发展(上)[J].中国电化教育，2004(3)：1-6.

[4] 龚志武，吴迪，陈阳建，等.新媒体联盟 2015 地平线报告高等教育版[J].现代远程教育研究，2015(2)：3-22.

[5] Jeannette M. Wing. Computational Thinking [J]. Communications of The Acm，2006，49(3)：33-35.

本论文发表在《考试周刊》，2016(7)

微课在程序设计课程中的应用研究

王 静[1] 卢雪松[2] 杨晓秋[3]
(1. 扬州大学 信息工程学院,广陵学院;2. 扬州大学 信息工程学院;
3. 扬州大学 广陵学院 江苏 扬州 225009)

摘 要: 微课是目前我国教育信息化资源建设中的研究热点。本文以程序设计课程中的循环结构为例,介绍了微课教学的制作与应用,以此探讨教师教学过程中如何利用微课教学,以提高学生学习的兴趣和效果。

关键词: 微课, 程序设计, 循环结构

中图分类号: G642　　　　文献标志码: A

一、引言

在网络 Web 2.0 时代,随着信息与通信技术的快速发展,我们已经进入到互联网的微时代。微博、微信、微媒体等正以极快的速度改变着人们的生活,而微课这一教育领域的新秀,正以深度融合现代教学理念和信息技术的自助式学习的特点成为国际教育界关注的焦点[1]。在高校教学改革和教育信息化的背景下,微课作为一种新型的教学模式,可以帮助教师延伸与完善教学过程,从而更好地达到教学目的。

二、微课的概念及特点

微课是近些年兴起的一种多媒体网络教学模式。它是指为使学习者自主学习获得最佳效果,经过精心的信息化教学设计,以流媒体形式展示的围绕某个知识点或教学环节开展的简短、完整的教学活动[2]。

与传统黑板板书、单一教学课件和教学计划为主的教学方式相比,微课更符合时代的特点,更有利于师生在教与学中共同成长。传统的多媒体教学法仅限于 PPT 教学,利用 PPT 展示文字、图片和表格等。在微课教学中,多媒体教学法不仅仅包含 PPT,还有影像和视听等。把声音、图像、动画和视频等多种手段运用于教学课件的制作,使抽象、枯燥的学习内容转化为形象有趣、可视可听的动感内容,符合现代学生对感性形式依赖、对理性形式抗拒的特点。

此外，微课能更好地满足学生对不同学科知识点的个性化学习，按需选择学习，既可查缺补漏又能强化巩固知识，是传统课堂学习的一种重要补充和拓展资源。特别是随着手持移动数码产品和无线网络的普及，基于微课的移动学习、远程学习、在线学习、泛在学习将会越来越普及。

三、微课在程序设计课程中的应用

1. 程序设计课程教学中面临的主要问题

在传统教学模式的影响下，大部分高校程序设计课程仍然沿用之前的教学模式。在教学过程中以教师的“教”为中心，只是把教材上的内容强硬地“塞”给学生，学生处于被动地位，不能充分发挥其主动性，也不能很好地体现学生认知主体的作用。长此以往，学生成了简单化、程序化的吸纳知识的“容器”，丧失其主观能动性，沦为学科课程的奴隶，并逐渐失去了学习的兴趣与信心，致使其独立思考能力、独立解决问题的能力，以及创新能力较差，不能适应社会发展的需要。因此陈旧的教学模式已然不适用于应用型人才的培养目标。

2. 微课在程序设计课程中的实施过程

微课作为一种半结构化，易于更新、扩充和组合的新型教学资源[3]，既可作为课堂教学的补充，又体现了建构主义的思想。在程序设计课程的教学过程中需要大量的操作与演示实验，微课所提供的情境化、自主化和合作化的学习环境，为学习者提供了直观、生动、高效的学习方式。微课融入教学将有利于学生自主学习能力、分析能力和创新能力的形成和发展。

本文选取程序设计课程中的循环结构这一知识点作为微课设计案例，进行微课教学，培养了学生自主学习的能力，提高了学生的课堂参与度。

3. 微课的设计与制作

视频是微课的核心部分，是微课的主要载体。要求时间短，内容精炼，因此精心设计微视频是微课获得成功的关键。微课的制作包括以下四个方面：

(1) 确定教学主题

微课主题的特点是独立、完整、实用性强、能促使学习者深度学习思考的短小精悍的微问题[4]。一般来说，微课教学时间简短，主要围绕某个知识点或重难点开展教学。

循环结构是建立在学生已学的顺序结构和分支结构的基础之上，为后续学习子程序和自定义函数作铺垫。它是程序设计课程中的一个重点与难点，在知识的宽度与深度上对学习者都有一定挑战性，本案例选此作为教学目标。

(2) 细化知识点

见微知著,小课堂大教学,只有将每一个小知识落实到位才能达到整体"教"的任务和"学"的需求。确定主题后应细化知识点。微课的主题是一个知识点,在这一个知识点下还有很多小知识点的支撑,接下来就是根据微课时长短进行内容的加工和微处理。

本案例将循环结构这一主题分解为导入、循环的概念、循环的语法格式、循环的应用以及拓展思考五个知识点,时长控制在8分钟左右。

(3) 教学设计

微课展示给学习者的是一个知识点或某个教学环节的内容,如何吸引学习者的眼球,饶有兴趣地观看整个讲授过程,教学设计是关键。

程序设计是一门比较枯燥的课程,我们的目的就是让学生能感受到其中的乐趣。本案例以故事导入的形式介绍循环的概念,生动有趣,极大地激发了学生的兴趣和思考。讲解循环的语法格式和执行过程时,充分运用PPT技术,设计制作动画效果,直观展现了抽象难懂的程序执行过程,使学生易于理解。通过具体的案例,培养学生分析问题、解决问题的思维方法与基本能力。最后在拓展思考环节,设置与本课所讲内容相关的课后练习,保证每个学生都能及时巩固本课所学,并举一反三,灵活运用循环结构。

(4) 课件制作及视频录制

微课要引起学习者的注意,抓住学习者的眼球,并在5~10分钟内讲透一个知识点,多媒体课件的制作是不容忽视的重要环节。本案例选择"屏幕录制软件(Camtasia Studio)+PPT"的制作组合,最后进行后期编辑与优化,合成输出微视频。

4. 微课的教学模式设计

(1) 课前自主学习

教师根据学生学习需求,结合教材内容目标设计微课,综合习题、辅助理解材料等形成学习资源包,实时发布在网络教学平台上,为学生课前自主学习建构学习资源环境。同时,为了对学生的自主学习活动进行必要的规划与引导,教师可围绕微课内容设计学习任务目标作为自主学习的驱动。这里,我们根据循环结构的语法语义,设计了一些思考题,让学生边学习边检测。学生自主学习活动主要包括观看微课、自学检测和疑难问题反馈三个环节。通过网络教学平台,学生可以相互讨论学习内容,发表学习体会与感悟,遇到疑难问题时可与其他同学和教师进行实时互动,实现自己的知识建构。

(2) 课堂引导学习

首先,师生对微课内容进行简要回顾,明确相关概念,建立话语共识,导入新课。然后，根据前一阶段学生在网络平台上交流的问题以及教学重难点，教师提炼出值得探究的问题，组织学生以小组为单位进行探讨和交流。最后，教师结合讨论情况进行知识点拨与思维提升，落实教学内容与教学目标。这里，根据课前所学，我们将其他几种不同的循环结构语句介绍给学生，让学生分成若干小组，开展协作与探究，合作学习，完成具体实例的代码编写。在整个学习过程中，学生积极主动，讨论热烈，教师由传统的信息传递者转变为学生学习知识过程中的引导者，完成了单向信息输出到双向意义建构的转变，课堂气氛活跃，学生学习的积极性明显提高。

(3) 课后总结反思

学生课后学习包括复习、整理和巩固。教师设计有针对性的练习，学生对课前与课堂学习内容进行复习和巩固，整理学习笔记，形成对学习要点的脉络梳理、归纳和总结，并通过习题测试及时检验学习效果。此外，教师还可布置开放性作业，如小论文、微课题研究等，鼓励学生针对学习内容中的兴趣点和疑惑点组建研究学习小组，搜集相关资料进行研究性学习，教师为学生个性化学习及时提供辅助和支持，实现班级教学向个别化辅导的转变。

四、总结

微课作为一种以微视频为主的整合多种教学资源的新型教学与学习模式，有着广阔的教育应用前景。随着信息技术的不断进步，微课在相关的研究和教学领域中必将获得长足的发展。目前，与微课相关的理论研究和教学实践正在如火如荼地进行中，我们都在不断地摸索前进。在未来的教学实践中，如何将微课这一模式更好地应用于课堂教学，更有效地提高教学效果，还有很多值得探讨与研究的地方。

参考文献：

[1] 张云勤.大学英语微课程教学实践探究[J]. 韶关学院学报，2014，35(3)：189-192.

[2] 陈晓燕. 解读“微课”[J].现代中小学教育，2015，31(3)：42-44.

[3] 胡铁生.“微课”：区域教育信息资源发展的新趋势[J].电化教育研究，2011(10)：61-65.

[4] 宋雪亚，贾丙静.混合教学模式在 VFP 程序设计课中的应用[J].重庆科技学院学报(社会科学版)，2016(4)：106-108.

本论文发表在《教育教学论坛》，2017，3(9)

基于微课的TPA阶梯式教学模式研究

王　静[1]　卢雪松[2]　杨晓秋[3]
(1. 扬州大学 信息工程学院,广陵学院;2. 扬州大学 信息工程学院;
3. 扬州大学 广陵学院 江苏 扬州 225009)

摘　要: 在全国高校教学改革的浪潮中,针对“微时代”下大学生注意力持久度下降的特点,将微课融入本校VFP课程的研究性教学,形成了三位一体的TPA阶梯式教学模式。它结合本课程的教学要求和教学目的,设计了三大模块,并运用过程化的考核体系,有效地激发了学生学习的主动性、积极性,培养了学生自主学习、独立创新的能力,在提高学生的综合能力和综合素质方面取得了良好的效果。

关键词: 微课,TPA阶梯式教学模式,研究性教学
中图分类号:G642　　　　**文献标识码:**A

一、引言

《国家中长期教育改革和发展规划纲要(2010—2020年)》总体工作方针中明确提出“要把改革创新作为教育发展的强大动力,把提高质量作为教育改革发展的核心任务”[1]。《教育信息化十年发展规划(2011—2020年)》提出“通过优质数字教育资源共建共享,信息技术与教育全面深度融合,促进教育教学和管理创新,助力破解教育改革和发展的难点问题”[2]。为进一步深化教学改革,扬州大学于2015年伊始对部分专业进行研究性教学改革。作为面向非理工专业学生开设的“Visual FoxPro语言及程序设计”(以下简称为VFP)课程也列入了改革的范围。

在移动互联网高速发展的今天,网络时代悄然过渡到了“微时代”。“微时代”是以信息的数字化技术为基础,使用数字通信技术,运用音频、视频、文字、图像等多种方式,通过新型的、移动便捷的显示终端,进行以实时、互动、高效为主要特征的传播活动的新的传播时代[3]。“微时代”下的大学生,他们自我意识强,个性强,心态开放,但是长久集中注意力的能力有所下降。随着移动互联网和智能终端的普及,这种趋势将越来越明显,益疏不宜堵。因此,基于微课的、专注于

短期注意力的教学模式的研究势在必行。为此，笔者以学生为主体，在研究和实践的基础上，将微课融入 VFP 课程的研究性教学，探索出基于微课的 TPA 阶梯式教学模式。

二、微课与阶梯式教学

1. 微课

微课是近些年兴起的一种多媒体网络教学模式。它是指为使学习者自主学习获得最佳效果，经过精心的信息化教学设计，以流媒体形式展示的围绕某个知识点或教学环节开展的简短、完整的教学活动。

对于学生而言，微课能更好地满足学生对不同学科知识点的个性化学习，按需选择学习，既可查缺补漏又能强化巩固知识，是传统课堂学习的一种重要补充和拓展资源。特别是随着手持移动数码产品和无线网络的普及，基于微课的移动学习、远程学习、在线学习、泛在学习将会越来越普及。微课既是一种新型的学习方式，更是一种可以让学生自主学习，进行研究性学习的平台[4]。

2. 阶梯式教学

阶梯式教学，是指围绕着总体的学习目标，设计教学的最佳途径，为学生制定多个阶段的教学目标、教学方法和教学评价体系，指导学生一步一步有层次、有步骤地完成学习任务，实现学习目标的一种方法。阶梯式教学模式可以理解为循序渐进的教学方式，实际上就是通过阶段式的教学方式传授课程知识[5]。

三、基于微课的 TPA 阶梯式教学模式

1. TPA 阶梯式教学模式

作为一门面向对象的计算机语言类课程，VFP 课程的教学目标是要求学生了解数据库管理系统的功能，掌握关系数据库管理系统 Visual FoxPro 的基本操作，初步具有运用关系数据库管理系统及面向对象技术开发应用程序的能力，树立和培养程序设计的思想。在传统教学中，更侧重对学生理论知识和实践技能的测试，而忽略了综合应用开发的部分，导致大多数学生只会“纸上谈兵”，缺乏自主学习、独立思考的能力。针对这一问题，我们设计了“三位一体”的 TPA 阶梯式教学模式，即理论（Theory）、实践（Practice）、应用（Application）相结合相促进的阶梯式教学模式。基本思路是第一阶段“理论学习”，从传统的理论教学开始，确保学生掌握基础理论知识；第二阶段“实践操作”，将理论与实践相结合，要求学生理解 VFP 的操作方法与操作结果；第三阶段“综合应用”，在掌握了理论与操作的基础上，再上一个阶梯，逐步实现具体问题的解决，具备开发应用程序

的能力。其设计流程与实现功能如图1所示。

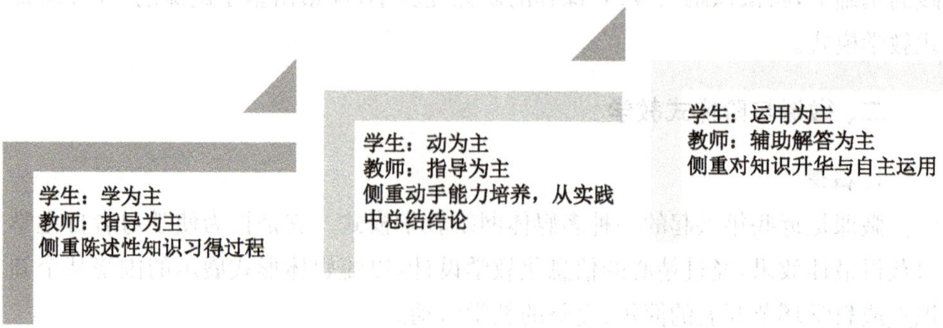

图1 “三位一体”的TPA阶梯式教学流程

2. 基于微课的TPA阶梯式教学模式

(1) 理论学习——“翻转课堂式”模块

对于理论学习，我们采用“翻转课堂”(flipped classroom)教学模式。教师事先制作好每章节重点与难点的微课，将其发布到网络平台上，让学生在课前先自主观看，然后在课堂上教师再针对学生提出的问题予以详细讲解，并引导学生共同探究难点问题。该模式的重要特点是学生学习微课是发生在教师讲授或组织问题探究之前，即“先学后教”。在学生学习微课后，安排适当的预设任务或问题，以获取学生对微课内容的掌握程度，为教师的后续教学决策提供反馈信息。

该模式中教师的主要角色是充当学生学习的指导者和答疑者，而学生则是知识学习的主动探究者，微课在该模式中所起的作用主要是让学生提前预习和发现问题。

(2) 实践操作——“情境嵌入式”模块

对于实践技能操作，我们将相关知识的微课应用于实验情境教学中。这种教学模式主要受情境认知理论的启发。在传统认知观下，知识被视为在任务情境中获得的一种封闭实体(entity)，而情境认知观把知识视为情境活动中认知的产物，知识既产生于活动和情境中，也是活动和情境的产物。因此，要熟练掌握实验技能，去情境化的操作演示容易造成“知识惰性”，必须将实验操作置于一定的教学问题情境中才有意义。在这里，这种教学模式表现为实验课中教师创设真实的教学问题情境，随堂播放微课并进行及时讲解。少数情况下，教师也可以结合微课，采用活动教学的方式进行课堂知识的传授，如课堂研讨、小组合作等。随后教师呈现新的问题或任务，并向学生推送各种相关的网络资源，让学生进行技能训练，完成任务。

该模式中教师的主要角色是情境创设者和学生学习的指导者，学生更多情况是知识接受者与实践者，而微课在该模式中所起的作用主要是辅助教师讲授和帮助学生理解。

(3) 综合应用——"协作建构式"模块

学习计算机语言的终极目标是编程以解决实际问题。针对 VFP 课程的特点，每章最后我们都设计了综合应用板块，要求学生利用所学完成与专业或实际生活相关的具体任务。这里我们采用协作知识建构的方式。"协作建构式"是指教师在课堂上呈现有关技术具体应用的案例微课，启发学生观看后进行小组讨论，并发表自己的观点与评论，课后学生采用网络化合作活动学习方式进行问题解决，共同设计与开发优化方案。为了帮助学生更好地进行协作建构，完成问题解决，教师可以为学生提供多样化的支架，如建议支架、步骤支架、规则支架等。

从教师的角色来说，他既是课堂知识的传授者，也是学生开展网络化合作学习活动的支架建立者和组织协调者。从学生的角色而言，主要作为知识的创造者。在微课发挥的功能上，它不仅在于帮助学生进行知识理解和应用，更重要的是激发学生进行知识分析、综合与评价，促进学生高阶思维得到提升与发展，同时它也是学生知识创造的结晶。

四、基于微课的 TPA 阶梯式教学模式的考核体系及效果分析

1. 过程化的考核体系

基于上述三大模块，与 TPA 阶梯式教学模式相对应的是考核体系的变化。以往 VFP 课程的考核基本上是用纸质试卷的方式，考核的主要内容是课程的基本理论和基本知识。这种考核方式的主要缺点在于它过于侧重考核学生对理论知识的识记能力，而对于学生的学习态度、分析问题和解决问题的能力则难以检测，尤其对于学生是否能够把学习到的理论内容转化为实际应用问题的解决更是无从反映。

基于微课的 TPA 阶梯式教学模式，把期末一次性考核改为过程化的考核方式，总成绩分为三部分，一是把网络学习的时间与次数、网络上提交作业和参与讨论区的次数与质量，综合成网络交互式学习模块的成绩；二是把课堂上展示成果的优劣、参与讨论和发言的情况形成课内专题式讨论教学模块的成绩；三是把综合应用开发的案例方案、研讨报告等的完成情况作为融入式实践操作模块的成绩。从而把学生的学习成绩与学生的整个学习过程紧密地结合在一起，既避免了出现考前突击学习、死记硬背知识点的弊端，也增强了对学生整个学习过程的监控和管理，把知识的学习、能力的培养、素质的提高融入整个学习过程和考

核过程中。

2. 效果分析

(1) 实现网络课堂、传统课堂和应用实践三个环节的有机统一和良性互动。

传统的教学方式,仅仅拘泥于课堂有限的时间,封闭的课堂无法直接走进学生的现实生活。基于微课的TPA阶梯式教学模式,利用现今网络软硬件技术发达的物质条件,充分发挥网络资源的优势。根据学生网络自主学习的实际情况,让课堂教学成为思想的引爆点,教师不再是系统理论知识体系的传输者,而是有针对性地遴选出课程的重点与难点,引发学生的思考,再由重点与难点倒逼学生回到书本和网络进行更深入的基础知识学习。这样,就形成了由网络到课堂、由课堂到书本,再到实践的动态互动过程,有效地打破了传统的封闭式教学体系,形成了一个开放多元的教学体系。

(2) 打破了传统单向的灌输,真正实现了多元互动的立体教学。

基于微课的TPA阶梯式教学模式,以开放性的教学体系给大学生提供了一个广阔的多元互动式的交互平台。依托WEB技术,改变了传统点对面的单向灌输方式,人人可以参与其中,自由讨论,给每一个同学都提供了"发声"的机会。通过课堂和网络空间的交流与交锋,生成新知、提高认识并得以积淀,最终转化为学生自身知识体系的有机组成。

(3) 打破了理论教学与社会实践、专业学习、个人兴趣相分离的现状,更有效地体现了实践教学的功效,充分激发了学生的创新思维和个人素养的发展。

基于微课的TPA阶梯式教学模式除了按照课程的要求构建实践教学体系以外,还注重把实践教学与素质拓展、能力训练甚至专业实践有机地结合起来。挖掘与整合校内与校外、通识与专业的教育资源,真正实现理论回归实践、实践过程融入课堂、教学过程有学生全方位参与,从而破解了"教"与"学"、"知"与"行"、理论与实践的矛盾,实现理论认知与实践技能的统一。学生在获得更多机会参与学习的同时,力求实行"知行合一",让学生在学习实践和社会实践中,达到知识、能力、素养的阶梯式跨越,最终提升学生的综合能力和综合素质。

五、总结

随着高校微课建设规模的逐步扩大,微课资源日益丰富,有效利用微课开展课程教学必然成为一种新兴的教与学方式。本研究基于微课,以高等学校非理工专业学生所学的计算机语言课程"Visual FoxPro程序设计"为例,提出了微课在高校专业基础课程教学中的三种应用模式——"翻转课堂式""情境嵌入式"和"协作建构式",形成了三位一体的TPA阶梯式教学模式,并对其进行了探索与实践，对解决当前高校微课“如何用”的问题具有一定程度的借鉴价值。

参考文献：

[1] 刘志峰，周杨.信息技术在研究性课程中“导学”功能应用研究[J].电脑知识与技术，2014，10(32)：7810-7817.

[2] 张云勤.大学英语微课程教学实践探究[J].韶关学院学报，2014，35(3)：189-192.

[3] 林群.理性面对传播的“微时代”[J].青年记者，2010(2)：7.

[4] 胡铁生.“微课”：区域教育信息资源发展的新趋势[J].电化教育研究，2011(10)：61-65.

[5] 杨清云.阶梯式教学法在Photoshop课程教学改革中的应用[J].淮海工学院学报(人文社会科学版)，2013，11(22)：95-96.

本论文发表在《电脑知识与技术》，2017，13(23)